KB149851

새장에
갇힌
멜랑콜리

La jaula de la melancolía

La jaula de la melancolía

Identidad y metamorfosis del mexicano

by Roger Bartra

Décimo cuarta reimpresión, 2007
©1986, Roger Bartra
All rights reserved.
Korean Translation Copyright © Greenbee Publishing Company, 2015
Korean translation rights arranged with Roger Bartra through Shinwon Agency.

Esta publicación fue realizada con el estímulo del Programa de Apoyo a la Traducción (PROTRAD) dependiente de instituciones culturales mexicanas.

트랜스라틴 총서 017
새장에 갇힌 멜랑콜리

발행일 초판 1쇄 2015년 9월 30일 | **지은이** 로제르 바르트라 | **옮긴이** 김창민

펴낸곳 (주)그린비출판사 | **펴낸이** 임성안 | **등록번호** 제313-1990-32호

주소 서울시 마포구 동교로17길 7, 4층(서교동, 은혜빌딩) | **전화** 02-702-2717 | **이메일** editor@greenbee.co.kr

ISBN 978-89-7682-243-7 03300

이 도서의 국립중앙도서관 출판시도서목록(CIP)은 서지정보유통지원시스템 홈페이지(http://seoji.nl.go.kr)와
국가자료 공동목록시스템(http://www.nl.go.kr/kolisnet)에서 이용하실 수 있습니다.(CIP제어번호: CIP2015026204)

이 책의 한국어판 저작권은 신원 에이전시를 통한 Roger Bartra와의 독점계약으로 (주)그린비출판사에 있습니다. 신 저
작권법에 의해 한국 내에서 보호를 받는 저작물이므로 무단 전재 및 복제를 금합니다. 책값은 뒤표지에 있습니다. 잘못
만들어진 책은 서점에서 바꿔 드립니다.

나를 바꾸는 책, 세상을 바꾸는 책 www.greenbee.co.kr

이 출판물은 멕시코 문화지원 기관의 '번역지원 프로그램'(PROTRAD)의 지원으로 간행되었습니다.

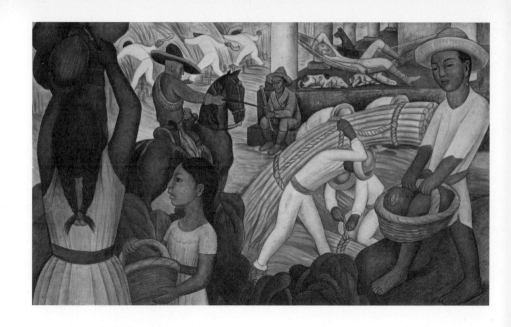

트랜스라틴 총서 17

새장에
갇힌
멜랑콜리

멕시코인의
정체성과 탈바꿈

La jaula de la melancolía

로제르 바르트라 지음 | 김창민 옮김

그린비

호세피나에게, 언제까지나

차례

나는 멕시코 영혼의 해부가 서구의 근대 국가체제, 다시 말해 자본주의적 국가체제의 몇 가지 측면들을 이해하는 열쇠를 제공해 줄 수 있다고 믿는다. 여기서 내가 독자들에게 제안하는 것은 하나의 놀이이다. 멕시코인의 성격에 관한 신화들에 침투해서 그 신화들을 마치 장난감이나 장기판 위의 말인 것처럼 관찰하는 것이다.

그리고 그 폐허들은 이렇게 말하면서 존재하길…
"수많은 영웅들의 조국은 바로 이곳이었다."

침투하기

국가$^{nación 1)}$란 근대 사회의 영역들 중에서 가장 많이 발길이 닿는 곳이면 서도 가장 침투하기 어려운 영역이다. 지도에 나타나는 검은 선들은 마치 수많은 전쟁, 약탈, 정복의 흉터와 같다는 것을 우리 모두는 알고 있다. 하지만 한 국가의 기틀을 세우는 일과 관련된 국가체제 차원의 폭력 이외에도, 우리를 외국인과 분리하는 경계선을 그리는 데에는 문화적·심리적 차원의 오래되고 기이한 힘들이 있지 않을까 하는 의심을 하게 된다. 이 힘들은 무자비한 정치·경제적 변동역학에 예속된 힘들이지만, 그럼에도 불구하고, 불투명한 국가적 현상들에 대한 책임이 있다. 무엇 보다도, 이 불투명성은 깊숙한 곳에 자리 잡은 동기들을 숨기고 있다. 그 동기들 때문에 사람들은 지배 시스템을 참아 내고, 인내심으로써 불의 와 불평등, 착취에 합법성의 도장을 찍어 주게 되는 것이다. 이 글을 통

---

1) nación은 민족이나 국가, 두 가지로 다 표현할 수 있지만 멕시코의 경우 확실한 다인종, 다민족 국가이기에 민족이라는 용어보다는 국가라는 용어가 더 적합해 보인다. 따라서 nacionalismo도 '국가주의'라고 표현하기로 한다. 여기서 국가주의는 국가의 공동체적 이념 을 강조하고 그 통일, 독립, 발전을 꾀하는 주의로 그 의미를 설정할 수 있다―옮긴이.

해서 나는 멕시코 국가주의의 영역 속으로 침투하고자 한다. 그래서 그 국가주의가 발현된 것들을 탐사해 보고자 한다. 그것을 통해 근대적 국가체제의 합법화 과정에 대한 연구를 진척시키려 한다.

사회란 마치 연구자들이 그 비밀을 밝히러 오기를 기다리는 듯이 그렇게 구성되어 있지는 않다. 반대로 사회가 어떻게 형성되었는지 알 수 있는 핵심 열쇠들을 얻어 내기 위해서는 사회를 일종의 혼란 상태로 몰아가는 것이 필요하다. 그래서 사회의 신비들을 폭로하는 데 가장 좋은 것은 사회적 폭력이다. 하지만 글도 나름대로 현실의 비밀스런 곳으로 침투하기 위해 현실을 뒤흔들어 놓을 수 있는 능력이 있다. 이런 의도에서 나는 급소, 국가적 현상들의 영역에 유효하게 침투할 수 있는 균열을 발견해 낸 것 같다. 기이하게도 이 급소는 멕시코의 국민적 특성의 형성에 관한 연구들(특히 '멕시코적인 것'에 관한 사색들)로 이루어져 있다. 언급한 연구들이 내게 흥미로운 것은 그 사색의 **대상**이 (소위 '국민성'이) 그들 스스로가 문학, 예술, 음악 등의 결정적인 도움을 받아 상상으로 구성한 것이기 때문이다. 사실, '멕시코적인 것'에 관한 글들은 서로 꼬리를 물고 있다고 말할 수 있을 것이다. 연구의 대상이 되는 동일한 현상에서 나오는 이데올로기적이며 문화적인 분출현상이다. 그래서 나는 1910년 멕시코혁명 이후 멕시코에서 전개되는 지배적인 정치문화를 연구하기 위해서 그 출발점으로 그러한 연구들을 선택했다. 하지만 멕시코의 국민적 특성에 관한 문학이 이 글의 연구 **대상**만 되는 것은 아니다. 문화에 대한 비평을 실현하는 매개도 될 것이다.

'멕시코적인 것'에 대한 연구들은 지배적인(헤게모니적인) 정치문화의 한 표현이라고 할 수 있다. 이 지배하는 정치문화는 권력과 관련된 상상적 그물망들의 집합으로 둘러싸여 있다. 이 그물망들은 사회적으로 수용되는 **주체성의 형태들**을 규정한다. 또한 이 그물망들은 국가문화가 가장 잘 다듬어져 표현된 것으로 여겨진다. 혁명 이후의 멕시코 사회가 고유한 국가문화의 주체들을 만들어 가는 하나의 과정을 의미하는 것이다. 그 주체들이란 역사적으로 규정된 주체성이라는 상황 속에서 발생한 신화적이고 문학적인 피조물이다. 그 상황은 창의성과 해방의 장소일 뿐만 아니라 정복과 속박의 장소이기도 하다.[2] 이와 같이 지배적인 정치문화는 자기만의 독특한 주체들을 창조해 왔고, 이들을 보편적인 차원의 여러 가지 원형들^{arquetipos}에 연결시켜 왔다.[3] 이 특별히 멕시코적인 주체성은 많은 심리적·사회적 스테레오타입, 영웅, 풍경, 역사적 파노라마, 다양한 유머 등으로 구성되어 있다. 주체들은 연기자로 바뀌었고, 주체성은 연극으로 변형되었다. 이런 식으로 자본주의적 국가체제는 심리드라마의 형태를 띠면서 일상적 삶의 차원으로 나타난다. 나는 그 중에서도 가장 시선을 끌면서도 명백한 부분을 선택했다. 가장 많은 논쟁을 불러일으키고, 영화, 라디오, 텔레비전, 언론, 연설, 노래 등을 통해서 가장 널리 확산된 부분을 선택했다. 앞으로 보게 되겠지만, 나는 멕시코인의 특성에서 가장 **공통적인 영역들**을 선택했다. 지성에 의해 성문화된 몇 가지 스테레오타입들을 다루는데, 이들의 흔적들은 대중들의 민중문화라는 신기루를 만들어 내면서 사회에서 재생산되고 있다. '멕시코적인 것'에 관한 이러한 이미지들은 민중의식(의구심이 들지만, 그러한 민중의식이 유일하고 동질적인 실체로서 존재한다는 것을 가정할 때)

---

2) Terry Eagleton, 「문학의 주제」("The Subject of Literature").
3) 나는 비록 융의 해석들을 염두에 두고 있지만, 원형이라는 용어를 오히려 미르체아 엘리아데(Mircea Eliade)의 의미로 사용한다. 특히 오래된 원래의 원형, 거기서부터 베끼기가 일어나는 원형이라는 넓은 의미로 사용하고 있다.

이 반영된 것들이 아니다. 다른 한편, 비록 이러한 생각들이 지식 엘리트에 의해서 증류된 것들이지만 나는 그 생각들을 단지 이데올로기적인 표현으로만 접근하지 않고, 주로 지배문화에 의해서 생산된 신화로 접근기도 할 것이다. 국가정신에 관련된 이데올로기적 표현들은 고도로 개별화되어 있다. 비록 철학적 흐름이나 세대별 집단으로 축소될 수 있지만 말이다. 하지만 국가정신에 관한 신화적 표현들은 오랜 세월 동안 사회에서 축적되어 가고, 결국은 일종의 메타담론을 구성하게 된다. 그 메타담론이란 기준이 되는 자료들이 복잡하게 얽힌 그물망으로서, 많은 멕시코인들이 (그리고 몇몇 외국인들이) 국가 정체성을 설명하기 위해 그것들을 언급한다. 그것은 정체성에 대한 갈증을 해소하는 공동우물이자, 신화들이 유래하는 곳이다. 이 신화들은 국가에 단일성을 제공할 뿐만 아니라 다른 어떤 나라와도 구별되게 한다.

'멕시코적인 것'에 관한 연구들 중에서 내게 가장 흥미로운 측면들 중 하나는 바로, 그 연구들을 신중하게 읽어 보면 멕시코인의 성격이 인위적으로 비현실적인 것으로 그려지고 있다는 결론에 도달하지 않을 수 없다는 것이다. 멕시코인의 성격을 묘사하거나 찬양하는 것은 주로 책이나 연설인데, 어디에서 그것들이 유래했는지, 그 근원의 흔적을 발견하는 것은 가능하다. 바로 근대 자본주의 국가체제의 통합과 제도화에 연결되어 있는 국가주의적 권력 의도가 그 근원인 것이다.[4] 그러니까, 멕시코 국민의 성격은 오로지 문학적이고 신화적으로만 존재하는 것이

---

4) 나는 훌리오 카로 바로하(Julio Caro Baroja)와 같은 의견이다. 그는 스페인인의 특성에 관한 글에서 국민성을 날조하는 것은 '신화적 행위'로서 위험한 협박이라고 지적했다. 『국민성에 관한 신화』(*El mito del carácter nacional*), 71~112쪽. 또한 로베르토 구티에레스(Roberto Gutiérrez)의 글, 「신화와 민주주의」("Mito y democracia")도 암시하는 바가 있다.

다. 하지만 어떤 방식으로 우리가 그 현상을 꿰뚫어 볼 수 있는지, 어떤 독특한 형태로 멕시코 문화와 사회 구조 안으로 끼어드는지 숙고해 보는 것은 우리가 해야 할 일이다. 이 책을 위해서 나는 국민성에 대한 신화의 몇 가지 측면만을 골랐다. 그것들은 농촌의 삶, 노동자들의 실존, 농촌 세계, 도시의 환경 등에 관해서 지배계급이 스스로 형성해 온 이미지들에서 출발해서 만들어진 스테레오타입들이 서로 연결된 하나의 집합체이다. 그러한 스테레오타입들을 가지고 하나의 복잡한 신화체계가 다듬어졌는데, 그 신화체계는 정치적 민주주의가 지닌 형식주의를 비이성적 형태의 사회적 결속을 유발하는 상상체계로 대체하고자 한다. 이러한 사실은 내가 보기에 근본적인 것으로서, 암묵적으로 이 책에 전개하는 생각들의 길잡이가 된다. 멕시코의 시스템은 여러 해 동안 대단한 정치적 안정을 누려 왔다. 하지만 근대적 민주주의의 발전을 배제해 왔다. 이 점은 국가주의적 신화의 무게가 엄청나다는 것으로 많은 부분 설명된다. 오늘날 상황은 바뀌고 있다. 그리고 멕시코인들은 민주주의가 부재한 점에 대해 인내심을 잃기 시작했다. 멕시코의 국가체제는 정부 형태로서 민주주의를 곧 받아들일 수밖에 없을 것이라고 나는 확신하고 있다. 바로 그렇기 때문에, 국가주의적 신화에서 발생되는 위험들에 대해서 비판적인 자성을 해보는 것이 시급해 보인다. 이 신화는 오랜 세월을 통해서 다듬어져 왔고, 그 선례는 식민지 시기에서도 찾아볼 수 있다는 점을 나는 알고 있다. 하지만 나는 국가주의적 신화의 역사를 쓰려는 것도 아니고, 멕시코인의 성격에 대한 연구의 연대기를 작성하려는 것도 아니다.[5] 반대로 내가 하고 싶은 것은 20세기 말에 그 신화가 취하

---

5) David Brading, 『멕시코 국가주의의 기원』(*Los orígenes del nacionalismo mexicano*) ;

는 형식을 비판적으로 보여 주는 것이다. 왜냐하면 내가 보기에 우리 멕시코인들은, 우리의 의식을 억압하고 소위 멕시코혁명으로 이루어진 국가체제의 전제적 지배를 강화하는 이 상상체계를 해체해야 하기 때문이다. 20세기의 폐차장에서 나온 넝마더미에 불과한 국가주의적 의식을 가지고 세번째 천년을 맞이할 것인가? 그 넝마들은 국가주의 카니발에 우리가 벌거벗은 채로 참여하지 않게 하려고 20세기 전반에 지식인들이 엉터리로 꿰맨 넝마들이 아니란 말인가?

멕시코 영혼의 근대적 모습(멕시코혁명이 요구하던 '새로운 인간'의 모습)은 갑작스런 국가주의의 발현으로 형성된 것이 아니다. 사실, 멕시코인 성격의 면면들은 20세기 초반 실증주의적이고 자유주의적인 지식인들에 의해서 묘사되고, 찬양되고, 비판되었다. 그들 생각의 원래 핵심은, 예를 들면 에세키엘 차베스Ezequiel Chávez, 마누엘 가미오Manuel Gamio, 훌리오 게레로Julio Guerrero, 마르틴 루이스 구스만Martín Luis Guzmán, 안드레스 몰리나 엔리케스Andrés Molina Enríquez, 후스토 시에라Justo Sierra, 카를로스 트레호 레르도 데 테하다Carlos Trejo Lerdo de Tejada에게서 찾아 볼 수 있다.[6] 그 후 반反실증주의적 대응으로 안토니오 카소Antonio Caso와 호세

Frederick C. Turner, 『멕시코 국가주의의 동학』(La dinamica del nacionalismo mexicano); Henry C. Schmidt, 『멕시코적인 것의 뿌리』(The Roots of Lo Mexicano); Patrik Romanell, 『멕시코 정신의 형성』(La formación de la mentalidad mexicana); Eduardo Montes, 「멕시코적인 것의 철학」("La filosofía de lo mexicano: una corriente irracional").

6) 특히 다음 작품들을 볼 것. E. Chávez, 「멕시코인의 성격 인자로서 감수성의 특이한 측면들에 관한 소고」("Ensayo sobre los rasgos distintivos de la sensibilidad como factor del carácter del mexicano", 1901); M. Gamio, 『조국을 만들어가면서』(Forjando patria, 1916); J. Guerrero, 『멕시코에서 범죄의 기원』(La génesis del crimen en México, 1901); M.L. Guzmán, 「멕시코에 관한 논쟁」("La querella de México", 1915); A. Molina Enríquez, 『중대한 국가적 문제들』(Los grandes problemas nacionales, 1908); Justo Sierra, 『멕시코, 그 사회적 진화』(México, su evolución social, 1900~1902); C. Trejo Lerdo de Tejada, 『혁명과 국가주의』(La revolución y el

바스콘셀로스 José Vasconcelos의 사상들이 등장한다. 이들은 새로운 국민정신을 불러일으키는 데에 근본적인 기여를 한다.[7] 멕시코 예술은 벽화화가들을 선두로 하여 민중들의 영혼을 고양시키는 데 핵심적인 기여를 한다. 아틀Atl 박사와 호세 마리아 벨라스코José María Velasco가 자신들의 방식으로 국가주의적 과업을 이미 먼저 수행하기 시작했다는 것을 지적하지 않을 수 없지만 말이다. 하지만 이 모든 선례들보다도 호세 과달루페 포사다José Guadalupe Posada의 판화들은 진정한 민중적 표현으로서 새로운 국가주의의 중심에 놓이게 된다.[8] 1930년대에는 혁명적 국가주의에 대한 반발이 일어나는데, 역설적이게도 이 반발세력이 멕시코인의 성격 관련 신화를 성문화하고 제도화한 주범으로 바뀌게 된다. 사실, 잡지 『동시대인』Contemporáneos, 1928~1931을 기반으로 작가활동을 시작한 집단이, 자기 집단에 속한 철학자(사무엘 라모스Samuel Ramos)의 입을 통해 기이하게도 호모 멕시코누스homo mexicanus의 모습을 조작하는 데 가장 많이 기여한다.[9] 그 시기에는 유럽과 미국에서 19세기의 많은 사회학자와

---

nacionalismo, 1916).

7) A. Caso, 『멕시코 민족에게 고함』(Discursos a la nación mexicana, 1922) ; J. Vasconcelos, 『조화로운 인종』(La raza cósmica, 1925).

8) Diego Rivera, 『호세 과달루페 포사다의 작품들』(Las obras de José Guadalupe Posada).

9) S. Ramos, 『멕시코의 인간과 문화』(El perfil del hombre y la cultura en México, 1934). 『동시대인』(Contemporáneos)과 관련해서는 다음 글을 볼 것. Manuel Durán, 『'동시대인들': 집단, 동기생, 세대, 공모?』(“Contemporáneos”: grupo, promoción, generación, conspiración?) ; Louis Panabiére, 「지식인과 멕시코의 국가체제(1930~40), 동시대인들의 이반의 경우」(“Les intellectuels et l'Etat au Mexique(1930~40), le cas de dissidence des Contemporáneos”). '멕시코적인 것'을 묘사하는 데 사용한 잉크는 대부분 비야우루티아(Villaurrutia), 고로스티사 페이세르(Gorostiza Pellicer), 노보(Novo), 토레스 보데트(Torres Bodet)의 잉크병에서 나온 것이다. 그 점에 대해서는 Christopher Domínguez, 『호르헤 쿠에스타 그리고 정치의 악령』(Jorge Cuesta y el demonio de la política)이라는 자극적이고 명쾌한 글을 참고할 것.

심리학자들이 애호했던, 국민성에 대한 케케묵은 연구들이 다시금 유행하고 있었다. 어떤 형태로든 조르주 소렐Georges Sorel, 구스타브 르 봉Gustave Le Bon, 오르테가 이 가세트Ortega y Gasset의 혐오스런 영향이 멕시코에서 느껴졌다. 이들은 근대인간의 몰개성화와 산업사회의 진보에 대한 실질적인 공포를 중간계층의 지식인들에게 주입시키는 데 기여했다. 하나의 대안으로서 일종의 반성적 사고가 등장했다. 그런 사고를 널리 보급시킨 사람은 독일 철학자로 변장한 발트해 연안 출신의 백작이었다. 사람들이 적절하게도 카이절링Hermann Keyserling을 그렇게 불렀는데, 그는 국가정신에 관한 진실을 설파하면서 세계를 돌아다니고 있었다.[10]

1950년부터 '멕시코적인 것'에 대한 사색들은 대단한 절정을 맞이한다. 옥타비오 파스Octavio Paz의 『고독의 미로』*El laberinto de la soledad*의 출간에 결정적으로 힘을 얻었는데, 이 책은 그 이전의 모든 사람들의 생각들을 섭렵했다. 게다가 알폰소 레이예스의 축복과 레오폴도 세아의 지휘 아래 '멕시코적인 것'에 대한 일련의 연구들이 출판되기 시작한다(그 중에서도 호르헤 카리온Jorge Carrión, 호세 가오스, 살바도르 레이예스 네바레스, 에밀리오 우랑가Emilio Uranga). 그 연구들은 파스와 라모스, 바스콘셀로스의 책들과 함께 새로운 멕시코인에 대한 철학적·문학적 자료전집corpus을 구성하게 된다.[11] 거기에다 그 이후에 심리학적이고 사회학적

10) J. Plumyène y R, Lasierra, 『유럽인들이 서로에게 행하는 어리석은 짓의 목록』(*Catálogo de necedades que los europeos se aplican mutuamente*), 47쪽.

11) 이 자료전집의 비교 평가에 대해서는 A. Villegas, 『멕시코적인 것에 관한 철학』(*La filosofía de lo mexicano*)을 참조할 것. 비예가스는 자기 책에 대학에 있는 연구자들만을 포함시키고, 파스는 제외한다. 파스는 그럼에도 불구하고 『고독의 미로』를 통해서 '멕시코적인 것에 대한 철학'에 가장 훌륭한 기여를 했다. 에보디오 에스칼란테(Evodio Escalante)는 「멕시코적인 것에 관한 철학이 되돌아 오는가?」라는 글에서 이 테마가 현재 적절한가에 대해서 지적

인 일군의 연구들(아니세토 아라모니[Aniceto Aramoni], 라울 베하르[Raúl Béjar], 로헬리오 디아스-게레로[Rogelio Díaz-Guerrero], 산티아고 라미레스, 그 외 많은 사람들이 쓴 글들)이 추가된다.[12] 이러한 글들은 '멕시코적인 것'에 대한 연구들에 과학적 기반을 제공하려고 시도했으나 성과는 없었다.

수십 명의 철학자, 심리학자, 사회학자와 작가들이 수십 년에 걸쳐서 멕시코인의 성격 연구에 기여해 왔다. 그들이 고무해 온 국가주의적 상상체계는 이데올로기 간 모순과 세대 간 대립으로 골이 패여 있는 상태이다. 그럼에도 불구하고 국민성에 대한 신화는 역사가 없어 보일 수도 있다.[13] 마치 국가적 가치들이 조국의 하늘에서 계속 내려와 통합을 지향하는 물질에 합쳐져서 모든 멕시코인들의 영혼이 동등하게 영원히 그 속에 흠뻑 젖을 수 있는 것처럼 보일 수도 있다. 멕시코의 국민성에 관한 글들은 헤아릴 수 없이 많은 예술, 문학, 음악, 영화 작품들에 대한 변환이거나 환원(그리고 종종 괴기스런 풍자화)이다. 나는 이러한 사실을 고려하고 있음에도 불구하고 '멕시코적인 것'에 대한 글들을 분석하는 데 집중하기로 했다. 왜냐하면 그 글들이 거의 항상 미학적 가치들을 희생시킬 때조차도 어떤 재료와 조리법으로 국가정신을 요리했는지 적나라하게 그리고 순진할 정도로 단순하게 잘 드러내 주기 때문이

했다. 또한 파트리시아 폰세 멜렌데스(Patricia Ponce Meléndez)의 박사학위논문 「문화와 정치: 정체성 연구에서의 멕시코 지식인 담론」("Culture et Politique: le discours de l'intelligentsia mexicaine dans la recherche d'une identité")도 참고할 것.

12) 이 책의 참고문헌을 볼 것.

13) 예를 들어, 루스 베네딕트(Ruth Benedict)의 『국화와 칼』(*The Chrysanthemum and the Sword*)을 보면, 이 작품은 어느 정도 매력이 없지 않으면서도 일본문화가 지닌 엄청나게 복잡한 역사를 미국 정치가들과 군인들이 2차 세계대전에서 패망한 이후의 일본인들을 재교육시키는 데 사용할 수 있는 정태(靜態)적인 매뉴얼로 환원시켰다.

다. 그렇게 쌓여 온 신화들, 멕시코 지식인들에 의해 오랜 기간 동안 성문화되어 온 신화들에 과감하게 횡단면을 내어 보는 것에 나는 관심이 갔다.[14] 하지만 나는 지성계의 문화를 묘사하려고 하는 것이 아니라 '민중들의'populares 반향을 불러일으킨 사상들을 강조하고, 그 사상들이 서로 서로 어떤 방식으로 연결되어 (가끔은 그 사상가들의 의사에 아주 반해서) '전형적인 멕시코인'의 모델이나 규준을 만들어 왔는지 살펴보고자 한다. 나는 그 '전형적인 멕시코인'이 존재하는지 혹은 존재하지 않는지 논쟁하는 데 잠시라도 머뭇거리지 않겠다. 다시 말해, 그것은 완전히 허구적인 문제이다. 단지 지배적인 정치문화를 구성하는 과정의 일부로서만 관심을 끌 뿐이다. 국가역사의 유일한 주체('멕시코인')가 존재한다는 사상은 뿌리치기 어려운 환상이다. 그것의 구조주의적 혹은 기능주의적 버전은 주체로서의 멕시코인은 덜 생각하고, 독특한 구성('멕시코적인 것')을 더 많이 생각하는 것인데, 그러한 생각은 근대 국가체제를 정치적으로 합법화하는 문화적 과정들의 일부를 또한 구성하고 있다. '멕시코인'에 대한 정의는 멕시코인이 어떤 형식으로 지배되는가 하는 것을 묘사하는 것이라고 할 수 있다. 무엇보다 착취가 합법화되는 방식에 대한 묘사이다.

이러한 합법화의 메커니즘들은 대부분의 경우 특별히 멕시코적인 것은 아니다. 비록 멕시코의 현실에 적응되기는 했지만, 서구문화의 긴

---

14) 내가 대상으로 삼는 시기(1900~1968)의 초기는 실증주의적 요람기였고(J. Guerrero), 말기는 '멕시코적인 것'에 관련된 신화를 통해서는 1968년의 비극적 상황을 설명할 수 없다는 것이 (1969년에 출판된 옥타비오 파스의 『추신』[Posdata]에서 확인할 수 있듯이) 명백해진 시기다. 1901년에 출판된 게레로의 작품, 『멕시코에서 범죄의 기원』(La génesis del crimen en México)에서도 (마치 파스가 한 것처럼) 국가를 설명하기 위해 조상들의 야만성에 대한 언급을 한다.

역사의 일부를 구성하고 있다. 이러한 이유로 해서 나는 멕시코의 상징 체계와 서구문화의 다양한 측면들 사이의 연결고리를 찾아 나선다. 이러한 역설은 이미 많은 사람들에 의해서 지적되었다. 다시 말해, 오직 국가정신을 서구적인 색깔로 그릴 수밖에 없다는 것인데, 그런 이유로 해서 국가주의자들과 말린체주의자들[15] 사이의 논쟁은 국가주의적 신화 체계 자체에 영양분을 공급한다는 의미 이상은 지니고 있지 못하다. 따라서 멕시코 영혼의 해부는 서구의 근대 국가체제, 다시 말해 자본주의적 국가체제의 몇 가지 측면들을 이해하는 열쇠를 제공해 줄 수 있다고 믿는다.

여기서 내가 독자들에게 제안하는 것은 하나의 놀이이다. 멕시코인의 성격에 관한 신화들에 침투해서 그 신화들을 마치 장난감이나 장기판 위의 말인 것처럼 관찰하는 것이다. 나는 놀이의 논리를 따르지 각 작가들의 논리를 따르지 않겠다. 하나의 사고^{idea}에서 다른 사고로 건너뛰면서 그 사고의 개인적·세대적 주변상황은 고려하지 않고, 그 의견과 평가가 비록 서로 다르거나 상반되는 철학적인 맥락에서 만들어진 것들이라도 그것들을 같은 것들로 분류하려고 한다. 나는 개별적이고 개인적인 표현뿐만 아니라 구체적인 상황 위에도 군림하는 놀이의 논리가 있다는 것을 보여 주고 싶다. 이 놀이의 논리는 우연하게 선택한 그저 변덕스런 것이 아니다. 그것은 더 포괄적이고 오래 지속되어 온 과정의 반영이다. 그것은 근대 멕시코 국가체제를 합법화하는 데 있어 정리해 주고 방향을 잡아 주는 규범들이다. '공기가 가장 투명한 지역'의 호수들

---

15) 스페인 정복자 코르테스를 도운 원주민 여인 말린체에서 파생된 용어로, 외국 것을 선호하는 사람을 의미함—옮긴이.

에 서식하는 지극히 멕시코적인 양서류인 아홀로테라는 메타포에 기반
해 그 '멕시코적인 것'이라는 테마를 전개해 나가면서 익살스런 분위기
를 추가하는 것에 대한 책임이 나에게 있는 것은 확실하다. 나우아틀어
인 아홀로틀axólotl을 '물놀이'juego de agua로 번역하는 사람도 있다. 아홀
로틀의 신비로운 이중적 본성(유충/도롱뇽)과 억압된 변태의 잠재력은
이 기이한 동물이 멕시코의 국민성과 그 국민성이 숨기고 있는 정치적
중재구조들을 나타내는 형상으로서 사용될 수 있다는 것을 확실하게 해
준다. 아홀로테라는 메타포를 적용할 때 현실을 혼란스럽게 할 수 있다
는 것을 나는 잘 의식하고 있다. 국민성에 대한 멕시코인들의 상상체계
를 억지로라도 일종의 규범적 모델이나 스테레오타입들의 전체 집합에
집어넣으려는 것이 나의 솔직한 의도이다. 그리고 나서 그 규범적 모델
이 멕시코의 정치문화에서 민중 집단의 일상적 삶을 희비극적으로 재현
하는 것을 관찰하는 것이 나의 의도이다. 나는 그것을 '아홀로테라는 규
범적 모델'이라고 부르겠다. 앞으로 확인하게 되겠지만, '아홀로테라는
규범적 모델'을 정치문화의 규범적 모델로 사용하는 것은 사회적 사실
들과 생물학적인 현상들을 서로 연관짓게 만들고, 또한 전통적으로 국
가주의적 사고의 뿌리에 자리잡아 왔던 생각들을 서로 연관짓게 한다.
헤켈Ernst Heinrich Haeckel의 반복발생설에 관련된 사고들은 (아홀로테도 그
러한 사고들에 연결되어 있는데) 사회학·정치학·심리학에서도 그에 해
당되는 것들을 갖게 되었다. 한 개체의 발달과정은 그 종의 진화과정을
요약 반복한다는 믿음에 나란한 유사 버전이 있는데, 국가들도 (사람들
처럼) 온전한 생의 주기(유아기, 청년기, 성숙기, 노년기, 죽음)를 거친다는
믿음이다. 집단 무의식과 원형에 대한 융Carl Gustav Jung의 생각들 역시 언
급된 것과 유사한 표현이다.

개개인들의 성격에서 국가의 고유한 특성들이 '반복발생'한다는 것을 확인하려는 사상들에서도 동일한 일이 일어난다. 이러한 형태의 사회생물학적인 평행주의들은 파시스트적인 사고를 결정結晶화하는 데 기여했다는 끔찍한 사실 하나만으로도 우려스럽다. 하지만 이러한 사고가 국가주의의 위험성을 우리에게 상기시켜 주는 것 외에도, 정치문화에 관해 성찰할 때 생물학적 메타포를 사용하는 것이 근대 국가체제의 헤게모니와 합법화와 관련된 숨겨진 메커니즘을 이해하는 데 도움을 줄 수 있다는 점을 상기시켜 준다. 다른 한편, 앙드레 브르통은 아홀로테의 상징적 잠재력을 알아차렸다. "나의 정신적 풍경(확장해서 말하면, 초현실주의의 풍경)은 멕시코에 의해서 결정적으로 그 경계가 만들어진다. 초현실주의의 문장紋章에는 적어도 특별히 멕시코적인 두 가지 동물이 등장한다. 바로 음흉한 독도마뱀Holoderma suspectum과 장밋빛과 검은빛을 띤 아홀로테이다." 메타포로서 아홀로테는 인류학의 고전적 테마를, 레비-스트로스가 숙고했던 그 테마를 암시한다. 『야생적 사고』는 동물적 본성의 예민한 속성들을 마치 어떤 메시지의 요소들인 것처럼 다룬다. 마찬가지 방식으로, 아홀로테의 생물학적 속성들은 여기서 마치 기호들인 것처럼 관찰될 것이다. 다시 말해, 멕시코인들에게 전달되는 어떤 메시지, 멕시코인들의 조건과 기원, 미래에 관해 그들에게 알려 주는 메시지로서 관찰된다는 것이다.[16] 하지만 아홀로테라는 테마와 대위법적으로 논의하는 것이, 사회적인 것과 생물학적인 것 사이의 관계에 대해 엄

---

16) A. Breton, 「멕시코의 추억」("Souvenirs du Mexique"). Holoderma suspectum는 멕시코 북부와 미국 남서부(뉴멕시코주의 길라 강 유역)에 서식하는 대표적인 거대한 독도마뱀이다. C. Lévi-Strauss, 『야생의 사고』(*El pensamiento salvaje*), 388~389쪽.

숙하게 성찰하는 것이라기보다는 하나의 보여 주는 기술이라고 할 수 있다. 이것은 정보를 가지고 유희하도록 해주는 기술인데 (삽화가 들어 있는 스물두 편의 글을 통해서) 비평이 자연스럽게 분석과 녹아들도록 하는 방식이다.[17]

움베르토 에코는 소설이란 해석을 만들어 내기 위한 기계라고 말한다. 보르헤스와 코르타사르가 자신들의 놀이를 통해서 의도했던 것도 동일한 것이라는 사실에는 의심의 여지가 없다. 이 에세이를 통해서 내가 뭔가 유사한 것을 시도하지 못할 이유도 없다고 본다. 물론 에세이라는 것이 이미 하나의 해석이지만 말이다. 하지만 열린 놀이여야 한다. 다시 말해, 다른 해석들을 만들어 내기 위한 해석이여야 한다는 것이다. 현실 자체가 해독을 요구하는 애매한 얼굴을 하고 있는데, 무엇하러 그 나름대로 판독을 또 요구하는 텍스트를 가지고 일을 더 복잡하게 만들 필요가 있는가라고 생각하는 독자도 있을 수 있다. 나는 이러한 작업을 통해서 사회과학과 역사학을 얽어매고 있는 비극적 매듭을 명백하게 드러내고 싶었다. 사회과학과 역사학은 어떤 과정들과 구조들을 새롭게 체계화하기 위해서 해독을 시도한다. 단 연구자가 살고 있는 시대와 사회적 환경이 제공하는 해독법을 가지고 하는 것이다. 관객이자 동시에 배우인 우리들은 우리 연구의 대상과 하나의 실질적인 관계(그리고 드라

---

17) 정보를 가지고 유희하는 것을 허용하는 이러한 형태의 기술을 나의 책 『정치적 권력의 상상적 그물망』(Las redes imaginarias del poder político)에서도 사용했다. 그 책에서는 타로점의 유형들과 묵시록(Apocalipsis)의 종말론을 가지고 대위법적으로 전개했다. 이 책에서는 단편과 삽화가 있는 글의 독특한 서술 기법들 외에도 음악의 대위법적인 형식들을 가지고 유희하기도 했다. 예를 들어 푸가(fuga)처럼 말이다(스페인어 'jugar'[놀다]라는 뜻에 해당되는 영어 'to play'는 내가 사용하는 두 가지 의미 즉 '놀다'와 '악기를 연주하다'라는 뜻이 있다. 스페인어에서는 'fuga'라는 단어는 '대위법'이라는 뜻도 있고 '도주'라는 뜻도 있다).

마틱한 관계)를 받아들일 수밖에 없다. 아홀로테를 모델로 사용함으로써 그로부터 나오는 메타포들은 사회과학이라는 연극을 상징하는 두 개의 양극으로 모이는 경향이 있다. 한 쪽에는 능동적이고 역동적인 주체 sujeto가 있고, 변태와 변화의 사고가 있고, 의문을 제기하는 나Yo가 있다. 다른 쪽에는 수동적이고 숨는 타자Otro가, 우울하고 정태적인 대상objeto이 있다. 이와 같이 변태/우울metamorfosis/melancolía이라는 이원성은 다양한 국면으로 나아가게 되고 일련의 기나긴 양극성들의 연쇄를 상징하게 된다. 서양과 동양, 문명과 야만, 혁명과 정체성, 도시와 농촌, 노동자와 농부, 이성과 감성 등등. 이 놀이를 하면서 나는 단순히 말리노프스키Bronislaw Malinowski가 정의했던 대로 인류학자로서 나의 역할을 고전적 방식으로 수행하고자 한다.

인류학은 유머감각과 관련된 과학이다. 이런 식으로 정의를 내리는 것이 지나친 의도가 있거나 조롱하려고 하는 것은 아니다. 다른 이들이 우리를 보는 대로 우리 자신을 바라보는 것은 다른 사람들을 실제 그대로, 그들이 원하는 모습 그대로 바라볼 수 있는 재능의 뒷면이자 대응되는 것이기 때문이다. 이것이 인류학자의 직무이다. 인류학자는 인종과 문화적 차이의 장벽을 무너뜨려야 한다. 야생 상태 그대로의 인간 존재를 발견해야 한다. 오늘날 고도로 복잡해진 서구 안에서 원시인을 드러내 보여야 한다. 그리고 어쩌면 모든 부분에서 인간에게는 동물적인 것(신성한 것도 마찬가지)이 있다는 것을 볼 수 있어야 한다.[18]

---

18) 말리노프스키는 독일 인류학자 율리우스 립스(Julius E. Lips)의 감동적인 명저 『야만의 반격』(*The Savage Hits Back*)의 서문을 썼다. p.VIII.

만약 우리가 유머감각을 충분히 예리하게 사용한다면 아마도 동물적인 것에 신성한 것이 있고, 서구적인 것에 야만성이 있다는 것을 발견하게 될 것이다. 사상들을 가지고, 그 사상들을 이리저리 자리바꿈하며 미친 듯한 춤판을 벌이는 과정 속에서 지배와 착취와 권력의 모습들이 드러난다. 내가 말리노프스키의 정의와 유일하게 일치하지 않는 것은, 그는 인류학을 통합적인 담화 속으로 집어넣는데, 그 통합적인 담화 속에서는 각 측면들(원시인, 신, 서구, 동물)이 초월성으로 이루어진 연쇄 고리의 일부가 된다. 반대로 나는 전형적으로 포스트모던적^{postmoderna} 혹은 디스모던적^{desmoderna19)} 사상을 출발점으로 삼으려 한다. 그 사상에 따르면, 하나의 순진무구하고, 숭고하고, 변증법적인 총체성은 (사실에서나 이론에서나) 존재하지 않는다. 대신 우리는 이질적이고 분리된 세상을 마주하고 있을 뿐이다. 나는 이 에세이에서 그러한 세상을 메타포들의 새장 안으로, 다시 말하자면 메타언어의 감옥으로 (미소를 잃지 않고) 가두고 싶었다. 이러한 행위를 통해서 우리를 예속하고 있는 쇠사슬들을 파악할 수 있고, 그 쇠사슬들을 끊을 시도를 할 수 때문이다. 여기에 바로 아이러니가 있는 것이다.

---

19) '포스트모던적'이라는 것은 Umberto Eco, 『장미의 이름 후기』(*Postscript to The Name of Rose*) ; Jean-François Lyotard, 『포스트모던의 조건』(*The Postmodern Condition*) ; Fredric Jameson, 「포스트모더니즘과 후기 자본주의 문화 논리」("El posmodernismo o la lógica cultural del capitalismo tardío")에서 사용된 의미로 볼 때 그렇다는 것이다. 내 개인적으로는 디스모더니티(desmodernidad)이라는 용어가 주는 여운들이 더 마음에 든다. 왜냐하면 과도한 모더니티로 인해서 긴장이 완전히 사라진 것을 드러내기 때문이다. 영어로는 'dismothernism'이라고 번역할 수도 있을 것이다(modernism을 '마더니즘'이라고 발음하기에―옮긴이). 라티노들만이 그 번역 속에 내포되어 있는 'el desmadre'(도를 지나침, 지나친 행위나 말―옮긴이)를 이해할 것이다.

"그리고 난 아홀로테로 바뀌기로 결심했다. 왜냐하면 아홀로테를 표기할 때는 x가 들어가니까!"

그림 설명 : 훔볼트가 멕시코에서 가져간 아홀로테 표본들에 기초해서 퀴비에가 진행한 유명한 연구를 보여 주는 그림.

1장 _ 흉내 내기

자연에는 실재로 개체만 있을 뿐이다. 종(種)이니, 목(目)이니, 강(綱)이니 하는 것은 단지 우리들의 상상 속에서만 존재한다. — 뷔퐁, 「자연의 역사」

퀴비에 거리로 난 문을 통해서 공원으로 들어가 뷔퐁이 2세기 전에 설계한 미로를 향해 천천히 걸어갔다. 조금 힘들게 언덕을 올라갔다. 높은 곳에 있는 정자에서 식물정원의 앙상한 나무들을 내려다보니 슬픔이 들었다. 정면으로 바람을 맞기 위해 고개를 돌리자 이슬람 사원이 시야에 스쳐지나갔고, 이슬람 승려의 기도소리가 들리는 듯했다. 그 2월의 아침은 무척 추웠다. 몽파르나스 묘지에서부터 거기까지 큰길들을 통해서 걸어왔다. 살페트리에르 병원 앞에서 단지 호기심 때문에 잠시 멈추었는데, 마치 신경 병리학자 샤르코가 한 강의의 메아리를 들으려는 것처럼 보였다.

언덕을 내려와 수족관을 향했다. 입장권을 샀고, 그의 잦은 방문에 아주 익숙해져 버린 늙은 수위의 인사를 건성으로 들었다.

"안녕하세요, 코르타사르 씨." 늙은이가 읊어댔다.

곧바로 아홀로테^Axolote^들이 있는 곳으로 갔다. 그놈들 중 수족관 유리에 머리를 기대고 있는 놈이 황금빛 눈으로 그를 뚫어지게 쳐다보고 있었다. 훌리오 코르타사르[1]는 그 놈을 즉시 알아보았다. 의심의 여지없이 알폰소 레이예스[2]였다. 실재로 그 아홀로테는 한 스페인 작가를 패러디하면서 말했다.

"나는 아홀로테로 변하기로 마음먹었는데, 왜냐하면 아홀로테를 표기할 때는 x자가 들어가기 때문이지!"

그 순간 코르타사르는 그 동물의 넓은 이마에 x자가 새겨져 있다는 것을 알아챘다. 그 동물이 의식이 있고, 자기 육체에 구속되어 있고, 양서동물이라는 부류에 구속되어 있고, 심연같이 깊은 침묵과 처절한 사색에 빠지는 형벌을 받았다는 것을 알아챘다.

"내 두개골은 인디오의 두개골이오. 하지만 회색 물질로 된 그 내용물은 유럽적인 것이오. 나는 어떤 의미에서 모순이오"라고 그 아홀로테는 속삭였다.

그 유명한 혼혈 양서류구나, 하고 훌리오 코르타사르는 생각했다.

"그렇다오. 혼혈 양서류요." 레이예스는 코르타사르에게 말했다. "만약 이것이 기분 좋은 일이고, 두 환경을 즐길 수 있게 한다면 다행이지요. 하지만 불행하게도 그렇지 못하고, 우화작가가 '너는 메기처럼 헤엄을 잘 치지도 못하고, 사슴처럼 달리지도 못한다'라고 말한 것과 같은 형편이라오. 왜냐하면 외모로 봐서는 전반적으로 다 잘할 것처럼 보이지만, 어느 것 하나 제대로 하는 것이 없기 때문이죠."

알폰소 레이예스의 얼굴은 표정이 없었다. 바늘구멍같이 작고, 완전히 투명한 황금빛의 두 눈, 활기가 전혀 없는 두 눈 이외에는 이렇다

---

1) 아르헨티나 작가로 현재 서술되는 내용과 유사한 내용의 단편 「아홀로틀」("Axolotl")을 썼다—옮긴이.
2) 20세기 멕시코의 대표적인 인문학자로, 멕시코인을 혼혈 양서류에 비유했다—옮긴이.

할 만한 특징이 없었다. 하지만 그 두 눈을 통해서 코르타사르의 시선이 침투하도록 허용했고, 코르타사르의 시선은 황금빛 지점을 통해서 들어가 반투명한 신비로운 몸체의 내부로 사라지는 것 같았다. 갑자기 자리바꾸기가 일어났고, 훌리오는 산 채로 아홀로테의 고독 속에 묻히게 되었다.

"우리가 가만히 있으면 시간이 덜 느껴지지." 물 밖에서 자기를 바라보고 있는 수염이 덥수룩한 정복자의 커다란 얼굴에다 코르타사르는 얘기했다.

레이예스는 수족관에서 멀어지면서 곰곰이 생각했다. 아홀로테들의 영혼에는 절제된 신중함이 있는데, 그것을 시에서는 '황혼의 색조'라고 불렀다는 것을 떠올렸다.

"좋아," 알폰소 레이예스는 로피탈 대로를 따라 바삐 걸음을 옮기면서 마음속으로 크게 말했다. "이렇게 유보적이고, 제동을 걸고, 불신하고, 끊임없이 의심하고 확인할 필요성을 느끼는 성격 때문에 아홀로테들은 타고난 데카르트주의자가 되고, 『방법서설』의 자발적인 추종자처럼 되지."

레이예스는 생 마르셀을 지나 포르 루아얄 대로를 따라 올라갔다. 몽파르나스 묘지에 제 시간에 도착하고 싶었다. 1984년 그 회색빛 아침에 그곳에서 사람들은 그 전날 죽은 훌리오 코르타사르를 땅에 묻고 있었다. 레이예스는 묘지 입구에 도착할 즈음 그 아홀로테가 마치 작별인사처럼 중얼거리던 말을 기억했다.

"이 궁극적인 고독으로 너는 다시 돌아오지 않겠지만, 어쩌면 누군가 우리 아홀로테들에 대해서 글을 써줄 거라 생각하면 위로가 돼."

2장_ 파괴된 에덴동산

어떠한 논리적 전개를 하더라도 우울증의 원인인 되는 그 논리의 감옥에서
나를 꺼내줄 수 있을 것 같아 보이지 않았다. ― 루이 아라공, 『농부의 꿈』

농부들은 근대 사회에 향수와 우울증의 긴 그림자를 드리우곤 한다. 그
들은 다시 돌아오지 않을 시대에서 살아남은 생존자들이고, 그들의 기
억은 내밀한 슬픔을 일깨우는데, 그 슬픔은 내밀하지만 사회 전체로 퍼
져나가 문화적·정치적 현상을 만들어 낼 수 있는 능력이 있다. 로페스
벨라르데Lópezᐟ Velarde는 다음과 같이 시작하는 어느 시에서 '반동적인 내
밀한 슬픔'에 대해서 말했다.

농촌으로 돌아가지 않는 것이 나으리라,
산탄으로 불구가 되어 가면서도
침묵하는 파괴된 에덴동산으로.

나는 파괴된 에덴동산으로 돌아갈 것을 제안하고 싶지도 않고, 농
촌세계의 본성에 대한 연구를 제안하고 싶지도 않다. 대신, 근대문화가
자신이 잃어버린 낙원을 창조하거나 조작해 내는 방식에 대해서 숙고해
보고자 한다. 자본주의 산업사회가(마치 자신이 지닌 모순들에 대한 **반응**

처럼) 끈덕지게 일종의 신화적 층위를 찾아나서는 방식에 대해 이해해보고자 한다. 원시적 순진함과 본래의 질서를 상실했다고 여기는 신화적 층위 말이다.

멕시코에서는 다른 많은 나라들에서와 마찬가지로 농업과 관련된 역사를 재창조하는 것이 국가문화를 구성하는 데 있어 핵심적인 요소이다. 그것은 국가문화의 핵심적인 주춧돌로서, 그것 없이는 문화라는 건물의 응집력이 사라지게 될 것이다. 하지만 나는 국가문화가 산업사회 이전의 역사와 농민들의 잔해를 자양분으로 삼는다는 사실은 명백하게 입증된다고 말하려는 것이 아니다. 반대로, 나는 하나의 에덴동산 신화가 **조작되는** 과정을 강조하고자 한다. 그 에덴동산 신화는 에덴동산의 파괴로 야기된 죄책감을 지속시키고,[1] 동시에 응집력 있는 국민성의 윤곽을 그리는 데 필수불가결한 것이다. 동시에 근대성의 급격한 도래로 혼란에 빠지고, 산업사회의 새로운 삶이 지닌 모순들로 동요하는 사회에 질서를 부여하는 데도 필수불가결한 것이다. 도시에서 바라보는, 그리고 근대 문화에서 바라보는 이 농부들은 페드로 파라모[2]처럼 집단 기억 속에 있는 희미한 기억으로 이루어진 환영이다. 그들은 회상되는 조상들로서, 마치 우리 생각 속에 있는 일종의 유충처럼 지속적

---

1) 멕시코에서는 농촌과 관련된 전통을 고안해 냈다. 그것은 일종의 문화-정치적인 과정으로서, 거의 탐구되지 않았고 이제 막 인식되기 시작했다. 하지만 전통을 만들어 내는 일은 이례적인 현상은 아니다. 에릭 홉스봄 등이 쓴 흥미로운 책인 『만들어진 전통』(The Invention of Tradition)에서는 아프리카, 유럽, 인도에서 만들어진 전통들에 관해서 탐구하고 있다. 죄의식과 관련하여, 중류 계급에 속하는 멕시코인의 심리에 대한 연구에 따르면 신비와 죄라는 두 개의 단어가 설문에 응한 사람들을 가장 동요하게 만든 단어들이었다. 그 다음 중요한 단어들은 경제적 상황에 관련된 단어나 일, 병, 가족, 학교와 관련된 단어들이었다. José Gómez Robleda, 『멕시코인의 심리』(Psicología del mexicano)
2) 후안 룰포의 동명 소설 속에 나오는 주인공으로, 근대 이전의 멕시코 농촌 토호—옮긴이.

으로 재생산된다. 국가문화에 의해 창조된 이 에덴동산 같은 공간은 진정한 반유토피아anti-utopía이다. 그것의 기능은 국가적 규범의 경계를 정하는 것이고, 그 국가적 존재를 대대적으로 변혁시키려는 (혹은 오염시키려는) 다른 어떠한 유토피아에도 저항함으로써 '진정한' 국가적 존재를 정의하는 것이다. 이런 의미에서 파괴된 에덴동산은 케케묵은 유토피아arqueotopía라고 정의할 수 있다. 다시 말해, 앞서간 오래된 장소, 행복이 충만한 장소에 대해 오늘 상상하는 것이다. 하지만 그것은 이미 지나간, 시들어 버린 행복이다. 그 행복은 멕시코혁명이라는 거대한 눈사태에 매장되어 깊은 신화적 층위에 침잠해 있는 행복이다. 그 장소에 대해 우리는 오로지 일종의 우울한 감정만을 느낄 수밖에 없다. 그 장소는 미래를 배제하기 위해 현재와 과거가 서로 혼동되는 곳이다. 후안 룰포의 작품은 의심의 여지없이 이미 납작하게 찌그러진 행복의 원시적 상태를 가장 잘 드러내고 묘사한 작품이다. 카를로스 푸엔테스는 위대한 통찰력을 가지고 룰포의 작품에서 천지창조 이후 시기에 관한 오래된 신화의 존재를 발견했다. 그 신화 속에서 원시적 일체성은 역사가 개입하면서 사라진다. 푸엔테스는 다음과 같이 덧붙인다. "역사상의 투쟁은 인간 능력에 대한 찬사로 웅대하게 표현될 수도 있고, 혹은 그러한 능력 이전에 있었던 일체성의 상실에 대한 한탄처럼 비극적으로 표현될 수도 있다."[3] 내가 보기에 이 말은 룰포의 작품뿐만 아니라 현대 문화의 상당한 부분에 적용될 수 있다.

그럼에도 불구하고, 파괴된 상상의 에덴동산에 대한 문화적 잉태

---

3) Carlos Fuentes, 「룰포, 신화의 시간」, 『후안 룰포에게 바치는 국가적 경의(敬意)』(*Juan Rulfo, homenaje nacional*), 24쪽.

가 카를로스 푸엔테스가 언급한 천지창조 이후 시기에 관한 원시적 신화의 한 지류일 뿐만 아니라, 동시에 우리가 새로운 신화적 공간의 창조에 임하고 있는 것이라고 나는 생각한다. 근대적이고, 아직은 (많은 부분에서) 잘 알려져 있지 않고, 개발되지 않은 능력을 지닌 신화적 공간 말이다. 이러한 이유로, 나는 신화들의 원시적 기원을 향해 거슬러 올라가는 것에 덧붙여, 다른 의미에서, 다시 말해 근대 사회에서 신화의 기능이라는 의미에서 이야기를 진행해 보고자 한다. 이런 의미에서 잃어버린 낙원에 관한 신화의 힘(패배한 선량한 야만)은 오로지 그것의 심오한 역사적 의미에만 근거하고 있는 것이 아니라, 문화적이고 정치적인 근대적 매개망의 일부를 구성하고 있다는 사실에도 근거하고 있다. 이 망은 자기 고유의 역동성을 가지고 있지만, 초창기 신화들 전체를 특징짓는 역동성과는 상대적으로 다른 것이다. 주된 차이는, 오늘날 파괴된 에덴동산 신화를 만드는 일은 광범위한 정치적 합법화 시스템의 일부라는 사실에 뿌리내리고 있는데, 오늘날 만들어지는 신화의 효력은 가장 심원한 심리적 원형들을 재생산한다는 사실뿐만 아니라(이것이 주된 것도 아니고), 사회적 갈등의 가장 심오한 구조들을 재생산(재창조) 해낸다는 사실에 근거하고 있다.

이 광범위한 합법화 시스템에 처음 다가가 보면(나는 다른 텍스트에서[4] 그것을 정치 권력의 상상적 그물망이라고 묘사한 바 있는데) 그것의 이중적이고 변증법적인 성격이 드러난다. 다시 말해, 그 신화는 사회적 갈등을 핵심적인 양극성^{polaridad}으로 바꾸어 내는데, 이 핵심적인 양극성

---

4) 매개 영역이라는 주제를 다룬 나의 책은 『정치권력의 상상적 그물망』(*Las redes imaginarias del poder político*)이다. 이 글에서 나는 다른 각도에서 그 주제에 접근했다.

은 온갖 종류의 중재과정을 만들어 내면서 모순들을 초월하려는 경향이 있다. 이처럼, 파괴된 에덴동산을 언급함으로써 우리는 그 이미지가 두 개의 거대한 리듬을 분리시킨다는 사실에 직면하게 된다. 고유한 원시적 시간의 리듬을 역사적 시간의 리듬으로부터 분리시킨다는 것이다. 신화적인 농촌의 과거를 재구성하는 일은 산업사회의 현실적인 공포에 맞서는 것이다. 명백한 것은, 여기서 우리는 야누스라는 잘 알려진 융의 원형을 만나게 된다는 것이다. 과거와 미래, 전과 후의 대립 말이다. 이 양극성은 서구식 사고에 깊이 스며들어 있다. 하지만 이 서구식 사고가 '제3세계' 사회의 한계적 상황 속에서 전개될 때, 그 양극성은 기이하고 애매모호한 형태를 띠게 되고, 이 형태는 가끔 광기의 영역에까지 맞닿게 된다.[5]

미래와 진보라는 기치 아래 나아가는 근대 사회의 혁명적 탄환들이 농촌의 토착적인 과거에 입힌 상처는 아직 아물지 않았다. 이 상처를 통해서 정치 문화는 거친 숨을 쉬게 된다. 파괴된 과거 때문에 받는 고통의 이름으로 현대 인간의 모습을 조작해 낸다. 이 현대인은 하나하나 모든 점에서 파괴된 에덴동산 신화에 속하게 된다. 이처럼 엄청난 비극에서

---

5) 이 양극성은 낙원/이상향(paraíso/utopía)이라는 쌍으로 표현되고, 그것은 우울(melancolía)과 변태(metamorfosis) 사이의 대비 형태의 하나다. 루이 루지에(Louis Rousier)의 『낙원에서 이상향에 이르기까지』(Del paraíso al utopía)에는 이런 종류의 신화들을 잘 요약해 놓고 있어 참고할 수 있다. 이와 관련해서는 이러한 신화의 영역에까지 파고든 유럽의 위대한 두 근대 소설, 포스터(E. M. Forster)의 『인도 여행』(Un viaje a la India), 맬컴 로우리(Malcolm Lowry)의 『화산 아래서』(Bajo el volcán)를 언급하는 것도 흥미로울 것이며, 나의 생각을 드러내는 데 도움이 될 듯하다. 옥타비오 파스는 이렇게 말했다. "만약 맬컴 로우리의 주제가 낙원으로부터의 추방이라면, 후안 룰포의 주제는 낙원으로의 귀환이다. 그래서 주인공은 죽은 사람인 것이다. 우리는 죽은 뒤에나 태어난 에덴동산으로 돌아갈 수 있다." 일리가 있는 말이다. (『멕시코의 풍경과 소설』, 『대체(代替) 흐름』[Corriente alterna], 17~18쪽)

유래한 멕시코인들은 (그 비극은 정복에서 시작되었고, 멕시코혁명에서 끝이 났다) 폭력으로 짓밟힌 지옥변방의 주민들이요, 신화적 상상의 주민들이다. 결국 낙후와 저개발은 영원하면서도 움직이지 않는 유년기, 원시적 순진성을 상실한 유년기가 발현된 것으로 여겨지기에 이르렀다.

파괴된 에덴동산 신화는 멕시코 문화에 물을 주는 마르지 않는 샘이다. 오늘날 국민성의 정의는 그 내밀한 구조에 있어 이 신화의 도움을 받고 있다. 그래서 역사의 도래에 따른 결과물인 멕시코인들은 그 영혼이 아주 오래되었고, 근대성과의 관계가 비극적이기 때문에 지속적으로 자신의 원시성을 재생산할 수밖에 없다는 생각이 일반적이다. 알폰소 레이예스의 메타포는 이 역설 속에 자리 잡을 수 있다. 그에 따르면 멕시코인들은 혼혈 양서류이다. 이들은 근대의 모든 죄악들을 견뎌내면서 아직도 과거 황금시대에 빠져 살고 있다. 그들이 살고 있는 파괴된 에덴동산은 영원한 찰나이고, 그것은 신화적인 두 개의 균열 사이에 사로잡혀 있다. 다시 말해, 여자와 남자가 지혜 나무의 열매를 맛본 그 원죄 이후, 그리고 낙원에서 쫓겨나기 이전의 순간인 것이다. 이 비극적이고 경이로운 순간에 인간은 이미 죄와 잘못으로 번민하고 있지만, 아직 자신의 첫 유아기 때의 천성적 선량함을 향유하고 있다.

파괴된 에덴동산 신화는 산업사회의 역사에 깊이 닻을 내릴 수밖에 없는 운명이다. 그것은 일시적인 신화가 아니다. 그래서 오늘날 멕시코 현실에서 그 신화를 연구하는 것은 대단히 흥미로운 일이다. 게다가 그 신화를 고무하는 '트라우마'를 우리는 아직까지 역사적 지평 안에 지니고 있다. 멕시코혁명과 그것에 이은 산업화를 말하는 것이다. 하지만 멕시코에서 그 신화는 두 가지 주된 이유로 국가적 서사시의 차원을 획득한다. 첫째, 그 과정이 오래되었다는 것인데, 스페인의 정복에서 시작하여 서로 다른 문화들의 충돌과 융합의 형태를 띤다는 것이다. 둘째, (역설이자 드라마인데) 농촌세계의 종말은 20세기 가장 위대한 농민혁명에 속하는 하나의 농민혁명에 의해서 시작되었다는 것이다.

이 상상의 서사시에서 영웅은 아주 독특한 인물인데, 그러니까 고통 받고 모욕당한 존재들의 혈통에 속하기 때문이다. 그는 극단적으로 예민하고, 겁 많고, 시기심이 강하고, 감수성이 풍부한 존재이다.[6] 이 농촌 출신 영웅은 일종의 논리의 감옥에 갇혀 버렸는데, 야만적으로 궁핍했던 과거와 풍요롭지만 냉혹한 현재라는 벽 사이에 갇혀 버렸다. 이것은 20세기 멕시코인을 규정하는 데 있어 출발점이 되어 왔다. 이렇게 20세기 멕시코인을 규정하면서, 상상 속의 우울한 존재를 하나의 신화체계 속에 감금해 왔다. 그 신화체계는 일련의 시인, 철학자, 심리학자, 소설가, 사회학자들에 의해서 지속적으로 유지되어 왔다. 두번째 밀레니엄이 끝나가는 시기의 멕시코인을 대변하는 그들 모두는 '죽음에 대한 향수'를 느낀다. 이 메타포를 고안한, 위대한 시인 하비에르 비야우루티아Xavier Villaurrutia는 우리를 앞서가는 그 오래된 죽음을 우울한 단어들로 묘사했다.

　　머나먼 조국으로 돌아가리라,

　　잊혀진 조국으로 돌아가리라,

---

6) 기이하게도 포스터는 『인도 여행』에서 '편집증에 가까운 의심'은 인도사람들을 괴롭히는 나쁜 버릇인데, 마찬가지로 위선은 영국 사람의 나쁜 버릇이라고 말했다. 인도에 정통했던 조지 오웰(George Orwell)은 이와 같은 성격규정에 동의했다(「간디에 관한 소고」). 많은 근대적 현상들, 그중에서도 국가주의는 실종된 공동체 찾기라고 해석할 수 있다. 이와 관련해서는 니스벳(R. A. Nisbet)의 책 『공동체 탐구』(Quest for community)를 볼 것.

추방당해 이 땅에서 보낸 삶 때문에

어둡게 일그러진 조국으로.

그 초대를 받아들이자. 그리고 그 신화적 조국으로 여행을 시작하
자. 멕시코 국민의 원천으로서 부름 받은, 비탄에 잠긴 그 낙원으로.

"그들이 사랑을 하면서 원시적 천진난만함을 그대로 유지한 것인가, 아니면 그들의 관능적 욕망이 때 이르게 성숙해진 것인가?"

그림 설명 : 1486년에 출판된 베르나르도 드 브라이덴바흐(Bernardo de Breidenbach)의 『성스런 대지로의 여행』(Viaje a Tierra Santa)에 실린 판화의 일부. 그 판화에는 야만 상태의 유인원 암컷 형상 앞에 도롱뇽이 등장하는데, 존재의 우주적 연쇄사슬을 알레고리로 보여 준다.

3장_조기早期생식

어린이는 인간의 아버지이다. — 워즈워스, 「웨스트민스터 다리에서」

천국에 사는 사람들은 영원불변이었기에 번식이 필요 없었다. "남자와 여자는 서로 나체로 있었지만, 그것 때문에 부끄러워하지 않았다"라고 창세기는 전하고 있다. 하지만 알다시피, 그 후에 뱀이 와서 암컷을 유혹했다.

흥미롭게도 자연과학에서 이 원죄신화와 병렬적 유사성을 발견하게 되니, 기이한 일이다. 사실, 인간의 기원에 관한 하나의 중요한 해석에 따르면, **호모 사피엔스** 종은 우리 조상들의 유년기가 발달한 것이라고 한다. 생물학자들의 연구를 읽다 보면 워즈워스의 시구는 또 다른 차원을 획득하게 된다. 굴드Stephen Jay Gould, 1941~2002(미국의 고생물 학자)는 말한다.

우리 인간의 기원에 관한 진실은 끔찍하지만 명백하다. 우리는 조상들의 청년기적 특성을 유지하는 것을 통해서 진화해 왔다. 전문용어로 유생幼生생식neotenia(문자 그대로 해석하자면, '청춘을 유지하면서')라고 알려진 과정이다.[1]

유생생식(조기早期생식Progénesis이라는 이름으로 알려진, 신화에 조금 더 가까운 현상과 유사한 현상)은 동물에 있어 유충시기의 특성들을 유지하지만 스스로 번식할 수 있는 능력이 있는 것을 일컫는다. 조기생식은 정말 악마가 씌운 듯한 현상으로 나타난다. 다시 말해, 유년기가 노년기를 피할 수 있는 가능성에서 오는 현상이다. 두 유충, 두 아이가 사랑을 하고 번식을 하는 것이다. 그들의 자손들도 성숙단계에 이르기 전에 번식할 수 있는 능력을 가지고 태어난다. 이런 식으로 해서 새로운 종이 태어나는 것이다. 루이스 볼크Louis Bolk는 네덜란드 해부학자이자, 인간 조기생식에 관한 연구의 선구자인데, 그는 자기 생각을 다음과 같이 요약했다. "신체 발달과정으로 본다면, 인간은 성적으로 성숙해진 영장류의 태아라고 할 수 있다."[2] 볼크는 자기 이론을 뒷받침하기 위해 원숭이와 유인원의 태아와 인간 사이의 여러 가지 유사성에 대해 묘사했다. 둥근 알뿌리 모양의 두개골, '젊은' 얼굴(곧은 옆얼굴 모습, 작은 턱과 치아), 두개골 봉합선이 늦게 닫히는 것(이것은 뇌가 생후에도 성장하는 것을 가능하게 해준다), 압도적으로 튼튼한 다리에 굵은 발가락(이것은 우리가 직립보행하는 데 도움이 된다), 두개골 바닥에 나있는 커다란 구멍foramen magnum이 아래쪽을 향해 있는 것(이것은 우리가 직립한 자세에서 앞을 바라볼 수 있게 해준다), 여성의 질관이 배쪽을 향해 있는 것(그래서 인간들은 서로 얼굴을 마주보면서도 아주 편하게 성교를 할 수 있다) 등이 원숭이나 유인원의 태아와 인간 사이의 유사성이다. 이 모든 것들은 많은 포유동물의 태아 모습이고, 특히 유인원의 태아 모습이다. 유인원의 태아는

---

1) Stephen Jay Gould, 『다윈 이후』(*Ever Since Darwin*), p. 63.
2) L. Bolk, 『인류의 발생에 관련된 문제』(*Das problem der Menschwerdung*).

발달과정에서 이러한 특징들을 상실하게 된다. 두개골은 길어지고, 얼굴은 '단단해'지고, 두개골의 봉합선은 닫히고, 발의 커다란 발가락은 그렇게 압도적이지 않게 되면서 다른 발가락들이 거머잡는 동작을 할 수 있게 된다. 척추가 연결되는 두개골의 커다란 구멍은 뒷부분 쪽으로 이동하고(그렇게 됨으로써 네 발을 사용하는 자세에서 눈은 앞을 향하게 된다), 질의 관은 뒤쪽으로 회전하게 된다(이것 때문에 수컷은 오로지 암컷의 엉덩이 쪽에서 덮치게 된다). 요약하자면, 인류가 자기 조상들의 태아기적·유생기적 특징들을 유지함으로써 기이하고 독창적인 여러 가지 죄악들을 저지를 수 있게 되었다. 예를 들자면, 두 발로 걷고, 두 손으로 일을 하고, 복잡하고 다양한 형태로 성교를 할 수 있게 되었다.

엄격하게 말하자면, 유생생식과 조기생식은 동의어가 아니다. 비록 두 경우에 있어 청년기적 특징이 유지되지만, 이런 현상이 유생생식에 있어서는 신체발달의 지연 때문에 일어나는 것이고, 조기생식에서는 때 이른 성적 조숙함에서 오는 것이다. 유생생식에서는 유아기적 특징을 지닌 성인들이고, 조기생식에서는 조숙한 어린이들인 것이다. 우리는 에덴동산에서 어떤 일이 벌어졌는지 알지 못한다. 인류가 사랑을 함으로써 원시적인 천진난만함을 유지시킨 것인가? 아니면 관능적 욕망이 때 이르게 성숙해진 것인가?[3]

조기생식(그리고 유생생식)에 대한 의견은 단순한 사색의 결과가 아니다. 동물학자들이 경험적으로 관찰한 현상이다. 가장 많이 인용되는 유생생식의 사례는 다름 아닌 우리들의 아홀로테이다. 이 괴상한 멕시코의 양서류에 관련해서는 수많은 이야기와 전설이 있다. 아홀로테는

---

3) Stephen Jay Gould, 『개체발생과 계통발생』(*Ontogeny and Philogeny*).

도롱뇽의 수중 시기의 유생이다. 이 유생동물은 번식능력을 지님으로써 그런 젊은(유생) 시기의 상태를 영원히 유지하고, 그렇게 함으로써 변태를 피할 수 있게 되었다. 보다시피, 그 아홀로테는 괴물 같은 외모와는 달리 우리와 그렇게 동떨어진 존재는 아니다.

4장_가장 기본적인 애도

> ⋯ 느릿하고, 우울하고, 비극적인 멕시코의 리듬, 상이한 인종이 만난 곳이고, 오래전부터 정치·사회적 충돌이 있어 온 모래판인 멕시코의 리듬 ⋯ ─ 말콤 로리, 『화산 아래』 프랑스어판 서문 중에서

멕시코 문화는 그리움의 실 가닥들로 농촌 출신 영웅의 신화를 엮어 왔다. 피할 수 없이 민족문학의 상상체계는 농부들을 드라마틱한 인물로, 역사의 희생물로, 멕시코혁명이라는 거대한 난파難破 이후 자신의 대지에서 익사한 인물로 만들어 놓았다. 농부들을 문학적으로 새롭게 형상화하는 것은 근대성과 진보의 제단에서 희생된 그들의 육체 앞에서 하는 일종의 애도의식이요, 옷을 쥐어뜯는 행위와 같은 것이다.

『인간적 애도』*El luto humano*라는 호세 레부엘타스José Revueltas의 소설은 이 신화의 가장 투명한 예들 중 하나이다. 이 소설은 거대한 홍수에 휩쓸려 가는 농부들에 관한 이야기다. 그들은 어린 여자아이의 시체를 밤을 새우며 지키고 있던 중이었다. 마치 멕시코혁명의 희생자들인 양, 농부들은 익사하고 콘도르들이 그 시체를 찾아 모여든다. 의미심장하게도 그 중심인물은 아담이라고 불린다. 아담의 시체가 물 위에 떠다니는 가운데 그의 삶에 관한 이야기가 진행된다. 이 이야기는 스테레오타입적인 이미지로 끝이 난다. "아담의 신체 위로 첫번째 콘도르가 내려앉았다. 흉악스러운 모가지에, 마치 거대한 바퀴벌레처럼 요란스런 날갯짓

을 하면서."

농촌세계와 관련되어 만들어지는 이미지는 항상 희생물이 될 수밖에 없었던 과거 농촌의 이미지다. 이러한 동기 때문에 그 이미지는 어디에나 만연한 서구식 원형原型, 다시 말해 심리학과 문학에 그렇게 많은 빚을 지고 있는 서구식 원형과 아주 유사한 방식으로 나란히 만들어진다. 바로 **우울증**melancolía이라는 원형이다.

사실 우울증의 고전적 증상의 목록은 사회학과 인류학에서 전통적으로 농부와 관련된 특징이라고 말하는 것들과 기가 막힐 정도로 유사하다. 심리학자들이 말하는 우울-강박증의 이원성과 인류학자들이 말하는 농촌-도시의 양극성 사이에는 놀라울 정도의 평행관계가 있다. 야누스 원형은 양쪽 패러다임에 깊이 각인되어 있다. 비탄에 잠긴 과거와 별처럼 반짝이는 미래 사이의 대립은 바로 농촌세계와 도시세계를 갈라놓는 대립이다. 근대적 관점에서 보면 농부들은 수동적이고, 변화에 무관심하고, 비관주의자이고, 체념한 사람이고, 소심하고, 개별적 존재들이다.[1]

고전 심리학에서 우울한 사람들은 느리고 침울하고 무기력한 상태

---

1) 이러한 공통점들을 요약한 내용은 에버릿 M. 로저스(Everett M. Rogers)와 린느 스베닝(Lynne Svenning)의 『농부들 사이의 근대성』(*La modernidad entre los campesinos*)을 참조할 것. 영국문학에 있어 농촌-도시의 이원성에 관한 탁월한 연구는 레이먼드 윌리엄스(Raymond Williams)의 『시골과 도시』(*The Country and the City*)에서 만날 수 있다. '농촌문화'는 거의 영원히 존재한다는 생각은 ElK. L. Francis의 「문화사례 연구: 헤시오도스의 『일과 나날』에 따른 농민 성격 유형」과 P. Walcot의 『고대와 근대의 그리스 농부들』(*Greek Peasants, Ancient and Modern*)을 참조할 것. 로버트 레드필드(Robert Redfield)는 프란시스로부터 헤시오도스의 그리스인들과, 근대 유카탄의 마야인들, 19세기 영국 평원 거주자들을 한 가지 유형으로 동일시하는 생각을 빌려왔다. 이러한 종류의 연구들이 농부의 스테레오타입을 확립하는 데 기여했다. Robert Redfield, 『농촌 사회와 문화』(*Peasant Society and Culture*) 참조.

에 있고, 슬프고 비통하고 나태한 상태에 있으며, 동시에 고독에 대한 두려움과 동시에 고독에 대한 강한 욕망 속에 있는 사람들로 정의된다. 정신병의 역사에서 우울증과 관련된 페이지들을 훑어보면 룰포의 작품 『페드로 파라모』에서 묘사되는 코말라^{Comala} 마을의 안개 낀 듯한 세계가 어떤 것인지 금방 알아 챌 수 있다.

'우울한 기분'은 대지와 가을에 관련지어졌다. 그리고 두려움과 슬픔으로 정의되었다. 윌리스^{Willis}에 따르면 우울한 기분은 "신열^{身熱}과 분노가 없는 광기로서 두려움과 슬픔을 동반한다".[2] 그래서 우울한 사람들은 고독을 좋아한다는 말이 나왔다. 분노에는 이르지 않는 이 수동적 광기는 "무기력이 한계에 달한 지점들에 놓여 있는 광기이다"라고 푸코^{M. Foucault}는 말한다. 그 한계 지점들에는 맥 빠지고 쓰디쓴 절망감이 존재한다. 우울한 사람들의 "정신은 침울하고 어둡다. 그 정신은 사물의 이미지에 어둠을 투사하고, 영혼의 빛 속에 구름을 형성한다"[3]라고 푸코는 회상한다. 이것을 산 후안 루비나^{San Juan Luvina}의 농부들에 대한 언급으로도 볼 수 있을 것이다. 룰포가 묘사하듯, 그곳은 "개들마저 다 죽어 이제는 정적 속에 짖어 댈 개 한 마리조차 남아 있지 않은 폐허 직전의 장소"이다.

우울한 존재의 스테레오타입에 가까운 농부는 소위 멕시코인의 특성과 국가문화를 구성하는 중요한 요소의 하나가 되었다. '멕시코인의 존재방식'이라고 불리는 것의 상당한 부분은 서구문화가 옛날부터 자신의 농촌과 농민이라는 기층 위에 만들어 온 일련의 공통적인 장소와 스

---

2) M. Foucault, 『광기의 역사』(Historia de la locura en la época clásica), 1권, 413쪽.
3) 같은 책, 427쪽.

테레오타입적인 생각들을 멕시코의 문화적 토양 위에 옮겨 놓은 것에 불과하다는 것을 인정하는 것이 필요하다. 레부엘타스의 소설에서처럼, 농부의 시체는 국가의식 속에 오랫동안 떠다닌다. 그래서 이 의식은 향수와 비탄의 이중적 느낌으로 자주 나타난다. 이 느낌이야말로 우울증의 특징적 증세인 것이다. 근대성의 (혁명으로 더 격화된) 소용돌이 아래 일종의 신화적 층위인, 홍수에 잠긴 에덴동산이 놓여 있다. 우린 이제 그 에덴동산과는 단지 우수에 찬 관계만을 가질 수 있을 뿐이다. 깊은 향수의 경로를 통해서만 그 에덴동산을 접할 수 있고, 그곳에 사는 존재들과 소통할 수 있다. 그 에덴동산에 사는 존재들 역시 우울한 존재들로서 그들과 물질적으로 관계를 맺는 것은 불가능하다. 그럼에도 불구하고 그들이 바로 멕시코인의 존재이유이다.

여인이여, 나 이제 뽑아 버리리다,
우수에 젖어 애원하던 불가능한 사랑을.
비록 나의 영혼은 외로워지겠지만
우스꽝스런 나의 애착은 사라지리라.

로페스 벨라르데는 1905년경 이렇게 적었다. 이미 그 시대에 어떤 형태로든 멕시코 지성의 의식 속에 우수에 젖은 사고는 확고한 스테레오타입으로 이미 닻을 내리고 있었다. 1901년, 멕시코인의 '사회적 심리'에 관한 정말 재미있는 (그리고 선구적인) 한 연구에서 단호함과 학술적 엄숙함으로 멕시코인의 성격적 특징들이 확립된다. 훌리오 게레로가 수행한 이 연구에서 확립한 특징들 중 많은 것들이 몇 십 년 후 다양한 작가들(사무엘 라모스, 에밀리오 우랑가에서부터 호르헤 카리온, 옥타비오

파스, 산티아고 라미레스에 이르기까지)에 의해서 소위 '멕시코적인 것의
철학'을 전개하기 위해 다시 언급된다. 여기서 우울증에 대한 훌리오 게
레로의 독특한 생각을 그대로 옮겨 볼까 한다. 인용문이 좀 길지만 독자
들의 이해를 바란다.

분위기가 무겁지 않으면 정신은 진정이 된다. 하지만 기분은 가라앉는
반응을 보인다. 그래서 멕시코인은 술이 없으면, 비록 천성적으로 슬프
지는 않지만, 오랫동안 우울증에 빠진다. 넷사우알코요틀^{Netzahualcóyotl}
을 비롯한 멕시코 시인들의 자연스럽게 애조를 띤 어조가, 그리고 단조
로 작곡된 멕시코 대중음악이, 우수에 가득 찬 춤곡들이 이를 증명한다.
군악대들은 공원에서 석양 무렵의 미풍 속으로 탄식과 흐느낌을 머금은
그 우수에 찬 춤곡들을 날려 보낸다. 또한 달 밝은 밤이 되면 그 우수에
찬 대중음악들은 이웃집 기타소리에 실려 퍼져 나간다. … 우리가 사는
환경은 인디오의 엄숙함과 카스티야인의 진지함을 우울한 성향들로 바
꾸어 놓는 경향이 있다.[4]

이러한 사고방식에서 출발해 훌리오 게레로는 멕시코인의 다양한

---

4) Julio Guerrero, 『멕시코에서 죄의 기원, 사회 정신의학 연구』(*La génesis del crimen en México*,
Estudio de psiquiatría social), 23~24쪽. 이러한 평가들의 기원을 발견하는 것은 어렵지 않다.
훔볼트(Humboldt)는 이렇게 썼다. "멕시코 원주민은 심각하고, 우울하고, 과묵하다. 알콜이
그 상태에서 벗어나게 하지 않는 이상은… 멕시코인은 가장 무관심한 표정으로 신비롭게 보
이는 것을 즐긴다. 가장 격렬한 열정조차도 그의 얼굴에는 드러나지 않는다. 완벽하게 평온
한 상태에서 갑자기 격렬하고 통제되지 않은 흥분 상태로 넘어가면서도 전혀 놀랍지 않다는
식이다. 『누에바 에스파냐 왕국에 관한 정치에세이』(*Ensayo poítico sobre el reino de la Nueva
España*), 2권, 86쪽.

얼굴 혹은 다양한 가면의 신화를 엮어나가기 시작한다. 독특한 존재인 이 멕시코인 안에서는 억척스러움과 염세주의, 익살스러움과 금욕주의, 변덕과 나태, 과장된 행동과 열망의 부족이 대립적으로 공존하고 있다.[5]

재미있는 것은 민족을 (따라서 국민성을) 만들어 가고 발명하는 과정에서 우리들은 항상 '다른 것'과 역설적으로 마주하게 된다. 이 대립 속에서 자신의 의식 영역은 스테레오타입이나 강요된 사고들이 점령하게 되는데, 이것들은 특정한 나라에 살고 있는 주민들의 행동에 상대적인 영향을 미치게 된다. 예를 들어 보자. 멕시코인들은 의지가 박약하고 게으르다는 사고가 있는데, 그 기원을 추적하는 것은 어렵지 않다(유럽에서는 이러한 사고가 라틴계 사람들과 노예들에게 적용된다). 하지만 이 사고의 뿌리가 식민주의적이고 인종차별적이라는 것을 인정하면서도, 그 사고는 국가주의적 의식에 의해서 어느 정도 받아들여져 가공되고 재평가되었으며, 앵글로색슨 사람들에게 부여되는 스테레오타입적인 가치들에 대립적으로 애국주의적 자부심과 함께 제시된다는 사실은 의심의 여지가 없다. 이 국가주의적 경향은 카를로스 차베스 Carlos Chávez의 심포니, 「증기로 된 말」 Caballos de Vapor에 아주 명백하게 표현되어 있다. 이 음악에서 차베스는 북구의 강력한 산업화의 리듬에 열대의 무성함을 대비시켰다. 이 심포니의 작곡에 영향을 미친 디에고 리베라 역시 동일한 생각을 여러 벽화에 표현했다.

그렇다. 우리는 국민성을 창조해 가는 과정에서 우리 속에 담고 있는 그 야생적인 '다른 것'을 탐색한다는 사실을 알게 된다. 그것은 우리

---

5) Julio Guerrero, 『멕시코에서 죄의 기원』. 인용된 견해들에 대한 언급은 232쪽과 이어지는 쪽들, 231, 24, 34, 11, 321, 139쪽의 순서대로 나타난다.

의 조상이고, 우리의 아버지다. 그는 자연 상태의 모국(어머니인 조국)인 대지를 비옥하게 한다. 하지만 동시에 무엇보다 두드러진 자신의 야만성으로 그 대지를 더럽힌다. 바로 여기서부터 우울한 요소가 나오는데, 그것은 많든 적든 모든 국민 정서에서 발견된다. 여기서 기이하게도 일부 종교적 감정의 형성 국면들과 유사성을 발견할 수 있다. 신앙의 공간을 형성하기 위해서 '이교도들 사이에서 순교를 찾아나서는' 스테레오타입에 가까운 중세 카스티야식 강박관념을 어떻게 생각하지 않을 수 있겠는가? 그것은 산타 테레사^{Santa Teresa}의 첫번째 충동이었다. 그녀는 이른 나이에 '다른 사람들'이라 할 수 있는 이슬람 사람들이 자기에게 가할 수 있는 고통에 맞서고자 하는 강한 욕망을 가졌다. 결국 산타 테레사는 신의 성채를 찾아 자신의 내면의 거처들에 침잠했다. 그리고 자신에게 우울증이라는 벌을 내렸다. 왜냐하면 그 우울증 속에서 (어느 정도 일리가 있는데) 현실뿐만 아니라 신으로부터도 벗어나 자신의 뜻을 실현할 수 있는 길을 직감했기 때문이다.

하지만 우울증 속에서 의지는 또한 순교자 명부^{mirtologio}를 향하기도 한다. 의식은 야만적 조상들(영혼이 불경한 자들)에 맞서 그들을 미워하도록 강요받지만, 그럼에도 불구하고 그 조상들을 끔찍한 흉터나 기형으로 드러내 보이도록 강요받기도 한다. 어쩌면 그래서 멕시코에서 모든 국민의 상징으로 내놓은 신화적 인물은 '펠라도'^{pelado}(빈털터리, 가난뱅이라는 뜻), 일종의 도시의 촌놈(역설이지만 말이 되길 바라면서) 같은 사람이다. 그는 도시에 의해 반은 질식된 상태로, 농촌의 에덴동산을 상실했지만 아직 약속의 땅을 발견하지 못한 자이다. '펠라도'라는 이미지 속에는 포르피리오 시대와 식민지 시대의 레페로^{lépero6)}(품위 없는 자, 천박한 자란 의미)의 끔찍한 이미지가 복원되어 있다. 이 천민이자 최하층민인 레페로는 19세기 과학자들 눈에는 온갖 악덕과 동물성과 선대로부터 물려받은 잔혹성이 바닥모를 우물처럼 깊은 존재로서 비쳐졌다. 바로 이 이미지가 멕시코혁명 이후의 지식인들의 눈에 '펠라도'로서 재등장한 것이다. '펠라도'는 분명 열등감에 사로잡힌 자이지만 (라모스와 파스에 따르면) 그 속에는 인간적 고독에서 오는 복잡한 비극이 숨은 채 둥지를 틀고 있다. 바꿔 말하자면, (야녜스^{Yáñez}에 따르면) 자연상태의 멕시코인으로서 모순적 존재가 다시 등장한 것이다. 펠라도의 '현실주의적 미개성'과 폭력과 불신에도 불구하고 '무정부주의적 의지'와 '곤궁 속에서도 잃지 않은 자존심'[7]이 그 모순적 존재에는 서려 있다. 이러한 간단한 이미지들은 고개 숙인 영웅의 실루엣을 흐릿하게 우리에게 이미 그려 준다. 그 영웅은 잔인함이 있는 에덴동산 같은 거대한 무대에 사는 첫번째 상상의 주민인 것이다.

멕시코의 지성은 (지난 세기부터) 우울증이라는 향香의 연기를 통해서 이 선조 인물을 자주 불러내었다. 멕시코의 지성은 오로지 우울한 황홀경을 통해서만, 멕시코인들이 잘못된 순간 폐기물로 역사의 변방에 세워진 조국의 오래되고 깊은 층위들과 소통할 수 있다고 믿어 왔다. 그래서 그렇게 많은 멕시코 지성들은 우울증이라는 잉크를 선택해서 국가문화의 모습을 그려 왔던 것이다. 우리가 잠시 멈추어 그 문제를 검토해 보면, 멕시코 문화만의 예외적인 현상이 아니라 엄청난 역사적 차원들

---

6) Julio Guerrero, 『멕시코에서 죄의 기원』, 159쪽과 이어지는 쪽들.
7) Samuel Ramos, 『멕시코의 인간과 문화』(*El perfil del hombre y la cultura en México*) ; Octavio Paz, 『고독의 미로』(*El laberinto de la soledad, 1959*) ; Agustín Yáñez, 「예비 연구」("Estudio preliminar"), 『멕시코 사상가』.

에 해당되는 주제라는 것을 확인할 수 있다.[8] 사실, 모든 라틴아메리카
의 근대문학에서 우리는 우울증의 흔적들을 발견한다. 많이 찾아 볼 필
요도 없이 우리는 루벤 다리오Rubén Darío에서 그것을 보게 된다.

생기와 고뇌 사이를 오가면서

내가 견뎌내기 힘들 만큼 괴로워하고 있다.

그대는 나의 우울증이 방울져 떨어지는 소리를 듣지 못하는가?

이 슬프게 방울져 떨어지는 소리는 많은 곳에서 들렸다. 멕시코에
서도 그것을 다시 사용하였는데, 예를 들어, 루이스 G. 우르비나Luis G.
Urbina는 1909년에 쓴, 잘 알려진 자신의 시 「오래된 눈물」에서 이렇게 말
한다.[9]

---

8) 장 스타로빈스키(Jean Starobinski)는 「우울증으로 만들어 진 잉크」("L'encre de la mélancolie")
라는 글에서 셰익스피어의 잘 알려진 글을 회상시킨다. "… 검은 잉크 속에서도 나의 사랑은
여전히 밝게 빛날 것이다." 또한 스타로빈스키의 「기원에서부터 1900년까지 우울증 취급의
역사」("Histoire du traitement de la mélancolie dès oigines à 1900")를 참고할 것.

9) 『시 전집』(Poesías completas), 1, 2 권. 12~13쪽. 또한 아마도 네르보의 유명한 시구에서 영감
을 받은 그의 시 「수녀 멜랑콜리」("Sor Melancolía")를 읽어볼 것. 루이스 G. 우르비나는 이렇
게 적었다. "아가베 선인장의 가시 돋은 커다란 푸른 꽃이 드문드문 피어 있는 들판, 금빛 도
는 회색의 중앙 고원지대의 들판을 바라보면… 우린 가슴속으로 어두운 그리움이, 어렴풋한
불안감이 파고드는 것을 느낍니다. 그럴 때면 우리 조상인 아콜루아족이 느꼈던 엄숙한 우울
증에 온통 젖어듭니다. 그런 정서적 부활이 우리 누에바 에스파냐인들의 성격을 장악합니다.
그래서 우리는 끊임없이 우리의 감정들을 '우울하게 만드는' 경향이 있습니다. 모든 것에 우
리는 우울한 톤을 주고, 입힙니다. 서정적 선율에만 그런 것이 아니라 서사적 충동에서도 그
렇고, 행복한 은총의 순간에도, 덧없는 유머 속에서조차도 우리는 그 '우울'의 모래 한 줌을
뿌립니다. 우리는 환희와 고통에 톨테카 부족이 사용했던 코팔 열매로 향을 피웁니다." 『멕시
코에 있어 문학적인 삶』(La vida literaria en México), 26쪽(작은따옴표 표시는 인용자). 원주민
의 우울증에 관한 스테레오타입들은, 비록 거칠지만 명백하게, 콜롬비아 작가인 아르만도 솔
라노(Armando Solano)의 책 『원주민 인종의 우울증』(La melancolía de la raza indígena)에서

오늘 난 울지 않는다 … 이미 내 삶은 말라 버렸고,

나의 영혼은 고즈넉하다.

그럼에도 불구하고 … 왜 나는 느끼는 것인가,

그 마르지 않는 정감의 샘이,

그 끝나지 않는 고통의 핏줄이

이렇게 방울방울 눈물로 떨어지는 것을?

누가 알겠는가! 그리고 난 내가 아니다. 난 과거의 그들이다.

나를 낳아 준 슬픈 사람들이다. 나의 종족이다.

괴롭힘을 당한 영혼들이다.

채찍질 당한 육체들이다.

수천 년 된 이룰 수 없는 갈망들이다.

신비스런 희망들이다.

거칠고 야만스런 우울증들이다.

무기력하고 원시적인 분노들이다.

이러한 시구들에서 바로 돈키호테에게서 진단된 우울한 광기의 멕시코식 변형을 발견할 수 있다. 그 우울증과 관련된 광기는 스페인 시에서 4세기 동안 증류되어 왔고[10], 결국은 예를 들어 안토니오 마차도

찾아 볼 수 있다.

10) 이와 관련해서는 기예르모 디아스-플라하(Guillermo Díaz-Plaja)의 『스페인적인 우울증에 대한 연구』(*Tratado de las melancolías españolas*)를 참조. 옥타비오 파스에 따르면 후아나 이네스 데 라 크루스 수녀는 "진정 우울한 사람"이었다(286쪽). 그녀는 이 같이 외로운 고통 속에서 자유의 원천을 발견했다. 즉 신을 사랑하지만 그에 대한 응답을 받지 못하는 것은 신의 은총의 영역이 축소되면서 인간의 자유의 경계가 넓어진다는 것을 의미했다(388쪽). 자유에 대한 이런 감정은 우울증 속에 있는데, 내가 앞서 언급했듯이, 후아나 수녀와 마찬가지로 산

Antonio Machado 같은 시인의 근대적 고독으로 귀결되었다.

나는 옛날의 기쁨에 관한 전설들을 알지 못한다.
단지 우울증의 오래된 역사만을 알 뿐이다.

그렇다. 역사가 아주 오래된 것이다. 우리가 우울증에 대해서 이야기할 때 우리는 유럽의 역사에서 기나긴 궤적을 가진 생각과 이미지들의 격류 속에 잠기게 된다. 우울증이라는 관념은 서구 문화의 근본 축들 중 하나를 형성한다고 감히 말할 수 있을 것이다. 서구 문화는 고대 아리스토텔레스와 히포크라테스의 사상에서부터 현대의 모더니즘에 이르기까지 수천 년을 가로지른다. 그 사이에 중세의 기독교 사상을 통과하고, 르네상스 정신을 조명하고, 낭만주의자들의 몽롱한 시선을 보여 준다. 멕시코 문화가 우울증을 자신을 구별 짓는 독특한 징표 중 하나로 채택할 때 사실은 서구 역사의 광범위한 회오리바람 속으로 자신을 연결하고 희석시키고 있는 것이다.

우울증의 역사는 다양한 경향을 보여 준다. 그 중 두 가지가 우리의 관심을 끌 수 있다. 우울증의 한 가지 경향은 이미 내가 앞서 지적했듯이, 우리가 순교자 명부로 추락하는 비극으로 이끈다는 것이다. 이 경우 오래된 죄악 때문에 엄청난 고뇌와 슬픔으로 영혼이 괴로워한다. 다른 경향은 영웅이나 천재의 드라마로 우리를 이끄는데, 그는 명석하게 세

타 테레사 본인이 분명 경험했기 때문에 비난을 했던 바로 그런 감정이다. Octavio Paz, 『후아나 이네스 데 라 크루스 수녀 혹은 신앙의 함정들』(Sor Juana Inés de la Cruz o las trampas de la fe)

상을 바라보고 창조하는 대신 우울증의 무거운 짐을 져야 하는 인물인 것이다. 이것은 지식과 권력의 끔찍한 대가인 것이다. 두 가지 경향 모두 멕시코 근대 문화에 나타난다.

멕시코 근대적 국가의식의 제도화에 결정적 영향을 행사한 어느 작가(마르틴 루이스 구스만Martín Luis Guzmán)는 혁명의 소용돌이 한가운데서, 그 이전과 이후에도 많은 지식인들이 그러했지만, 멕시코가 겪는 비극의 근원적 원인을 찾으며 고뇌하고 있었다. 그는 두 가지 고통스런 점들을 정확히 찾아내었다. 첫째는 역시 '슬픈 선조들'이었다. 그에 따르면, "정복에서부터, 어쩌면 코르테스가 오기 이전부터, 인디오들은 굴복당한 채 고분고분 그곳에 있었다. 선과 악에 무심한 채, 의식도 없이, 영혼은 마치 퇴화한 꽃봉오리처럼 희망조차 가질 수 없이 그곳에 있었다". 하지만 둘째는, 멕시코 정치의 체계화된 부도덕성은 '태생적 악惡'에 기인한다는 것이다. 마르틴 루이스 구스만은 이렇게 말한다.

> 우리의 자율적인 삶이 태동할 때(독립전쟁의 기운이 무르익을 때) 국가 형성과 관련되어 (불행하게도 피할 수 없었던) 진정한 단점이 나타난다. 즉 '우리 멕시코인들은 순수하게 이상적인 것으로서의 조국에 대한 개념도 가지기 전에, 고상한 추진동력으로서의 조국을 느껴보기도 전에 조국을 건설해야 했다는 것이다. 바꾸어 말하자면, 조국을 가질 자격을 갖추기 전이었다는 것이다.[11]

---

11) Martín Luis Guzmán, 『멕시코에 대한 논쟁』(*La querella de México*, 1905), 13, 14~15쪽. 같은 논조의 다른 평가들을 통해서 자신의 생각을 보강한다. "멕시코 원주민들은 도덕적으로 의식이 없다. 의식이 너무 부족해서 스스로 만족한 삶과 관련된 가장 단순한 형태들을 구별하기도 어렵다. 선과 악도 모르니, 좋은 것과 나쁜 것도 모른다"(13쪽). "우리가 태어난 것은

모든 근대 멕시코인들은 어떤 식으로든 그러한 원죄의 대가를 지불해야만 하는 것이다.

하지만 우울증 역사의 다른 측면은 우리로 하여금 멕시코의 국가 의식 형성과 관련해 덜 명백한 차원을 생각해 보게 한다. 이는 지성계를 혼란스럽게 하는 가장 오래된 주제들 중 하나와 관련된다. 인간의 네 가지 기분에 관한 히포크라테스 의학에서 출발하여 아리스토텔레스가 탐색한 주제이다. 그 네 가지 기분 중 하나(흑담즙, 우울한 상태)는 어떤 질병(우울증)의 정의뿐만 아니라 특정한 기분 상태를 정의하는 데도 갈수록 중요해졌다. 이 특정한 기분상태가 바로 유명한 아리스토텔레스의 *Problemas XXX, 1*이다. "왜 철학, 시, 예술에서 뛰어난 경지에 도달한 모든 사람들은 뚜렷하게 우울한 사람들인가? 그리고 그들 중 일부는 너무나 그 상태가 심한 나머지 흑담즙에 의해 비롯된 질병으로 타격을 입을 정도인가?"

아리스토텔레스는 포도주의 취하게 하는 효과와 흑담즙의 영향 사이의 유사성을 설정하는데, 이것에서 출발하여 우울한 천재들의 (비록 고통스럽지만) 비범한 성격이 묘사된다. 우울한 천재들은 황홀경에 빠지는 순간 신들을 통해 계시를 받게 된다는 것이다. 광기와 천재성은 서로 혼동될 정도로 아주 가까운 현상이다. 르네상스 정신은 이 오래된 생각을 망각 속에서 다시 끄집어내어 그때까지 존속되어 온 갈레노 전통과 결합했다. 그래서 나타난 것이 우울한 천재에 관한 피시노^{Ficino}의 저서, 『삼중 생활』^{De vita triplici, 1482~1489}에 나오는 네오플라톤식 설명들이다. 그

시기상조였다. 그리고 그 결과는 정신적 빈곤이고, 이것은 우리의 최선의 노력마저, 항상 주저하고 잘못된 방향으로 나가는 그 노력마저 약화시킨다"(15쪽).

설명들은 상당한 영향을 미쳤다. 그 순간부터 우울증은 문학과 예술에서 아주 중요한 요소가 된다. 알브레히트 뒤러^{Albrecht Dürer}는 유명한 판화를 제작하고, 로버트 버튼^{Robert Burton}은 1621년 옥스퍼드에서 그의 기념비적 저작, 『우울증의 해부』^{The Anatomy of Melancholy}를 출판한다. 우울증은 이사벨 여왕 시대의 영국에서 상류문화의 스테레오타입 같은 질병으로 바뀐다. 그리고 독일 낭만주의가 우울증을 다시 다루었고, 19세기 모더니즘의 핵심요소로 탈바꿈하게 된다.[12]

그때부터 지적 놀이의 일정한 규칙이 확립되는데, 오늘날까지 부분적으로는 유효하다. 우울증을 매개로 하여 예술가와 작가는 (정치가도 마찬가지인데, 대통령의 고독에 대해 말하는 것을 들어보지 않은 사람이 있는가?) 사회와 영혼의 어두운 힘들과 관계를 맺고, 원죄의 비극과 고상

---

12) 우울증과 관련된 문학은 폭넓게 존재한다. 특히 L. Babb, 『엘리자베스 1세 시대의 병 : 1580~1642 영국문학에 나타난 우울증 연구』(*The Elizabethan Malady. A Study of Melancholia in English Literature from 1580 to 1642*); R. Burton, 『우울증 해부』(*The Anatomy of Melancholy*); Klibansky, Panofsky and Saxl, 『토성과 우울증』(*Saturn and Melancholy*); M. A. Screech, 『몽테뉴와 우울증』(*Montaigne & Melancholy*); S. Wenzel, 『나태의 죄: 중세 사상과 문학에 나타난 게으름』(*The Sin of Sloth: Acedia in Medieval Thought and literature*). 천재와 광기 사이의 관련성에 대한 선입견이 낳은 극단적인 웃음거리들 중 의미 있는 한 가지 예는 체자레 롬브로소(Cesare Lombroso)의 『천재』(*L'Uomo di Genio*, 1888)에서 볼 수 있다. 이 책 40쪽과 이어지는 쪽들에서 우울증에 대해서 언급한다. 롬브로소는 다른 한편으로 범죄인이란 미친 사람과 야만인 사이에 있는 유형이라고 믿었다. 하이메 가르시아 테레스(Jaime García Terrés)는 『시와 연금술』(*poesía y alquimia*)에서 질베르토 오웬(Gilberto Owen)의 시에서 우울증의 중요성을 강조했다. 그의 시에서 나타나는 우울증을 네르발(Nerval)의 시 「불행한 사나이」에 나오는 그 유명한 '검은 태양'과 빅토르 위고, 보들레르, 랭보, 프루스트의 상징체계와 연관지었다. 가르시아 테레스의 일리 있는 말에 따르면, 몇 가지 형태의 광기는(초자연적인 분노, 마니아, 직관과 관련된 헛소리, 신들림은) "영혼이 나른하고 무미건조한 상태에 있을 때 갑자기 무개성적인 것에 매료되는 것으로부터 우리를 벗어나게 할 수 있는 유일한 것"으로 여겨진다(24쪽). 우울증은 혼돈 앞에 현기증을 느끼는 상태이자 동시에 초기의 통일성을 그리워하는 상태이다.

한 접촉을 형성한다. 우울증은 천재가 황홀경 속에서 일반인들 이상으로 고양되도록 충동한다. 그 황홀경 속에서는 천재 스스로가 포기하는 바로 그 세속성에 대한 깊은 향수에 의해 충동되어 영혼이 육체로부터 떨어져 나가는 것이 가능해진다. 그래서 사랑, 성교의 절정상태, 전투 중의 몽롱한 상태나 용맹함은 황홀경의 형태로 간주된다. 뒤러의 작품에 나오는 우울증 천사의 몸짓과 자세를 모방하는 사람은 선견지명이 있는 자로 여겨지고, 그 사고의 깊이로 존경을 받는다. 그는 오래된 벌로 고통 받고, 햄릿처럼 고통을 통해서 자신의 정신을 고양한다. 또한 중세 말기부터, 그리고 르네상스기의 프랑스에서는 슬픔^{tristess}은 귀족적 감정으로 여겨졌고, 귀족적 감정은 고상한 감수성을 암시했다. 그리고 우울증은 천재성을 암시했는데, 그 바탕에는 천년 이상 이어온 그리스, 라틴 전통이 있었다. 우울한 상태에서는 위험스럽게도 천재성과 우둔함, 비범한 인간과 짐승, 문명인과 농부가 공존한다. 하지만 서로 상이한 종류의 우울증이 있었다. 뒤 로랑^{Du Laurent}에 따르면 로버트 버튼은 "아리스토텔레스의 오래된 금언, 즉 광기가 섞이지 않은 위대한 재능이란 없다 nullum magnum ingenium sine mixtura dementia는 말이 입증되기 위해서는 우울한 기분이 피와 그리고 뭔가 작열하는 것과 섞여야 한다"고 지적했다.[13] 지독히 위험한 것은 천재성은 야수적이고 기괴스런 형태의 광기에 빠질 수 있다는 것이다. 마치 의사들이 우울증 환자들에 대해 그렇게 진단했듯이 말이다. 이 우울증과 관련된 광기는 식민시기 멕시코 의사들이 16세기부터 진단하기 시작했다. "그 환자들은 갑자기 격한 슬픔에 잠기고, 만나는 사람들을 칼로 찌르고 싶은 충동을 느낀다"고 로페스 데 이노호

---

13) R. Burton, 『우울증의 해부』(*The Anatomy of Melancholy*), tomo I, 3:3, 485쪽.

소스^{Lopez de Hinojosos}는 설명하였다. 다른 의사인 아구스틴 파르판^{Agustín}
^{Farfán} 수도사는 다음과 같이 우울증을 설명했다. "어떤 사람은 두려움과
놀라움에 가득 차 있고, 자신들이 죽는다는 생각, 매 순간 죽어가고 있다
는 생각에 늘 사로잡혀 있다." 1607년 후안 데 바리오스^{Juan de Barrios}는
그 병을 이렇게 정의한다. "그것은 몸에 열이 없는 망상 상태이다. 두려
움과 슬픔에 빠져 있다. 이 병을 앓고 있는 신체 부위는 뇌인데, 우울한
기분으로 상상력이 파괴되어 있다."[14]

　　지식인은 어쨌든 자신의 고뇌를 사회 하층세계의 끔찍한 궁핍과 연
결시키는 뭔가가 있다는 것을 발견한다. 사회의 쓰레기 같은 가장 가난
한 농부들, 농촌에서 배고파 죽은 자들은 식자들과 공통적인 것이 있다
는 것이다. 바로 고독이라는 것 말이다. 옥타비오 파스는 고독이란 "우
리가 강제로 떨어져 나오게 된 그 육체에 대한 향수"라고 말한다.[15] 지상

---

14) Alonso López de Hinojosos, 『외과 수술… 대전집』(*Summa y recopilación de Chirugía…*),
　　제1권 『우울과 슬픔에 관하여』의 제8장. A. Ricardo ed., 1578 ; Agustín Farfán, 『의학과 모
　　든 질병에 관한 소고』, *edic. facs., Col. Inc. Amer.*, vol. X, Edit. Cultura Hispánica, Madrid,
　　1944 ; Juan de Barrios, 『진정한 의학, 외과 수술, 점성술』(*Verdadera medicina, cirugía y
　　astrología*), México, 1607. 앞의 내용은 Somolinos d'Ardois, 『멕시코 정신의학의 역사』
　　(*Historia de la psiquiatría en México*)에서 재인용.

15) 『고독의 미로』, 172쪽. 총체성에 대한 이 향수는 근대미학의 고유한 특성이다. 이 근대미학
　　은 숭고한 것(도달할 수 없는 것)을 예찬하는 데에서 규범적이고 통합적인 합의를 발견한다.
　　장-프랑스와 리오타르, 『포스트모던의 조건』(*The Postmodern Condition*), 80~81쪽. 같은
　　의미에서, 고독의 감정을 오로지 낙후된 세계, 농촌 세계, 라틴아메리카나 멕시코에만 연결
　　시키는 것은 오류라는 사실을 알릴 필요가 있다. (파스의 수필이나, 나아가 가르시아 마르케스
　　의 『백 년 동안의 고독』[*Cien años de soledad*]이 우리가 그렇게 가정하도록 유도할 수 있는 것처럼)
　　고독이란 것은 추상적인 국가적 몸통에 속해 있다는 감정과 분리할 수 없는 요소로서 나타
　　난다. 개인들 사이에 실질적인 관계가 더 멀어질수록 그 국가적 몸통에 느끼는 애착은 더 커
　　져간다. 그런 현상은 산업화된 지역의 대도시에서 대규모로 일어난다. 그런 곳에서는 '타인'
　　으로부터 고립되었다는 감정으로서 고독의 근대적 형태가 일반화된다. 이런 감정에서 비롯
　　되어, '타인'에게 고독의 고통이 전이되는 경우가 허다하다. 이웃의 고독, 농부들의 고독, 제

의 천국 같은 모태로부터 뽑혀진 영혼은 새로운 황금시대^{Edad de Oro}, 하나의 새로운 조국을 찾아 배회한다. 이 여행에서 대부분은 우울한 망상의 미로에서 길을 잃어버리고 만다. 하지만 몇몇은 우수에 찬 황홀경에 이르고 자기 민족을 약속된 새로운 나라로 이끌게 될 것이다.

3세계 야만인들의 고독 등으로 말이다. 만약 우리가 그들을 이해하지 못한다면 혹은 그들이 벙어리에다 겁먹은 것처럼 보인다면, 그것은 바로 그들이 일종의 의미 없는 상형문자 같은 고독 속에 고립되어 있기 때문이다. 북미인들의 성격에 관한 고전적 연구인 데이비드 리즈만(David Riesman)의 『외로운 군중』(*The Lonely Crowd*)은 바로 고독이라는 개념 위에 자리 잡고 있다. 훌리안 마리아스(Julián Marías)는 『원근법의 그려진 미국』(*Los Estados Unidos en escorzo*)에서 유사한 생각을 옹호하고 있다. "미국은 신비롭고도 끔찍한 힘에 의해 규정되고 있다. 바로 고독이다"(60쪽).

"도롱뇽들은 변태하지 않으려 저항하기에 그 저항은 경이로운 혁명으로 이어진다. 그 혁명이란 원래의 유충상태를 끝없이 번식하는 것이다."

그림 설명 : George Shaw, *General Zoology or Systematic Natural History*에 나오는 아홀로테 삽화. 도판 140. 서명자 Hill, 612쪽, vol. III, 2부.

5장_ 애매한 어법들

수많은 슬픔과 음울한 고통들, / 물고기, 새, 짐승의 수많은 형태들은 / 과거
에 구더기 한 마리 있었던 / 왕자의 형상을 비춘다.
— 윌리엄 블레이크, 「유리젠의 첫 번째 책」

존 위맥John Womack의 수필 첫 머리에 나오는, 에밀리아노 사파타Emiliano
Zapata에 대한 말들을 난 지금까지 아주 좋아한다. "이 책은 변화를 원하
지 않았던 몇몇 농부들, 바로 그래서 혁명을 이룬 농부들에 관한 책입니
다. 그들은 그렇게 기이한 운명을 결코 상상하지 않았습니다." 이 점에
서 아홀로테들은 모렐로스의 농부들과 동일하다. 그들은 변태하지 않으
려 저항하기에 그 저항은 경이로운 혁명으로 이어진다. 그 혁명이란 원
래의 유충상태로 끝없이 번식하는 것이다. 이런 방식으로 급격한 하나
의 변이變異가 이루어진다. 그리고 완전히 새로운 종이 창조된다. 다윈
스스로도 이러한 변이를 인정했다.

어떤 동물들은 (『종의 기원』에서 말하길) 특성들을 온전히 획득하기도
전 아주 이른 시기에 번식 능력이 있는 것으로 알려져 있다. 만약 하나의
종에서 그 능력이 완전히 발달하게 되면 머지않아 성숙한 상태는 사라
지게 될 가능성이 있다. 특히 만약 유생(幼生)의 형태가 성숙한 형태와
많이 다를 경우 그 종의 특성들은 변하게 되고, 상당히 퇴화할 것이다.[1]

아홀로테는 이렇게 나타났다. 불의 동물인 도롱뇽의 수생상태의 유생인 것이다. 아홀로테는 처음에 보면, 비록 덩치는 훨씬 크지만, 개구리의 유생인 올챙이를 닮았다. 또 정충을 닮기도 했다. 음경의 형태를 띠기도 했다. 게다가 크기는 발기된 남근과 유사하다. 작은 발가락이 있는 네 개의 다리가 있고, 꼬리는 측면이 눌린 모양이고, 목에는 이상한 가지들처럼 외부 아가미가 돌출해 있다. 만약 아홀로테가 '정상적인' 성장 과정을 따른다면 호랑이 도롱뇽으로 변태할 것이다$^{Ambistoma\ tigrinum}$ $^{velasci,\ Alfred\ Dugès,\ 1888}$. 호랑이 도롱뇽은 주로 텍스코코^{Tecoco} 호수와 숨팡고^{Zumpango} 호수 지역에 서식한다. 호랑이 도롱뇽은 검고 황색 반점들이 있다. 한편 아홀로테는 소치밀코^{Sochimilco} 호수에서 산다. 그리고 색은 진흙탕색이다. 무엇 때문에 변태하지 않는가? 변태하지 않으면서 새로운 종을 만든다. 무엇 때문에?

아홀로테들은 하나의 수수께끼를 품고 있다. 이상한 기호의 매듭이다. 고대 메시카인들의 신화에서부터 고전적 박물학자들을 거쳐 오늘날의 작가들에 이르기까지, 아홀로테는 자신의 주변에 신비로운 분위기를 만들어 왔다. 아홀로테는 케찰코아틀^{Quetzalcóatl}의 쌍둥이 형제로 여겨진다. 그 이후에는 훔볼트^{Humbolt}의 여행 동반자가 되고, 퀴비에^{Cuvier}의 하숙인이 된다. 20세기에는 훌리오 코르타사르의 잘 알려진 단편을 통해, 유명한 생물학자 가스탱^{Garstang}의 시구를 통해 등장한다.[2] 아홀로테가

---

1) 찰스 다윈, 『종의 기원』(*El origen de las especies*), cap. VII ('이행 방법').
2) 훌리오 코르타사르의 단편은 「아홀로틀」. W. 가스탱의 시는 아래에 영어로 그대로 옮긴다. 그 시는 아주 재치 넘칠 뿐 아니라 아홀로테의 고유한 특성들을 잘 요약하고 있다.
Amblystoma's a giant newt who rears in swampy waters,
As other newts are wont to do, a lot of fishy daughters:
These Axolotls, having gills, pursue a life aquatic,

등장할 때마다 타자^{Otro}의, 다른 것의, 기이한 것의 신비함이 묘사된다. 그런데 아홀로테의 원시적 형태, 유생시기의 형태가 도식적으로 그려진다. 그래서 공포스러울 정도로 단순화된 모습으로 말이다. 아홀로테는 고독에 대한 살아 있는 메타포의 하나이다. 톨킨의 『반지의 제왕』에 나오는 기형아 골룸의 혈통에 속한다. 만약 아홀로테가 실존하지 않았더라면 분명 러브크래프트^{Lovecraft}가 창안했을 거라고 나는 확신한다. 하지만 동물학은 아홀로테들을 이미 파악했고, 다음과 같이 분류한다.[3]

강綱: 양서류^{Amphibia}

아강亞綱: 유미有尾류^{Urodeles}

목目: 영원아목^{Salamandroidea}

과科: 점박이도롱뇽과^{Ambystomidae}

아과亞科: 점박이도롱뇽아과^{Ambystominae}

속屬: 점박이도롱뇽속^{Ambystome}

종種: 아홀로틀^{Axólotl}

(A. Mexicanum, Shaw, 1789)

But when they should transform to newts, are naughty and erratic.
They change upon compulsion, if the water grows too foul,
For then they have to use their lungs, and go ashore to prowl:
But when a lake's atractive, nicely aired, and fool of food,
They cling to youth perpetual, and rear a tadpole brood,
And newts Perennibranchiate have gone from bad to worse:
They think aquatic is bliss, terrestrial a curse.
They do not even contemplate a change to suit the weather,
But live as tadpoles, breed as tadpoles, tadpoles altogether!
3) 그리멕(B. Grzimek), 『동물의 생활 백과사전』(*Animal Life Encyclopedia*).

6장 _의미 없는 시간

그리고 그곳에서는 시간이 아주 길다는 거야. — 후안 룰포, 「루비나」

자연상태의 인간은 루소에 의해 역사와 사건과 관계없는 여백에 놓이게 되었다. 그러한 상황에서, "이미 그런 상황이란 존재하지도 않고, 어쩌면 존재하지도 않았고, 결코 존재할 가능성도 없을 테지만", 인간은 움직임이 없는 가운데 느리고 변화 없이 미끄러져 가는 무한한 시간을 살아가면서 행복할지도 모른다. 이러한 신화적 시간의 이미지는 서구의 사고에서 기나긴 역사 속에 여러 갈래를 가지게 되었다. 게다가 수많은 국면과 모순적인 국면들을 보여 준다. 가장 대표적인 생각은 도시의 인간은 농촌의 야만을 단련하여 만들어졌다는 것이다. 또는 그런 생각은 아프리카와 아메리카의 '미개인들'의 삶의 방식에 '문명화된' 방식을 강요했다. 서구식 사고는 역사발전관을 가지고 공간과 시간의 개념을 주조鑄造하기에 이르렀다. 그래서 유럽 중심적 문화 규범estereotipo이 형성되었고, 그 규범에 따라 말하자면 시간의 좌표축은 동양에서 서양으로 향한다. 이 축은 다른 좌표축(수직축)과 교차하는데, 이 수직축에 따르면, 북쪽에는 항상 교양 없는 사람들bárbaros이 있고, 남쪽에는 미개인들salvajes이 있다. 이렇게 해서, 데카르트식 합리주의의 두 좌표축이 만나는 0의 지점은 '문명화된' 관찰자의 여기-현재를 나타내곤 했다. 진보는 위험스럽게도 북쪽의 교양 없는 사람들과 남쪽의 미개인들 사이를 지나 항상 서양 쪽으로 가야 했다. 진보는 내부로부터도, 제국 자신의 '깊숙한 곳에 있는 남쪽'으로부터도 위협을 받고 있는 것으로 보였다. 예를 들어, 볼테르에게 있어 원시인들은 아프리카와 신세계에만 있는 것은 아니었다. "그런 종류의 미개인들은 전 유럽에 있다"라고 말하면서 다음과 같이 설명했다.

> 그 거친 자들은 오두막에서 자기 암컷들과 몇몇 동물들과 함께 살면서 온갖 악천후에 끊임없이 노출되어 있다. 그들은 자신들을 먹여 살리는 대지와, 자신들이 생산한 물건들을 팔고 조잡한 옷가지를 사기 위해 가끔 가는 시장밖에는 모른다. 그들의 사투리는 도시에서는 들을 수 없는 것이고, 그들은 별 생각이 없기 때문에 표현도 별로 없는 편이다. …[1]

여기서는 이러한 사고가 어떻게 우리 시대에까지 전해졌는지에 대해서 묘사하려는 것이 아니다. 20세기 초반 저명한 프랑스 교수인 뤼시앙 레비-브륄Lucien Lévy-Bruhl는 이 전통을 부여잡고는 '열등한 사회의 정신적 작용'을 설명하기 위해서 최선의 노력을 경주했다. 그의 책 『원시적 사고』La mentalidad primitiva는 인류학자들이 거부하여 이미 사용되지

---

1) Michéle Duche, 『계몽의 세기에서 인류학과 역사』(Antropología e historia en el siglo de las luces), 265~266쪽에서 재인용. 조지 보아스(George Boas)는 『원시주의에 관한 논고』(Essays on Primitivism)라는 책에서, 초기그리스도교 시대부터 조아킨 데 피오레(Joaquín de Fiore)에 이르기까지, '원시적' 인간(고상한 미개인, 지상 낙원, 히브리족도 아니고 유럽족도 아닌 민족들)에 관한 이미지들에 대해 중세를 배경으로 해서 전반으로 잘 조망해 주고 있다. 많은 중세 시기의 사고들이 근대 시기에 이르기까지 살아남았다는 것은 놀라운 일이다.

않는 교과서이다. 하지만 거기에 나타나는 많은 견해들은 오늘날의 정치문화와 근대적 신화의 일부를 형성하고 있다. 이런 의미에서 인류학자들이 레비-브륄르의 책을 읽어보는 것도 괜찮을 것이다. 여기서 나는 그 문제의 한 가지 측면만을 언급하고자 한다. 원시인들의 시간 관념에 대한 그의 견해가 그것이다.

레비-브륄르는 "논리적 사고에 이르지 못한 원시적 사고방식"은 현상들을 시간과 공간 속에서 연결하는 인과관계를 일반적으로 알지 못한다고 규정한다. "신비적이고 즉각적인 인과관계"의 사고방식이 지배적이라는 것이다. 그러한 사고는 숨어 있는 힘이나 어두운 기운들이 존재한다는 것에 기반하고 있다. 레비-브륄르는 원인과 결과의 우주적 연결망에 대한 칸트적 관념을 '논리적'인 것으로 복원시킨다. 문명인과 원시인 사이의 차이를 만드는 심오한 원인은 신비주의적 사고의 베일로 인과관계의 진실을 덮어 버리는 이 원시인들의 사고방식에 있다는 것이다. 그래서 원시적 사고방식은 자주 초공간적이고 초시간적인 성격을 지닌다는 것이다. 레비-브륄르는 이렇게 말한다.

우리에게는 시간이 … 일종의 균질한 정량$^{un\ quantum}$으로 보인다. 동일한 부분으로 나누어질 수 있고, 그 나누어진 부분들은 완벽하게 규칙성을 가지고 연속되는 것으로 말이다. 그러나 공간에서 현상들이 이와 같이 규칙적으로 이어지는 것에 무관심한 사고들이 있는데, … 이들은 원인과 결과의 거역할 수 없는 연속성에 관해서 관심도 없고, 깊이 숙고해 보지도 않는다. 이러한 사고를 지닌 사람들에게는 무엇이 시간을 재현하는가? 이들에게 시간은 재현의 매체가 없고, 뚜렷하지 않은 것이고 명료하게 정의되지 않는 것이다.[2]

원시인의 시간 개념에 대해 문명화된 인간이 갖는 생각은 사건의 연속적 발생에 대한 문명인 자신의 관념에 의해서 지독할 정도로 왜곡되어 있다. 레비-브륄르의 머릿속에는 공간과 시간에 대한 칸트적인 사고가 지배하고 있다. 이 칸트적 인식은 일상생활을 지배하는 인식으로서, 이 인식에 따르면 공간과 시간 사이에는 관계가 존재하지 않는다. 즉 공간은 부동의 관념으로 (칸트에 따르면) 우리의 외부적 감각의 직관에 의해 인식되어진 형태이다. 반대로 시간은 우리의 내부적 감각의 직관에 의해 인식되어진 형태이다. 칸트적이고 문명화된 인식 속에서 시간은 공간과는 무관하게 독립적으로 흘러간다. 그리고 시간은 절대적 개념이다. 현대 물리학자의 눈으로 보면 칸트적 이해는 역시 대단히 원시적이고 미개한 생각이다. 아인슈타인이 상대성이론을 전개시켰을 때부터 우리는 공간을 시간으로부터 분리시키는 것은 불가능하다는 것을 알고 있다.

시-공간 개념에 골몰하던 아인슈타인은 피아제$^{J. Piaget}$에게 아이에게 있어 시간의 주관적 개념이라는 연구주제를 제안했다. 아이가 처음에 시간을 상대적 개념으로 생각하는지, 아니면 뉴턴 식으로 절대적 개념으로 생각하는지 알아보고 싶었던 것이다. 아이에게 있어 시간에 대한 주관적 직관이 즉각적인가 아니면 파생적인가? 뉴턴의 물리학에 따르면 속도는 시간과 거리에 대한 절대적인 개념들에서 파생된다고 우리는 알고 있다. 반대로 아인슈타인에게 있어서는 그 반대이다. 속도라는

2) Lucien Lévy-Bruhl, 『원시적 사고』, 84~85쪽. '원시'음악에서의 리듬현상을 공부하거나 농업과 관련된 자연현상에 관한 지식들을 공부해 보면 레비-브륄르의 결론들이 얼마나 터무니없는지 알 수 있다.

것은 일차적인 성격을 가지고 있고, 시간은 파생되는 것이다. 피아제는 연구를 통해서, 아이에게 있어 속도와 거리는 일차적으로 직관을 통해 파악하는 것이고, 시간 개념은 속도와 거리들로부터 점차적으로 파생되어 나오는 것이라는 답을 하게 된다. 따라서 아이에게 있어 시간은 절대적인 개념이 아니다.[3]

하지만 바로 이 절대적인 시간관념, 시간은 일정한 속도로 '앞으로' 흘러가는 것이라는 관념(공간과 전혀 관계가 없는 시간관념) 때문에 원시인들의 머릿속에는 아주 평온하고 느린 삶의 리듬이 있었을 것이라고 문명화된 인간들은 여겼던 것이다. 또는 그 원시인들의 머릿속에는 아예 리듬이 전혀 존재하지 않았을 거라고까지 여기게 되었다. 그래서 유럽인은 나이지리아 부족들의 관념들을 이상하게 여긴다. 레비-브륄레는 선배 학자인 레너드[A. G. Leonard]의 말을 인용한다.

우리 유럽인들이 과거라고 부르는 것은 현재와 연결되어 있고, 현재는 시간의 순회 속에서 미래와 연결되어 있다. 하지만 절대 분리되지 않고, 하나가 다른 하나에 서로 잠겨 있는 두 개의 존재, 마치 인간적인 것이 영적인 것에, 영적인 것이 인간적인 것에 서로 잠겨 있는 두 개의 존재로 이루어진 하나의 삶을 믿는 이 사람들에게 현실에서 시간은 우리에게서처럼 분할되지 않는다. 바로 그래서 시간은 가치나 대상이 없다. 이러한 이유로 유럽인이 전혀 이해할 수 없을 정도로 그들은 시간을 우습게 여기고, 무관심하게 다룬다.[4]

---

3) Jean Piaget, 『아이에게 있어 시간 개념의 전개』(Le développement de la notion de temps chez l'enfant).

시간의 의미에 관해서 모든 미개인들 사이에는 동일한 생각이 있었을 거라고 여기는 사고는 비유럽 민족들이나 서구문명 한가운데서 살고 있는 야만인들의 현실에서 유래하는 것이 아니다. 원시인들이 동질적인 시간관념을 가졌을 거라고 가상하는 것은 **진보**의 개념에 닻을 내린 기계적 이성주의가 만들어 낸 상상력의 결실이다. 그렇기 때문에 문명화된 인간은 자기의 조상들과 현대의 원시인들을 모든 곳에서 같은 식으로 바라본다는 사실을 설명할 수 있는 것이다. 많은 현대인들은 자신들이 현재 새로운 신화체계에 완전히 빠져 있다는 것을 이해하지 못한 채 농촌 세계와 원시적 세계를 마치 시간이 결여되어 있거나, 혹은 신화적 시간에 침잠해 있는 세계로 바라보는 것이다. (카를로스 푸엔테스Carlos Fuentes는 말한다) "원주민의 신화적 시간 위에 서구 달력의 시간, 진보의 시간, 직선적 시간이 겹쳐진다".[5] 분명 그렇다, 그런데 한 가지 중요한 것이 빠져 있다. 서구의 시간 역시 하나의 신화적 시간이라는 것이다. 서구의 신화들은 (스페인 식민시대 이전 문화가 지녔던 신화들과는 다른 신화들로서) 바로 직선, 진보, 미래, 그레고리오 달력의 신화이다. 그 중심적 신화들 중 하나는 바로 원시적 에덴동산과 관련지어 날조해 낸 신화적 시간이다. 그 신화적 시간은 역사적 사건으로 이루어진 근대적 시간

---

4) Ather Glyn Leonard, 『니제르 저지대와 그곳의 부족들』(*The lower Niger and its Tribes*), 181쪽. 레비-브릴르의 『원시적 사고』, 85쪽에서 재인용.

5) Carlos Fuentes, 『멕시코의 시간』(*Tiempo mexicano*), 26쪽. 시간의 '서구적' 의미와 인디아에서 지배적인 시간 개념들과 대비를 시켰다. 인디아에서는 "시간이 과거에서 미래로 흐르고, 시간의 흐름을 양적인 형태로 측정할 수 있다는 식으로 이해하기를" 거부한다. 자이나교와 불교는 삶의 불확실성이라는 자신들의 관점을 바탕으로, 세상의 변화하는 국면들에 따라서 경험을 이해한다. Nakamura Hajime, 『동방인들의 사고 방식』(*Ways of Thinking of Eastern Peoples*), 81쪽.

개념들과는 대비된다.

문명화된 사고방식에 따르면 원시인은 시간을 우습게 여기고 무관심하게 다룬다. 미개인이나 야만인은 천성적으로 느리고 무기력증에 빠져 있다고 정의된다. 그래서 죽음 또한 우습게 여긴다는 생각을 갖는다. (옥타비오 파스는 말한다) "죽음에 대한 멕시코인의 무관심은 삶에 대한 무관심에서 자라난다".[6] 삶의 가치가 정량 혹은 균질하고 잴 수 있고 동일한 부분으로 나뉠 수 있는 흐름의 단위로 측정될 수 있게 됨에 따라, (레비-브륄르가 『서구의 시간』^{El tiempo occidental}에서 정의한 대로) 움직임이 없고 질적으로 서로 상이한 시간 선들에 의해 교차되는 삶의 공간은 서구의 근대적 사고의 시선으로 보면 가치 없는 것이다.

원시적이라고 불리는 부족들 사이에 시간관념의 다양성은 대단하다. 북아메리카의 알곤킨 부족의 하나인 크레에^{cree}족 인디오들은 달을 볼 수 없는 날들은 무시하였다. 트로브리안드^{Trobriand} 제도의 주민들은 과거의 사건들을 (신화적 사건들이건 현실의 사건들이든) 보편적^{universal} 현재나 다른 종류의 시간(이것은 현재 시간 이전의 시간으로 여겨지는 것은 아니었다)으로 분류했다. 아프리카 로디지아 북쪽에 있는 루아풀라^{Luapula} 계곡에서도 역시 시간은 두 부분으로 나뉘어져 있었다. 일어난 사건이 개인의 고유한 역사에 해당되느냐 혹은 보편적인 역사에 해당되느냐에 따라서 말이다. 한편 호주 서부의 아란다 족은 하루를 25개의 시간 단위로 나누었다.[7] 시간을 분류하고 측정하는 모든 방식들은, 그것들이 우리에게는 아무리 기이할지라도, 상이한 필요에 따라서 그 방식들

---

6) 『고독의 미로』, 48쪽.
7) J. Cohen, 『건강과 질병에 있어 심리적 시간』(*Psychological Time in Health and Disease*).

을 창안한 그 세계의 문화와는 잘 맞는 것이다. 농사일과 목축일의 규칙적 성격에 연관된 가장 단순한 일들에서부터 우주에 대한 복잡한 관념들에 이르기까지 그 문화의 필요성에 잘 맞는 방식인 것이다. 사실은 우리 서구 사회와도 그렇게 무관한 것은 아니다. 영국에서 그레고리오 달력을 받아들이기로 했을 때 1752년 9월 3일이 9월 14일로 바뀌었고, 그래서 민중들이 잃어버린 11일을 요구하면서 봉기를 일으켰다는 사실을 굳이 상기시킬 필요가 있을까?[8] 사무실에서의 시간, 거리에서의 시간, 가정에서의 시간이 완전히 다르다는 것을 우리는 모르는가? 제조업의 세계는 '자유 시간'을 완전히 무시하지 않는단 말인가? 게다가 무의식이 저장하고 있는 사건들은 (프로이트 학파에 따르면) 시간으로부터 벗어나 영원한 현재에 머무른다고 여기지 않는단 말인가? 근대 문화 역시 자신의 신화들을 가지고 있는데…[9]

　　서구 정치문화는 '두 가지의 시간'이라는 신화를 만들어 냈다. 산업사회의 합리성에 맞추어 나눌 수 없는 에덴동산의 시간과 문명화된 인간의 진보적이고 역동적인 시간이다. 이 양극성은 시간에 대한 주관적 표현의 엄청난 다양성을 은폐하고 있다. 아주 풍부하고 다양한 문화적 표현 방식들을 속에 감추고 있는 것이다. 편견 없이 민족지학 연구서들을 한번 훑어보기만 하면, 소위 원시적이라고 불리는 부족들이 시간을 의식하는 방식은 대단히 다양하고, 이 다양성은 동질화할 수 없다는 것을 이해할 수 있다. 오로지 서구의 시각만이 배제의 과정을 통해서 동질성을 만들어 낸다. 산업사회의 '상식'을 벗어나는 모든 시간 표현들은

---

8) M. Halwachs, 「집단기억과 시간」("La mémoire et le temps").
9) Marie Bonaprte, 「시간과 무의식」.

선조의 유일한 신화적 시간의 일부분으로서 여겨진다. 마찬가지로 사건의 연속에 대해 산업 사회에서 결정結晶되는 관념들을 유일한 하나의 형태로 축소하는 것 역시 거짓이다. 사무실과 공장의 리듬에 맞추어 삶의 흐름을 조직적으로 나누려는 영혼의 감시자들이 원하는 형태로만 축소하는 것 말이다. 하지만 여기서 시간에 대한 양극적 개념의 허위를 강조하고 싶은 것이 아니다. 근대의 시간과 대립된 위치에 원시적 시간을 상정하는 근대적 신화가 존재한다는 것을 지적하고 싶다.

상당히 집요하게 멕시코인의 특성으로 여겨지는 특성들 중 하나가 이 신화에서 유래한다. 멕시코인의 시간 감각(그리고 거리에 대한 감각)이라고 여겨지는 것이, 바로 우리가 지금까지 보았듯이, 도시 사람들에 의해서 시골사람과 원시인의 시간 감각이라고 여겨졌던 것과 동일한 개념이다. 멕시코인의 특성에 관련해 잘 알려진 수필의 저자인 호르헤 카리온은 "멕시코에서 시간은 순종적이고 온순하기만 하다"라고 말했다.

(우리 도시인에게) 시간은 경계석이 없다. 단지 낮은 밤과 구별될 뿐이다. 우리들은 달력이 한 장씩 넘어가는 것을 통해서 계절을 알 뿐, 나뭇잎을 통해서 계절을 아는 것은 아니다. 명확하게 똑같은 하루하루가 이어진다. 그리고 밤마저도 마치 **시간의 한가한 리듬**을 바꾸는 것을 두려워하는 듯 부드럽게 내려온다.[10]

어느 도회 사람이 농촌 세계를 놀라움으로 바라보는 내용이다. 차이와 움직임들을 감지하지 못하기 때문에 시간이 흐르지 않는다고 믿고

---

10) Jorge Carrión, 『멕시코인의 신화와 마술』(*Mito y magia del mexicano*). 강조는 인용자.

있다. 분명 농부는 한 해의 계절들을 아주 잘 감지하고 있다. 하지만, 더 북쪽에서는 나뭇잎들이 가을에 떨어진다는 사실이 그에게 중요하지 않다. 그에게는 자기 지역에서 계절이 바뀌는 형태가 중요한 것이다. 그럼에도 불구하고, 규범적인 형태^{estereotipo}가 지배한다.

멕시코인은 **감지하기 힘든 시간의 흐름**에 적응한다. 시간을 느끼지 않는다. 오늘과 동일한 내일 할 수 있는 일은 오늘 할 필요를 느끼지 못하고 산다. 시간을 엄수하라고 압박하는 자연의 징후가 없기 때문에 시간을 지키지 않는다. 그래서, 또 공기가 투명하기 때문에 멕시코인에게 거리 距離는 '구릉 너머'로 측정된다. '구릉 너머'는 **바쁠 것 없는 시간과 사회학적으로 등식이 된다**. 그리고 명백하고 거리낌이 없는 관점이다.[11]

그러한 사고를 어느 심리학자는 이렇게 요약했다. "멕시코인은 그런 식으로 시간을 인식하기 때문에 시간이 다른 나라 사람들보다 멕시코인들에게는 더 천천히 흐른다고 생각한다."[12] 그 저자 자신도 멕시코인들은 전통적으로, '적극적'이고 '효율적'인 미국사람들과는 반대로, '게으른' 사람들로 여겨진다는 사실을 언급한다. (이 심리학자는 말하길) "멕시코인들은 **스트레스**(긴장)를 대할 때 수동적인 방식을 취하는 특징이 있다".[13] 그전에 이미 스페인 작가 호세 모레노 비아^{José Moreno Villa}는 멕시코인이 기다리라고 말할 때 표시하는 손 모양에 관심을 가졌다. '잠

---

11) Carrión, 『멕시코인의 신화와 마술』.
12) Rogelio Díaz-Guerrero, 『멕시코인의 심리』, 15쪽.
13) Díaz-Guerrero, 『멕시코인의 심리』, 155쪽.

시만', '조금만' 기다리라고 두 손가락으로 표시하면서 "멕시코인은 시간을 잘게 쪼개지 않고 찌그러뜨려서 강요당하거나 얽매이지 않으려 한다".[14] 엄청난 시간이 엄지와 검지 사이의 작은 공간에 들어간다는 것이 문명인이라고 하는 유럽인을 절망하게 만드는 불가사의다. 근대 서구인은 (이것은 또 다른 신화인데) 기다리는 것을 참지 못한다. 유럽인은 시작하기로 한 시각과 시작 시각, 만나기로 한 시각과 만난 시각 사이에 흐르는 그 기나긴(그에게는 기나긴) 시간 동안 무슨 일이 일어나는지 이해하지 못한다. 기다리는 동안 무슨 일이 일어나는가? 진정 기다림이 맞나? 접근할 수 없는 그 시간의 경과 속에는 무엇이 숨겨져 있는가? 모레노 비야는 멕시코인의 태도를 '아시아적인 소극성'으로 평가하는 것을 주저하지 않는다. 그 태도는 지속적인 전진 속에서 살아가려는 의지로 충만한 유럽 문명의 태도에 반대되는 것이다. 그에 대비되게도 멕시코인은 웅크리고 있는(원주민이 몸을 웅크리고 앉는 독특한 방식에 빗댄 것이다) 사람이다. 그래서 얌전함과 수동성, 사색에 연결된 이미지로 그에게 보인 것이다.[15] 이것은 아시아인을 야만적 혹은 미개한 존재로 여기던 유럽의 오래된 시각으로 우리를 연결시킨다. 바로 린네의 **호모 아시아티쿠스** 말이다. 머리털이 뻣뻣하고^{Luridus}, 우울하고^{melancholicus}, 엄격하고^{rigidus}, 머리털이 검고$^{pilis\ nigricantibus}$, 눈동자가 어두운 색이고$^{oculis\ fuscis}$, 자존심이 강하고^{reverus}, 오만불손하고^{fastuosus}, 탐욕스러운^{avarus} 아시아인 말이다. '교양 있는 유럽'은 북쪽에 있는 야만인들인 슬라브인들 역시 문명

---

14) José Moreno Villa, 『멕시코의 거울』(Cornucopia de México), 30쪽.
15) Moreno Villa, 『멕시코의 거울』, 46쪽. 죽음에 대한 멕시코적인 사고 또한 그에게는 '아시아적인' 성격의 일면으로 보인다.

속에서 아시아적 속성을 진정으로 대표하는 사람들로 보았다. "우리가 러시아 국민의 숙명론과 체념이라고 지칭하는 것은 다름 아니라 근본적으로는 미래에 대한 무관심과 다를 바 없는 것이다. '무엇 때문에 불안해야 하나?'라고 생각한다. 현재의 나쁜 상황은 전혀 바뀌지 않을 것이다. 내일이 뭐 중요한가?"[16] 같은 선상에서 "우울증", "천성적 무감각", "소극적 체념", "무기력", "활력과 의지의 결여"가 언급된다. 사무엘 라모스조차도 멕시코 문화에 관한 자신의 유명한 저서에서 원주민의 '이집트성'egipticismo에 한 장章을 할애 한다. 스페인정복 이전의 예술에서 표현되는 것은 죽음의 경직성이다. 그 예술에서는 돌의 딱딱함이 삶의 유동성을 이긴다. 그래서 멕시코에서는 삶이 "아시아 민족들의 불변성과 유사할 정도로 천천히 미끄러져 간다."[17] 라모스가 볼 때, 이러한 특성은 수백 년간의 식민지배로서는 설명되지 않는 선험적 현상이다. "우리는 인디오의 소극성이 스페인으로부터 정복되면서 처하게 된 노예제도의 결과라고만 보지 않는다. 인디오는 이미 수동적으로 살아갈 정신적 자세가되어 있었기 때문에 어쩌면 정복당하도록 자신을 내맡겼는지도 모른다."[18]

---

16) Fouillée, 『유럽 민족들에 대한 심리적 소묘』(Bosquejo psicológico de los pueblos europeos), 502쪽. 러시아인의 나태에 관한 신화는 알렉상드로비치 곤차로프(Alexandrovich Goncharov)의 소설 『오블라모프』(Oblamov)이라는 소설의 주인공 오블라모프에 의해서 표현되었다. 그 작품 속 인물은 아마도 침대에서 일어나는 데 100페이지 이상 걸리는 유일한 인물이기 때문에 유명하다. 프랑스 대사였던(1914-1917) 모리스 팔레오로그(Maurice Paléologue)는 자신의 비망록에서 러시아 사람들의 성격에는 무기력, 나태, 몽롱함이 있다고 거듭 주장했다. 이렇게 썼다. "러시아 사람들은 꿈속에 있는 듯 흐릿하게 현실을 바라보고, 시간과 공간에 대한 정확한 관념을 가지고 있지 않다"(M. Paléologue, 『어느 대사의 회고록』[An Ambassador's Memoirs], London, 1973. R. Hingley, 『러시아인의 마음』[The Russian Mind], 41쪽에서 재인용).
17) S. Ramos, 『멕시코 사람과 문화』(El perfil del hombre y la cultura en México), 36쪽.
18) Ramos, 『멕시코 사람과 문화』, 36쪽(강조는 인용자). 멕시코인의 스테레오타입을 반은 동

근대자본주의 사회의 인간은 농부들이나 미개인들이 소극성에 젖어 산다고 믿는다. 이러한 믿음은 인간에게 있어 시간의 주관적 평가를 결정하는 단순한 심리적 메커니즘 탓이다. 폴 프레스[Paul Fraisse]는 이 사실을 상당히 정확하게 표현했다. 관찰되는 변화의 숫자가 많으면 많을수록 시간은 더 길게 느껴진다. 다시 말해, 시간의 길이에 대한 주관적인 평가는 인식된 변화들의 숫자에, 그리고 평가의 순간에 기억 속에 남아 있는 변화들의 숫자에 달려 있다. 시간의 길이는 기억의 가능성에 따라 늘어났다 줄어들었다 한다.[19]

코언[J. Cohen]이 지적했듯이 역설적인 상황이 있다.[20] 몰두하는 행위나 흥미로운 사건들로 가득한 일정한 기간(시계로 측정되는)은 빨리 흘러가는 것 같은 반면, 반복적이거나 지루한 과제들은 시간을 길게 늘이는 것 같다. 하지만 돌이켜보았을 때 상황은 뒤바뀌고, 프레스가 지적한 규칙이 작동한다. 다시 말해 즐겁고 매력적인 과제로 보낸 시간은 그것을 기억할 때 펼쳐져 매우 길어 보인다. 반대로 단조롭고 비어 있는 기간들은 압축되고 짧은 기간으로 기억된다. 도시 사람은 농촌 생활에서 변화들을 별로 감지하지 못한다. 그래서 시간이 끝없이 늘어나는 것으로 느낀다. 비서구 사회에서 일어나는 것의 사회문화적 의미들을 이해하지

양적인 존재로 '암시하는' 내용으로 처음 미국 대중들에게 소개한 것은 앨런 리딩(Alan Riding)의 『멕시코인의 초상화』(Un retrato de los mexicanos)라는 책의 첫 장 「먼 이웃들」에서 찾아볼 수 있다. 그 장에서는 멕시코인에 대한 신화를 요약했을 뿐 아니라, 멕시코 문화 코드들을 미국 문화 코드로 일종의 '번역'을 해두었다. "멕시코인들이 가지고 있는 시간에 대한 철학은 완전히 다르다는 것을(물론 서구의 시간철학과 다르다는 것을) 이해시키려고 한다. "과거가 확실한 것이라면, 현재는 즉흥적으로 만들 수 있는 것이고, 미래는 스스로 오는 것이다"(17쪽).

19) Paul Fraisse, 『시간에 적응하는 다양한 방식』(Des différents modes d'adaptation au temps).
20) J. Cohen, 『건강과 질병에 있어 심리적 시간』, 84쪽과 이어지는 쪽들.

못하는 유럽인은 그곳에서 시간이 천천히 흐른다고 느낄 것이다. 동시에 그는 시골이나 비서구적 환경 속에서 경험한 것들을 기억할 때 그 경험들의 역사가 전개되는 시간 영역의 중요성을 최소화하거나 줄이기 십상이다(혹은 그곳에서는 역사가 없다고까지 생각할 수도 있다).

유럽 문화에는 오래된 하나의 전통이 있는데, 데카르트, 칸트, 그리고 베르그송까지도 그 전통을 보강했다. 그것은 바로 의식의 내적 상태를 나타내는 용어들로 시간의 미끄러짐을 이해하려고 하는 전통이다. 이 전통을 따르면, 시간은 마치 (기요^{Guyau}의 표현에 따르면) "필요와 그것의 충족 사이에 의식되는 시간 간격"으로서 느껴진다.[21] 사실, 시간에 대한 생각은 결국 충족에 도달하는 과정을 거르거나 방해하는 일종의 필터 같다는 생각에 이른다. 지루하다는 관념은 결국 시간의 동의어로 바뀐다(독일어^{Langeweile}는 긴 시간, 피할 수 없는 상황 앞에서의 지루함을 의미한다). 그러니까, 시간은 결국 하나의 과제를 끝내는 것을 어렵게 하는 방해물이 되고 만다. 초기의 추진력이 소진되었을 때 말이다. 그 순간 인간은 시간을 의식하게 되는데, 그에게 시간은 너무 길고, 단조롭고, 지루하게 느껴진다.[22] 그것이 바로 서구인의 비극이다. 모든 사물의 척도로 받아들인 절대적 시간은 불쾌하고 권태로운 것이다. (루이 르벨르^{Louis} ^{Levelle}가 말하길) "그 순수한 형태로 있을 때 시간에 대한 의식은 지루함이다. 다시 말해, 아무것과도 교차하지 않고, 아무것으로도 채울 수 없는 일정한 기간에 대한 의식은 지루함이다."[23] 바슐라르$^{G.\ Bachelard}$는 이러

---

21) J. M. Guyau, 『시간 개념의 기원』(*La genèse de l'idée de temps*).
22) Paul Fraisse, 『시간에 관련된 심리』(*The Psychology of Time*), 203쪽.
23) Louis Levelle, 『시간과 영원에 관하여』(*Du Temps e de l'eternité*), Aubier, París, 1945. Fraisse, 『시간에 관련된 심리』, 203쪽에서 재인용.

한 인식을 재확인한다. "우리가 시간이 **지속됨**을 느끼는 것은 오로지 그 시간이 **지나치게 길다**고 느낄 때이다."[24]

서구적 사고가 기이하게 사람을 식별하는 것을 우리는 발견한다. 시간의 흐름에 대해서 엄밀한 의식 없이 산다고 가정되는 야만인은 특유의 우울증을 가지고 있을 거라고 여기는 것이다. 그런데 사실 그 우울증이란 것은 서구인에게서 나온 것이다. 그 서구인에게 가끔 시계로 측정되는 시간은 천천히 흐른다. 서구인의 의식이 만들어 내는 향수에 젖은 생각들의 격렬한 리듬과 비교했을 때 말이다. 흔히 말하듯, 많은 경우 그 향수란 미래에 대한 향수이고, 유토피아적 감정임에도 불구하고 말이다. 루소와는 달리(루소에게 있어 태초의 부동 상태는 목가적이고 행복한 상황이었다) 멕시코에서 소극성은 비극적인 형태로 삶 속에 실현된다. 에밀리오 우랑가는 우울을 여과해 내는 '존재론적 상처'에 대해서 언급한다. 그리고 로페스 벨라르데[Lopez Velarde] 시의 네 행에서 멕시코인의 성격이 지닌 모든 요소들을 발견할 수 있다고 여긴다.

> 비 내리는 오후, 더 깊어만 간다,
> 내밀한 슬픔과 동시에
> 주변에 대한 가벼운 무관심,
> 회한 속에 기도하는 묘한 감정이.(「베 짜는 여인」)

멕시코인의 성격이 나온 근원적인 샘 속에 잠수해 보려는 이 시 속에서 국가주의적 낭민주의의 깊은 영향을 인정하지 않을 수 없다. 근대

---

24) G. Bachelard, 『시간 지속의 변증법』(*La dialectique de la durée*), 48쪽.

인 신화를 창조하기 위해 태초의 근원적 인간을 재구성하는 것이 필요하다. 야만인과 문명인 사이에 비극적인 대립 의식을 만들어 내는 것이 필요하다. 근대인에게 신화적 과거를 만들어 주는 것이 필수불가결하다. 근대성 자체가 (표면적으로) 신화들을 벗어던지고 이성적으로 미래 건설에 도전하기 위해서다. 나는 멕시코의 문학과 사상에서 쉽게 발견되는 낭만주의적 전통(바스콘셀로스가 가장 좋은 예이다)은 단순히 독일의 비이성주의의 영향만이 표현된 것은 아니라는 것을 강조하고 싶다. 낭만주의적 사고들은 문화·정치적 과정을 재생산하고 재창조해서 크게 확신시켰고, 그 과정은 점점 더 낭만주의 문학이 전개된 역사적 테두리를 넘어서고 있다. 이 문화-정치적 과정은 '비극적 장면들'을 만들어 내는 것과 관계되어 있는데, 그 장면들에서 근대사회는 고대사회와 마찬가지로, 영웅과 신화들을 투사한다. 베버^{Max Weber} 사상의 영향을 받아 우리는 근대사회가 이성적이고, 기능적이고, 마법에서 풀려난 세계로서, 근대사회에는 신화와 마술이 발붙일 수 없을 것이라고 믿게 되었다. 엄청난 착각이다. 산업자본주의 사회는 우리가 아는 사회주의와 마찬가지로 끊임없이 의식儀式과 의례, 숭배와 상징들을 만들어 내고 있다. 콩트와 바흐오펜 같은 과학자들의 사상들은, 비록 좌절되었지만 새로운 종교를 만들려고 했던 것으로 볼 때 미래를 예감하는 사상들이었다. 콩트의 실증주의에 관한 교리문답의 대화들은 '실증 이성의 불변의 법칙'을 마치 종교처럼 숭배하도록 권유한다. 바흐오펜은 신화적 의식을 고양하기 위한 자신의 프로젝트에서, 대지-어머니-죽음이라는 오래된 삼위일체를 숭배할 것을 제안하였다. 왜냐하면 그에게 있어 산화들이란 영혼의 잠재력으로서, 신화의 뿌리를 원시시대에만 내리는 것이 아니라 근본적인 힘에도 내리기 때문이다.[25]

근대인의 문화는 신화들을 필요로 한다. 신화들을 계승하고, 재창조하고, 새로 만들어 낸다. 그런 신화들 중 하나가 바로 원시인에 대한 신화다. 그 신화가 국민 문화를 수태시키고, 동시에 국가적 근대성과 진보에 관한 의식을 조장하기 위한 대립적 요소로 사용된다. 살펴본 바와 같이, 원시인의 근본적 특성들 가운데 하나는 특이하게도 우울한 차원에서 살고, 그곳에서 시간은 천천히 온순하게 흐른다는 것이다.

---

25) A. Comte, 『보편 종교에 대한 실증주의적 교리문답 혹은 요약 설명』(*Catecismo positivista e exposición resumida de la religión universal*). 바흐오펜의 사상들은 바임러(Baeumler)에 의해서 다시 채택되어 그 위대한 민족학자의 작품들의 1926년 판(뮌헨) 서문 「동양과 서양의 신화」("Der Mythus von Orient und Okzident")에 잘 요약되어 있다. 이 글에서 신화의 무역사적(ahistórico) 성격을 지적하고 다음과 같은 잘 알려진 구절로 마무리 지었다. "신화는 원시적 시대들에까지 깊이 내려갈 뿐 아니라 인간 영혼의 초기 층위들에까지 깊이 파고들어간다"(H. Lefebvre, 『니체』, 131쪽. G. Lukács, 『이성의 파괴』[*El aslato a la razón*], 436쪽에서 재인용).

"결코 그를 따라 잡지 못할 것이다. 시간이 그의 것이니까."

출처 : George Shaw, *General Zoology or Systematic Natural History*에 나오는 아홀로테 삽화. 도판 140. 서명자 Hill, 612쪽. vol. III, 2부.

7장_아홀로틀 경기

우리가 가진 것이라고는 시간밖에 없다. 시간은 오갈 데 없는 자들이 사는 곳이다. — 발타사르 그라시안, 『간단한 교훈서』, 247쪽

문명화된 돌고래는 원시적인 아홀로테보다 딱 10배 빠르다. 그런 이유로 해서, 아킬레스가 거북이와 했던 고전적인 경주에서 그랬던 것처럼, 불쌍한 우리의 양서류에게 천 미터를 앞서게 해준다. 돌고래가 눈 깜짝할 사이에 천 미터를 달려갔을 때 작은 아홀로테는 백 미터만 앞서 있다. 돌고래가 그 백 미터를 달려갔을 때, 아홀로테는 아직 (십 미터 차이로) 앞서 있다. 결코 아홀로테를 따라 잡지 못할 것이다. 시간이 아홀로테의 것이니까. 이런 교훈이 있다. '문명화된 돌고래들은 결코 원시적인 아홀로테들에게 유리하게 양보해서는 안 된다. 아홀로테가 있으면 시간의 정상적인 흐름에 기이한 왜곡이 발생한다.'

아킬레스인 돌고래는 역사상 (그리고 삶에서) 영웅시대에 산다. 그 시대에는 모든 것이 모든 것과 관계를 맺고 있는 것처럼 보인다. 우주 전체가 무한하게 연결되어 있는 것으로 보인다. 그래서 우리는 우리가 있는 곳에서 어디로나 접근할 수 있다. 하나의 연결지점에서 다른 연결지점으로 건너가면서, 통찰력의 연속 속에서, 우리는 모순들로부터 벗어나 항상 종합의 방향으로 진보하는 환상을 갖게 된다. 하지만 돌고래가

아홀로테와 맞닥뜨리는 시대가 있다. 돌고래는 자기가 아는 우주에게는 생소한 것들이 있다는 것을 받아들여야 한다. 서로 분리되어 있고, 일치하지 않는 세상들이 있고, 그 세상들은 서로 적합하게 연결되지 않는다는 것을 받아들여야 한다. 근대적 이성 덕분에 세상은 점점 더 견고해져 가는 가운데, 지배적인 체제의 손이 닿지 않는 진실들이 존재한다는 사실이 더욱 명백해져 간다. 타자^{Otro}를, 다른 진실들을 끌어안는 유일한 방법으로 어떤 자들이 찾아낸 유일한 방법은 자기 세상의 굳건함을 부수는 것이었다. 하지만 총체적 무질서로 현기증이 나고, 경계와 국경이 없어져 정신착란에 빠지고, 엔트로피의 왕국에 떨어졌다.

그래서 몇 가지 사상들이 (타자로부터 빠져나간) 길들여지고 신화화된 형태로 이 세상에 이식되었을 때, 그 사상들은 이 세상이 평온하고, 합법적이고, 힘 있다는 느낌을 갖게 해주었다. 생각하는 것만큼 타자가 그렇게 두렵거나 위협적인 것은 아니라는 믿음을 갖게 해주었다.

8장_쉬운 죽음

> 우리가 쓸모없는 예속상태에서, 불필요한 불행에서 가능한 한 잘 벗어나는 때가 온다면, 그때는 인간이 지닌 영웅적인 덕성들을 팽팽한 상태로 유지하기 위해서 일련의 진정한 불행들을 항상 가지게 될 것이다. 죽음, 늙음. 불치병, 짝사랑, 거절되거나 돈에 팔린 우정, 우리가 계획한 것보다 협소하고 꿈꿔왔던 것보다 투명하지 못한 평범한 삶 같은 것들을, 세상사에 있는 신의 섭리 때문에 생기는 이 모든 불행들을 항상 가지게 될 것이다. — 마거리트 유어스너, 『아드리아노의 기억들』

근대 신화의 역설, '전설에 따르면, 원시인들에게는 시간은 의미가 없다. 반대로 문명화된 인간에게 의미가 없는 것은 죽음이다'. 막스 베버는 근대성의 이 독특한 고뇌를 다음과 같이 설명한다. 옛날 옛적의 농부는 "실컷 살았다고 여기고", 그리고 "만족한 상태"로 죽어 갔다. 왜냐하면 삶이 그에게 이미 모든 것을 제공했고, "더 풀어야 할 수수께끼도" 남아 있지 않았기 때문이다. 반대로 문명인은 (몰상식한 진보주의에 빠져) 삶에 만족하지 못하고 "정신활동이 지속적으로 밝혀내는 것의 아주 최소한의 것도 자신이 파악하지 못하였을 것이라"는 것을 안다. 베버는 이렇게 결론짓는다. "죽음은 이렇게 해서 문명인에게는 의미 없는 일이 된다."[1]

반대로 근대적이지 않은 모든 것들은(옛날 것, 미개한 것, 야만적인 것) 죽음에 어떤 의미를 부여한다. 중세식 기독교에 따르면, 예를 들어,

---

1) Max Webar, 『정치가와 과학자』(*El político y el científico*), 201쪽. 이러한 사고는 토크빌(A. Tocqueville)에서 유래하는데, 토크빌은 선진국에 사는 사람들의 우울증에 대해서 언급했다 (이 책의 마지막 장을 참조할 것).

죽음은 제2의 탄생이다. 죽음은 영혼이 자신의 육체를 벗어던지고 영생으로 나아가는 일이다. 그래서 20세기의 어떤 유럽인들은 '멕시코식의 죽음' 앞에서 이렇게 반응하는 것이다.

(폴 웨스트하임Paul Westheim은 말한다) 유럽인에게 있어 죽음을 생각하는 것은 악몽 같은 것이다. 그리고 자기에게 인생은 유한하다는 것을 상기시키는 것을 원하지 않는다. 그 유럽인이 그런 고뇌도 없고, 죽음을 가지고 놀고, 죽음을 조롱까지 하는 세상과 갑자기 마주치게 된다. … 기이한 세상이요, 받아들이기 힘든 태도 아닌가![2]

동일한 저자는 시인 하비에르 비야우루티아Xavier Villaurrutia를 인용한다. 이 시인은 "여기서는 [멕시코에서] 죽음을 아주 쉽게 여긴다. 우리가 핏줄 속에 인디오의 피를 더 많이 가지고 있을수록 죽음의 매력은 더 강해진다. 반면 백인 피가 많이 있는 멕시코 태생일수록 죽음을 더 두려워한다 …".[3] 이 전설적인 용광로에서 출발하여 죽음 앞에 무덤덤한 멕시코인, 죽음을 우습게 보는 멕시코인에 관한 신화가 유지된다. 이 지점이 근대 멕시코인의 사고와 관련하여 가장 많이 언급되는 내용이다.[4]

죽음을 조롱하고 우습게 대하는 것은 삶에 대한 무관심과 연결되어 있다고 계속 얘기되어 왔다. 만약 삶이 별 의미가 없다면 죽음 또한 마찬가지일 것이다. 이런 체념적 태도는 이중적 기원을 가지고 있다. 첫째,

---

2) Paul Westheim, 『해골』(La calavera), 8쪽.
3) Westheim, 『해골』, 9쪽.
4) Octavio Paz, 『고독의 미로』, 48~54쪽.

(이것이 가장 두드러지는 기원인데) 매우 고되고 수치스런 비극적 삶을 사는 사람, 위협 속에 살아가는 사람의 의식에서 유래한다는 것이다. 그래서 룰포는 등장인물 중 하나인 타닐로^{Tanilo}의 죽음에 대해 언급할 때, "사는 짐까지 덜었다"고 말한다⁵⁾. 폴 웨스트하임은 해골에 관한 흥미로운 연구에서 이렇게 단언한다.

> 멕시코인의 실존에 비극적 색조를 입히는 심리적인 짐은, 오늘날도 2, 3천 년 전과 마찬가지로, 죽음에 대한 두려움이 아니라 삶의 고뇌, 삶이 주는 불행이다. 자신을 방어할 수단이 충분하지 못한 상태에서 악마 같은 본질적 요소들과 위험이 가득한 실존 속에 노출되어 있다는 삶의 고뇌이다.⁶⁾

이런 첫번째 의미에서, 죽음을 하찮게 여기는 태도의 기원은 전통적인 체념주의다. 농부들과, 거의 보호받지 못한 채 무자비한 사회와 자연에 직접 노출되어 있는 모든 사람들이 이 체념적 태도를 가지고 있다고 여기곤 했다.

하지만 이 체념적 태도는 방금 언급된 것과 나란하게 다른 기원을 가지고 있다. 체념적 태도는 아주 비참하게 사는 사람들의 삶에 대해서 지배계급이 업신여기는 태도가 드러난 것이라는 해석이다. 어떤 인간들의 삶은 그 주인들의 시선으로 볼 때 별 가치가 없다. 멕시코 인디오의

---

5) 『불타는 평원』(*El llano en llamas*) 중 단편 「탈파」(Talpa)에서.
6) Paul Westheim, 『해골』, 9쪽. 다른 부분에서는 더 교묘하게 주장한다. "특히 멕시코적인 것으로 여겨야 할 것은, 그들이 망자들에 대한 기억으로 깊이 상심했다가도 갑자기 자신들이 살아 있다는(아직도 살아 있다는) 생각에 주체할 수 없이 기뻐한다는 것이다"(107쪽).

죽음은 아프리카의 비아프라의 농민 혹은 캘커타의 불가촉 천민의 죽음과 마찬가지로 대중들 사이에서 관심을 끌지 못한다. 이런 죽음은 통계적으로 어마어마한 숫자에 달하지만, 문명인에게 직접적인 위협이 되지 못한다. 이런 사람들은 동물처럼 사니까, 동물처럼 죽는 것이다. 죽음에 대한 무관심은 유럽에서는 전통적으로 시골사람의 숙명론과 동양문화와 연결되어 있었다. 그 동양문화는 북쪽으로부터 서양으로 다가왔다. (푸예A. Fouillée의 말이다) "많은 러시아 사람들의 독창적인 특성은 죽음을 아주 태연하게까지 여긴다는 것이다. '죽음에 대해 태연함'indifferentia mortis은, 한편으로, 야만적인 덕성들 중 하나이다".[7]

죽음에 대해 태연한 민족들이 있다고 가정하는 것은 그 민족들을 야만적인 동물처럼 여기는 것이다. 이런 케케묵은 생각의 메아리가 바로 '멕시코인의 성격'에 관련된 수많은 근대적인 텍스트에서 들리고 있다. 룰포의 문학 세계에 등장하는 농촌 사람들이 한 예가 될 수 있다. 룰포가 그리는 농촌 사람은 죽음으로 각인된 사람이다. 죽이는 행위는 별 중요성도 없고 일상적인 것, 동물들이 하는 행동처럼 보인다. 어느 멕시코 민요에는 "이미 암캐를 죽였지만, 아직 강아지들이 남아 있다 …"라는 구절이 있는데, 룰포는 단편 「불타는 벌판」의 헌사로 사용하고 있다. 바로 이 단편에서 룰포는 인물들을 언급하면서 동물을 메타포로 많이 사용하고 있다. 거기서 농부들은 "마치 이구아나처럼 태양 아래 몸을 데우고" 있고, "불에 놀란 오소리처럼 네발로 기듯이" 구릉으로 올라가고,

---

7) Alfred Fouillée, 『유럽 민족들에 대한 심리적 소묘』, 516쪽. 다른 책 『프랑스 국민의 심리』(Psicológie du Peuple Français)에서 자기 문화의 신화를 옹호한다. 다른 문화들에 대한 그의 분석과 대비되는 느낌을 준다.

"독사들처럼" 기어가거나 "뱀처럼 지그재그로" 가고, "짐승들처럼 무리지어" 이동하고, "마치 울타리에 갇힌 암탉들처럼" 포위된다. 이 단편에서 어쩌면 가장 인상적인 것은 페드로 사모라^{Pedro Zamora}가 투우놀이를 하면서 병사 여덟 명과 농장 관리인, 감독관을 죽이는 의미심장한 장면이다. 투우의 뿔 대신 날이 가느다란 칼을 사용해 유혈 낭자한 살육을 벌인다.

하지만 타인의 생명에 대한 경시와 자신의 죽음에 대한 두려움 사이에 겹쳐지는 관계를 룰포가 아주 예리하게 재현해 내는 곳은 다른 단편이다. 어떤 형태를 통해서 '죽음에 대한 무관심'이 타인의 생명에 대한 경시에서 비롯되는지, 그 단편의 행간을 통해 우리에게 드러내 준다. 「날 죽이지 말아 달라고 전해 줘!」에서 늙은 수감자는 곧 총살형에 처해질 상황에 놓여 있다. 그를 잡아 온 대령의 아버지를 (아주 여러해 전에) 살해했기 때문이다. 그 죄수는 죽음 앞에서 끔찍한 공포를 느끼고 있다. 하지만 그의 아들은 자기 아버지의 공포를 아무렇지 않은 듯, 거의 무관심하게 바라보고 있다. 그 늙은이는 "돈 루페^{don Lupe}를 죽여야만 했어"라고 단호하게 말하면서, 마치 자연스럽고, 일상적이고, 어쩔 수 없었던 일처럼 여긴다. 하지만 늙은이는 낫으로 돈 루페를 여러 차례 내리쳤고, "그 다음에는 배에다 긴 창을 꽂았다 … 이틀 동안 행방불명된 돈 루페를 개울에 버려진 상태에서 발견했을 때 그는 아직 살아 있었고, 마지막 임종의 고통 속에서 자기 가족을 보살펴 달라고 애원했다." 비통과 잔인함, 생명경시의 분위기가 압도하는 상황에서 놀랍게도 죽음에 대한 두려움이 등장한다. 수감돼 있는 늙은이는 "뱃속이 근질근질해 오는 것을 느끼기 시작했다. 그 현상은 그가 가까이서 죽음을 목격할 때마다 갑자기 느끼는 현상이었다. 그러면 그의 눈빛은 초조해지고, 입은 마치 원하지 않은 쓴 물을 마셔야 하는 것처럼 부풀어 올랐다." 두려움을 중심으로 짜여진 이 단편은 (마누엘 두란[Manuel Durán]이 잘 언급한 것처럼) "잃어버린 낙원이었던 과거에 대한 향수가 자아내는 죽은 자들(좋았던 시절의 증인들)에 대한 애정, 룰포의 특징이라 할 수 있는 그 죽은 자들에 대한 애정"과 대비가 된다.[8] 게다가 룰포의 이 기이한 단편은 죽음에 대한 경시는 죽음에 대한 두려움의 형태들 중 하나라는 사실을 상기시켜 준다.

멕시코인이 '죽음에 대한 무관심하다'는 신화는 두 개의 원천에서 나왔다고 앞에서 언급한 바 있다. 하나는 비참한 삶을 유지시키는 종교적 체념이고, 다른 하나는 노동자들의 삶에 대한 권력자들의 경시이다. 첫 번째 관점에서 보면, 등골이 오싹한 중세의 춤들에서 보이는 체념의 느낌과 같은 것이다(가장 흥미로운 예들 중 하나는 한스 홀바인[Hans Holbein]의 『죽음의 시뮬라크르와 전설적인 얼굴들』[Les simulachres et historiée faces de la mort]이다). 그 춤들은 인간에게 죽음은 불행한 육체로부터 해방시켜 주는 것이라는 점을 상기시킨다. 그리고 보다 나은 삶으로 재탄생하는 것을 의미한다고 상기시킨다. 이런 생각은 상류계급 사람들이 궁핍하게 살아가는 사람들의 삶에 대해 자주 갖게 된 이미지와 일치하게 된다. 궁핍한 자들의 삶은 동물의 왕국에 너무나 가까워 죽음에 대한 고뇌가 그들을 아주 심각하게 해치지는 않는다고 믿었다.[9]

---

8) Manuel Durán, 「단편 작가로서 후안 룰포: 조금 의심스러운 진실」. 또 Evodio Escalante, 「룰포 혹은 일종의 예술로서 근친살해」.

9) 생물학자들과 심리학자들에 따르면 인간은 죽음을 피할 수 없다는 사실을 의식하는 유일한 동물이다. 사실 어떤 존재가 죽음에 대한 두려움이 없다고 생각하는 것은 그 존재를 동물로 여기는 것이다. 생물학적 진화과정에서 전두엽의 발달 결과는 죽음에 대한 의식이었다. 그 점에 관해 칼 세이건(Carl Sagan)은 이렇게 말한다. "인간은 자신을 기다리고 있는 운명을 상대적으로 명확하게 인식하고 있는 지상에서 유일한 유기체이다." 어떠한 형태로든 죽음에

멕시코 문화에서 이 두 가지 경향은 서로 엮이어서 독특한 교직물을 만들어 내는데, 그곳에서는 절망과 경멸, 비탄과 자부심이 서로 교차한다. 하지만 죽음에 대한 이 문화적 교직물에 제3의 요소가 보태어 진다. 잃어버린 에덴동산에 대한 향수는 근대 산업문명이 묻어 버린 진정한 인간적 차원에 대한 지적 탐색으로 탈바꿈한다는 것이다. 예를 하나 들어 보면, 근대 사회의 소외로부터 벗어나기 위해 시인들은 자주 원시적 가치들을 불러낸다. 그리고 우리에게 인간 내면으로의 긴 여행을 제안해 왔다. 그런데 우리를 그 내면의 왕국으로 연결시켜 주는 문이나 우물은 어디에 있다는 말인가? 멕시코에서 그러한 입구들을 발견했다고 믿었던 유럽 시인 두 명만을(그들 사이에 서로 다른) 인용하고자 한다. 루이스 세르누다$^{Luis Cernuda}$에게 있어 멕시코 인디오는 "다른 민족들은 문명화되지 않은 자"라고 부르지만, "한 명의 인간을 넘어서, 세상에 대한 하나의 단호한 태도"이다. 그 안달루시아 출신 시인은 이러한 삶의 태도를 부러워했는데, 그러한 태도는 "가난에 연연해하지 않고, 불행에 무덤덤하고, 죽음에 순순히 동의하는" 데에서 관찰된다고 말한다. "아무것도 가진 것 없고, 아무것도 원하는 것 없는 인디오를 지탱하는 것은 뭔가 더 심오한 것이다. 그것은 수세기 전부터 묵묵히 지켜 온 것이다." 세르누다가 멕시코 계곡에서 가장 아름다운 장소 중 하나인 소치밀코^{Xochimilco}를 방문했을 때 그곳에서 즉각 뭔가 알 수 없는, "사라진 지혜와 포기한 삶의 메아리가 공기 중에 각인되어 떠다니는 것을 감지했다. 이 침묵하는 신비로운 육체들은 그들의 배 주위를 우리가 지나갈 때 한 송

대해 두려움을 가지고 있다는 것은 본능적인 두려움과 개인적 운명에 대한 의식이 결합되어 있다는 것을 의미한다. Carl Sagan, 『에덴의 용들』(*Los dragones del edén*), 121쪽.

이 꽃이나 과일을 내미는데, 그 비밀을 알고 있음에 틀림없었다. 하지만 그것을 절대 말하지 않을 것이다."[10]

반대로, 프랑스의 위대한 초현실주의 시인 안토니오 아르토^Antonio ^Artaud는 인디오들이 그 비밀을 그에게 드러내 줄 것으로 확신하면서 멕시코에 온 적이 있다. 멕시코의 영혼은 '진보에 대한 미신' 탓에 정신이 썩어 버린 근대인을 재생시킬 수 있는 오래된 자연적 힘을 해방시켜 줄 능력이 있다고 아르토는 믿고 있었다. ——"멕시코는 문화와 관련된 비밀을 하나 가지고 있다. 옛날 멕시코인들이 전해 준 것이다. 나는 멕시코에서 인간에 대한 새로운 사고를 발견하기 위해 왔다"라고 아르토는 썼다. 아르토가 찾던 '멕시코의 영혼'은 우주를 하나의 전체로 여기는 '유일한 문화'를 형성하기 위한 토대가 되어야 했다. 멕시코인들의 죽음 숭배는 그런 의미를 가지고 있었다.

죽음의 패권을 실현하는 것은 현재의 삶을 쓸모없이 만들어 버리는 것과 동일한 것이 아니다. 현재의 삶을 제자리에 갖다 놓는 것이다. 현재의 삶이 다양한 층위에 동시에 머물게 하는 것이다. 살아 있는 세계가 하나의 균형 잡힌 거대한 힘이 되게 하는 다양한 층위의 안정성을 느끼는 것이다. 결국 거대한 조화를 재확립하는 것이다.[11]

아르토는 근대 문명이 파괴한 그 조화를 언급하고 있다.

---

10) Luis Cernuda, 『멕시코 관련 주제에 대한 변주』(*Variaciones sobre tema mexicano*), 68, 69, 72쪽.
11) A. Artaud, 『멕시코 그리고 타라우마라족 나라로의 여행』(*México y Viaje al país de los tarahumaras*), 134, 174, 176, 183, 184쪽.

아르토와 세르누다의 태도는 현대 작가의 독특한 고뇌를 나타내고 있다. 현대작가는 신기술의 광경 앞에 당황해 하고 있고, 근대 국가체제에 의해 짓눌려 지낸다(국가체제가 호의를 베풀어 주든, 국가체제가 박해를 하든 간에). 그리고 지구적 차원의 전쟁과 폭력에 겁먹고 있다. 멕시코 지성의 많은 부분이 동일한 태도를 가지고 있지만, 그 두 유럽 시인들보다는 좀더 걸러진 방식으로 표현하고 있다. 그 두 유럽 시인들의 천진난만함은 경이롭고 계시적이다.

죽음을 두려워하지 않는 사람들이 사는 세상은 많은 지식인들에겐 매혹적으로 보였다. 왜 죽음을 두려워하지 않는가? 그 가면 뒤에는(그것은 하나의 가면이니까) 오래된 하나의 비밀, 선조들의 잃어버린 진실이 있음에 틀림없다. 그러니까, 죽음은 하나의 의미를 가지고 있는 것이다. 밝혀내야 할 필요가 있는 뭔가를 숨기고 있는 것이다. 타자의 신비를 숨기고 있다. 그 타자는 세상이란, 세르누다가 말하듯 "정신 나간 장터도 아니도, 어리석은 카니발도 아니다"라고 증언한다.

이처럼 멕시코인의 '죽음에 대한 무관심'은 근대 문화의 창작물이다.[12] 그래서 현대사회의 신화와 상징의 영역에서 존재하고, 역사를 가지고 있다. 비참하게 사는 사람이 가진 근심과 가난한 사람들의 삶에 대한 상류층의 멸시 그리고 교양 있는 계급의 실존적 고뇌가 어우러져 죽

---

12) 장 플리메이엔느(Jean Plumyène)는 프로이트에 의지해서 죽음에 관련된 본능과 국가주의 사이에 흥미 있는 관계를 설정한다. 사실, 프로이트에 따르면, 죽음에 관련된 본능은 살아 있는 모든 유기체로 하여금 이전 상태를 재생산하도록, 탄생 이전의 열반 상태, 최초의 근원적 고요함으로 되돌아가도록 추동하는 경향의 표현에 다름 아닐 것이다. 죽음에 관련된 본능은 또한 하나의 조국에, 그것을 방어하기 위해서는 많은 생명이 지불되곤 하는 어떤 조국에 속해 있다는 표현이다. 그것과 관련하여, "조국이 아니면 죽음을"이라는 근대 혁명들의 구호는 의미심장하다. 『국가주의와 죽음에 관련된 본능』(*Nationalisme et instinct de mort*).

음을 바라보는 독특한 방식을 만들어 낸다. 이런 의미에서 죽음에 대한 경시는 하나의 신화로서 멕시코 문화 속에서 구현된다. 그리고 그 신화는 일부 사람들, 더 나아가, 어떤 상황 하에서는 많은 영역의 사람들의 일상적 행동에 영향을 미치기에 이른다. 개인적 죽음의 불안정성 앞에서 모든 문화는 망자들이 우리들 안에서 죽기 시작할 수 있도록, 크로체가 생각했듯이, 우리가 그들과 함께 죽어야 하는 위험에 처하지 않도록 하기 위해서 의식儀式들과 상징들을 만들어 낼 필요가 있다. 이러한 생각과 관련해, 에르네스토 마르티노Ernesto Martino는 의례적 울음, 근대 사회에서 슬픔의 위기, 장례에서 보는 인위적 비통함의 역사적 뿌리에 대해 뛰어난 연구를 실행했다. 죽음은 피할 수 없다는 확실성 앞에서 인간은 ('원시인'이든 '근대인'이든) 자신의 균형을 유지하는 것이 필요하다. 그 것을 위해서 인간은 고통을 의례를 통해 통제하는 다양한 형식을 발전시킨다. 멕시코인이 죽음에 대하여 경시하는 것은 삶에 의미를 부여하는 집단적 의식儀式의 한 부분을 형성한다. 이러한 관점에서 봤을 때, 죽음에 대한 경시가 삶에 대한 무관심을 의미한다는 말은 맞지 않는다.[13]

이 의례는 오래전부터 잔존해 온 것들과 원시적 의식행사를 합쳐 놓은 것이 아니다. 미국에서 망자들을 숭배하는 독특한 형식과 동일한 것이다. (예를 들어) 미국의 정치문화에서 대단히 중요성을 갖고 있는 전몰장병 추모일(현충일)Memorial Day에 행해지는 의례행사가 지닌 복잡한 상징체계와 같은 것이다. 하지만 미국에서는 죽음 앞에서의 고뇌는 앵글로색슨적 자부심과 섞여서 화려한 군사퍼레이드, 엄숙한 종교의식,

---

13) Ernesto de Martino, 『죽음과 통곡 의식: 고대: 고대 장례식의 애도에서부터 마리아의 비탄에까지』(Morte e pianto rituale: dal lamento funebre antico al pianto de Maria).

희생된 망자들을 (링컨에서부터 시작해) 기리는 애국적 연설, 영웅들의 무덤 사이에 놓인 메달과 훈장들로 나타난다.[14]

　　근대 멕시코 문화에서 죽음에 대한 두려움도 (체념, 경시, 탐색으로 바뀌어 나타나는데) 역시 영웅적인 차원을 보여 준다. '멕시코적인 죽음'의 겉모습이 만약 오로지 불행하다는 의식意識, 삶에 대한 무관심, 향수郷愁만 섞여 있는 것에 불과하다면 멕시코 사회에서 안정된 자리를 차지하고 있지 못할 것이다. 이 독특한 혼합 덕분에, 마거리트 유어스너의 이미지를 빌려 말하자면 우리 문화의 영웅적인 덕성들이 긴장상태를 유지할 수 있는 것이다. 다시 말해, 인물의 윤곽을 영웅적으로 그릴 수 있게 되는 것이다. 그 인물은 고뇌와 슬픔에도 불구하고 자신의 행위를 서사적 차원으로, 용감한 세계로 고양시킬 수 있는 인물인 것이다. 그 세계에서 자존심을 가지고 죽음을 경시함으로써 끔찍한 가난과 우울증은 초월된다. 이렇게 해서 스테레오타입적인 멕시코적 영웅은 등장한다. 그 영웅은 죽음을 가지고 놀고, 죽음을 비웃는다. 멕시코 남부지방의 죽음에 대한 의례를 연구한 인류학자가 주장했듯이,[15] 이것은 1920년대 혁명과 관련된 신비주의에서 흘러나온 지적인 창작물이다. 그 당시 국가주의적 정서들은, 예를 들어, 호세 과달루페 포사다José Guadalupe Posada의 해골들을 '발견'했고, 그 해골들은 디에고 리베라에 의해서 국가적 신화의 카

---

14) W. Lloyd Warner, 『산 자와 죽은 자: 미국인들의 상징적 삶에 관한 연구』(*The Living and the Dead. A study of the Symbolic Life of the Americans*)는 중요한 연구이다(특히 8, 9장).

15) 카를로스 나바레테(Carlos Navarrete), 『산 파스쿠알리토 왕과 치아파스주에서 죽음에 대한 의례』(*San Pascualito Rey y el culto a la muerte en Chiapas*). 그리고 공식 정치문화의 경계설정에 있어 디에고 리베라가 역설적으로 미친 영향에 대해서는 Christopher Domínguez, 「거대한 벽, 좁은 감방」("Grandes muros, estrechas celdas")라는 유명한 글을 참조할 것.

테고리로 승화되었다.[16)]

　이런 식으로, 국가문화는 비탄에 잠긴 멕시코인들에게 유일하게 가능한 영웅적 행동을 제안한다. 쉽게 죽으라는 것이다, 오직 비참한 사람들만이 그렇게 할 줄 아는 것처럼.

---

16) Frances Toor · Pablo O'Higgins eds., 『멕시코 판화가 호세 과달루페 포사다의 작품들』(*Las obras de José Guadalupe Posada, grabador mexicano*), 디에고 리베라의 서문.

"숄로틀, 죽음을 두려워했던 신."

출처 : 보르히아 고문서(Códice Borgia), 10.

9장_솔로틀, 죽기 싫어했던 신

> 난 취해 있다. 눈물이 난다. 슬프다. / 나의 심중이 그런 상태라는 / 생각이 든다는 말이다. / 만약 내가 결코 죽지 않는다면, / 만약 내가 결코 사라지지 않는다면. / 저기 죽음이 없는 곳으로, / 죽음이 정복된 곳으로, / 그곳으로 가고 싶어라. / 만약 내가 결코 죽지 않는다면, / 만약 내가 결코 사라지지 않는다면. —네사우알코요틀

아홀로테는 수수께끼 같은 동물인데, 가장 오래된·멕시코 신화들 여러 개와 연결이 된다. 그의 이름은 나우아틀어로(아홀로틀 ^{Axólotl}) '물의 솔로틀'이라는 뜻인데, 다양한 방식으로 번역되어 있다. 물의 장난감, 수중 괴물, 물의 쌍둥이…. 하지만 분명한 것은 솔로틀^{Xólotl} 신을 지칭한다는 것이다. 솔로틀은 나우아족에게는 일종의 영웅적인 카인과 같은 존재이다. 그는 케찰코아틀^{Quetzalcóatl}의 쌍둥이 형제, 더 정확하게 말해, 그의 복제 신, 또 다른 케찰코아틀이다. 하지만 케찰코아틀은 '멋진 쌍둥이'인데 반해, 솔로틀은 괴물 같고, 기형이다(쌍둥이들의 신, 기형아들의 신으로 여겨졌다).

솔로틀은 움직임, 생명력의 개념과 관련되어 나타나는데, 잘 알려진 다섯번째 태양 신화와 일치하지만 아주 독특한 형태인 것이다. 아스테카인들의 믿음에 따르면, (신성한 도시 테오티우아칸^{Teotihuacan}에서) 나나우아친^{Nanahuatzin} 신과 테쿠시스테카틀^{Tecuciztécatl} 신이 모닥불 속으로 뛰어들어 각각 태양과 달로 환생하고 난 뒤에 신들은 태양이 움직이지 않는다는 사실을 깨닫고는 "그럼 우리는 어떻게 살 수 있지?"하고 서로

물었다. "우리 모두 죽음으로써 그를 다시 부활시킵시다!"라고 결정하였다. 베르나르디노 데 사아군^{Bernardino de Sahagún}은 그 다음에 벌이진 일을 다음과 같이 이야기 한다.

> 그 후 바람이 모든 신들을 죽이는 일을 맡았다. 그런데 전하는 말에 의하면, 숄로틀이라고 불리는 신이 죽기를 거부하면서 신들에게 말했다. "오, 신들이여, 저는 죽고 싶지 않습니다!"
> 그러면서 펑펑 울었다. 그래서 그의 눈은 퉁퉁 부어 올랐다. 신들을 죽이던 바람이 그에게 이르자 그는 도망치기 시작했고, 옥수수 밭 사이로 숨었다. 그리고 두 개의 옥수수 대궁이 난 대궁 아랫부분이 되었다. 그것을 농부들은 숄로틀이라고 부른다. 옥수수 대궁 아랫부분들 사이에서 숨어 있었지만 발각되고 말았다. 그래서 다시 도망쳤고, 선인장 사이로 숨어 들었다. 그리고는 몸통이 두 개인 선인장으로 변신했다. 농부들은 그 선인장을 메숄로틀^{mexólotl}이라고 부른다. 그리고 다시 또 발각되어 도망쳤고, 물속으로 뛰어 들었다. 그리고는 물고기가 되었는데, 그것을 아홀로틀^{axólotl}이라고 부른다. 그는 거기서 잡혀 죽고 말았다.[1]

이렇게 숄로틀은 죽음을 두려워하는 신이다. 그는 죽음을 받아들이지 않고, 자신의 변신 능력을 통해서 희생되는 것을 피하려고 한다. 그는 옳았다. 희생은 소용없는 일이었기 때문이다. "전하는 바에 따르면, 비록 신들이 죽었지만, 그렇다고 태양이 움직이지 않았다. 그러자 바람이

---

1) Bernardino de Sahagún, 『누에바 에스파냐의 일반사』(Historia general de las cosas de Nueva España), 7권, 11장, 29~30쪽.

아주 강하게 불어댔고, 태양은 자신의 길을 가기 위해 움직이기 시작했다."[2] 이 신화와 관련된 다른 식의 이야기도 있는데, 일부 역사학자들은 이 이야기가 더 오래된 것이라고 한다.[3] 다른 식의 신화에 따르면, 숄로틀은 신들을 희생시키는 역할을 맡은 신이었다. 그는 면도날로 가슴을 열어 신들을 죽였고, 그 다음에 스스로 목숨을 끊었다.[4]

이 두 신화의 내용은 겉으로는 서로 대립되는 것처럼 보인다. 하지만 우리는 숄로틀이 바람의 신인 케찰코아틀의 복제라는 것을 기억해야만 한다. 바로 (첫번째 이야기에서) 신들을 죽이는 것은 바람(에에카틀 Ehécatl)이다(그리고 태양에 생명을 주는 것도 바람이다). 그런데 두번째 이야기에서는 (케찰코아틀과 쌍둥이인) 숄로틀 자신이 신들을 희생 제물로 바친다. 이 두번째 이야기의 저자(성직자 안드레스 데 올모스 Andrés de Olmos이며 멘디에타 Jerónimo de Mendieta에 의해 인용되었다)는 인류의 기원에 관한 전설에서 주인공 역할을 숄로틀에게 부여한다. 하지만 더 많이 알려진 판본들에서는 케찰코아틀이 인간들의 뼈를 찾아 죽은 자들의 세상에 내려와서는 그 뼈들을 훔쳐가서 다시 생명을 부여한다.

케찰코아틀-숄로틀의 강림에 관한 이 두 가지 판본 모두에서 '귀중한 뼈들' 혹은 '과거 죽은 자들의 뼈들'을 훔쳐갈 필요성에 대해 언급하고 있다. 그 뼈들로부터 지상에 거주할 자들이 나와야 하기 때문이다. 가장 잘 알려진 판본에 따르면, 케찰코아틀은 죽음의 왕국(믹틀란 Mictlan)

---

2) Sahagún, 『누에바 에스파냐의 일반사』, 7권, 11장, 31쪽.

3) Roberto Moreno, 『아홀로틀』(El axólotl).

4) Jerónimo de Mendieta, 『인디아 교회사』(Historia eclesiástica indiana), 2권, 2장. S. Chávez Hayhoe 엮음, México, s/f. 멘디에타는 출처로 안드레스 데 올모스(Andrés de Olmos) 수도사를 인용한다. Moreno, 『아홀로틀』, 16~23쪽에서 재인용.

에 있는 뼈들을 훔쳐 도망친다. 그런데 죽음의 왕국을 지배하는 자는 그것을 막기 위해 케찰코아틀을 구덩이에 빠뜨려서 뼈들은 다 떨어지고 의식을 잃게 만든다. 그런데 이 여행에서 케찰코아틀은 자신의 나우알nahual 혹은 복제(이것 역시 그의 쌍둥이일 수 있다)를 동반하는데, 의식을 회복한 후 그 나우알과 대화를 나누고 눈물을 흘린다. 그리고 곧바로 다시 모든 뼈들을 주워모으고, 그것들을 타모안찬Tamoanchan으로 가져간다. 그곳에서 뼈들을 빻고, 신들은 자신들의 음경에 피를 내어 그 가루 위에다 뿌리면서 사람들이 소생하도록 한다.[5]

다른 판본에서는 숄로틀이 믹틀란으로 내려가서 뼈를 훔친다.

그래서 믹틀란 테쿠틀리Tecuhtli[죽음의 제왕]는 숄로틀이 도망쳐 버리면 망신을 당할까봐 그를 추격했고, 그래서 숄로틀은 걸려 넘어졌다. 한 아름 되던 뼈들은 부서져 조각났는데, 크기도 하고 작기도 하였다. 그래서 어떤 사람들은 더 크기도 하고, 더 작기도 하다는 것이다. 주워 모을 수 있는 것들을 주워 모아 자기 동료 신들이 있는 곳으로 가서 통에다 쏟아 부었다. 남녀 신들이 자신들의 신체 모든 부위에서 피를 뽑아 넣었다(그래서 그 후로 인디오들에게 그런 풍습이 생겼다). 그리고 4일째 되던 날 사내아이가 태어났다. 똑같은 식으로 반복해서 또 4일째 되던 날 여자 아이가 탄생했다. 그 신들은 두 아이를 바로 숄로틀에게 키우라고 주었고,

---

5) 『치말포포카 고문서』(Códice Chimalpopoca) ; 『쿠아우티틀린의 연대기』(Anales de Cuauhtitlán) ; 『태양들에 관한 전설』(Leyenda de los soles), Instituto de Historia, UNAM, México, 1945 ; A.M. Garibay, 『나우아틀 언어의 열쇠』(Llave del náhuatl), Porrúa, México, 1951, 221~222쪽 ; Moreno, 『아홀로틀』에서 재인용.

숄로틀은 엉겅퀴즙으로 키웠다.[6]

지금까지 보듯이, 숄로틀은 죽음과 변신과 관련된 신이다. 그는 죽음으로부터 도망치기 위해 여러 가지 기이한 형태로 변신하다 마지막으로 물속에서 아홀로테로 변신한다. 믹틀란의 지배자들에게 훔친 뼈들은 살아 있는 인간으로 변신한다. 이 모든 것에 공통되는 요소가 있다. 바로 죽음에 대한 지속적인 투쟁이고, 죽음으로부터의 영속적인 도주이다. 그리고 그것은 (다른 방식은 없다) 변신을 통해 이행된다(그것은 근대 철학 용어로는 초월이라고 불릴 것이다).

이러한 관념들은 죽음에 대해서 옛날 멕시코 사람들이 가지고 있던 복잡한 사고와 전적으로 일치한다. 이 사고는 스테레오타입적인 멕시코인은 죽음을 멸시하거나 아이러니하게 대한다는 가설, 다시 말해서 20세기 지식인들에 의해 날조된 가설과는 전혀 상관이 없다. 나우아[nahua] 부족들은 죽음에 대해 고통스런 번민을 느끼고 있었다. 그리고 그들의 신화적-종교적 해석들은 그 고통을 잠재우는 데 (기독교와는 달리) 소용이 없었다. 네사우알코요틀의 시에 대한 연구에서 호세 루이스 마르티네스[José Luis Martínez]는, 내가 보기에 일리가 있는데, "사후의 인간의 운명에 대해서 네사우알코요틀은 대단히 걱정이 많았다…". 하지만 "죽음 이후의 삶에 대한 생각을 시詩나 나우아의 지혜 속에서 구체화시키지는 못했다."[7]

다른 출발점에서도 유사한 결론에 도달할 수 있다. 알프레도 로페

---

6) Jerónimo de Mendieta, 『인디아 교회사』, 2권, 1장.
7) J. M. Martínez, 『네사우알코요틀』(*Nezahualcóyotl*), 117~118쪽.

스 아우스틴^{Alfredo López Austin}은 옛날 나우아인들의 인식에 관한 뛰어난 연구에서 "죽음은 여러가지 요소들의 분산으로 인식되었다"라고 결론 내린다.⁸⁾ 이처럼 인간 몸속에 머물렀던 이질적인 영적인 물질들이 죽음 이후에는 다양한 운명에 처하게 될 텐데, 그렇게 되면 말 그대로 다른 삶을 생각하는 것은 불가능하다. 이미 개인은 다시 재구성될 수 없기 때문이다. 테욜리아^{teyolía9)}는 태양의 천상(토나티우 일우이카틀^{Tonatiuh ilhuícatl}, 전쟁에서 죽은 전사들이 가는 곳)이나, 믹틀란(일반적인 죽음을 맞이하는 사람들이 가는 곳), 틀라로칸^{Tlalocan}(물로 죽은 사람들이 가는 곳), 혹은 치치우알쿠아우코^{Chichihualcuauhco}(젖먹이들이 죽어 가는 곳)으로 갈 수 있었다. 하지만 테욜리아는 그들이 믿었던 유일한 영적인 본질은 아니었다. 다른 것으로 토날리^{Tonalli}가 있었다. 그것은 (정확한 의례를 통해서) 하나의 그릇에 담아 둘 수 있는 것이었다. 또 다른 영적 본질은 이이요틀^{ihíyotl}이었다. 지상을 통해 방황할 수 있는 일종의 그림자였다. 그러니까 나우아 사람들은 영혼이나 정령에 대해 단일한 인식을 가지고 있지 않았다. 테욜리아는 심장과 관계되어 생명력, 지식, 애정, 기억, 습성, 행동의 의미 등을 표현했다. 그럼에도 불구하고 (많은 중요한 영적 과정들이 집중되어 있음에도 불구하고) 자아의식이 담겨 있는 중심기관은 아니다. 토날지는 주로 머리에 있는 힘으로 개인의 독특한 기질, 영혼이 지닌 가치의 수준, 운명을 통해 신의 의지와 관계 맺기, 다시 말해 미래의 행동을 결정한다. "토날지는 사고의 중심으로서, 심장으로부터 독립해 있으면서

---

8) Alfredo López Austin, 『인간의 몸체와 이데올로기. 고대 나우아인들의 인식』(*Cuerpo humano e ideología. Las concepciones de los antiguos nahuas*), 1권, 363쪽.
9) 나우아 사람들은 인간의 영혼을 구성하는 세 요소 테욜리아(teyolía), 이이요틀(ihíyotl), 토날리(tonalli)가 있다고 믿었다—옮긴이.

개인의 자아의식을 일부를 구성할 뿐 아니라 고유한 욕구를 지니고 있기도 하다고 믿었다"라고 로페스 아구스틴은 결론짓는다.[10] 세번째 영적 본질은 이이요틀인데, 간에 있고, 열정, 감정, 생명과 활기가 있는 곳이라고 믿었다.

오로지 테욜리아만이 죽은 자들의 세계를 돌아다닐 수 있었다. 믹틀란에 가는 자들은 여덟 곳의 황무지 혹은 서로 다른 층들을 여행할 수 있었는데, 하지만 도중에 많은 위험이 도사리고 있었고, 사라질 수도 있었다. 어쨌든 그들은 마지막으로 무엇이 그들을 기다리는지 알 수 없었다. "그리고 저기 죽음의 세계 아홉번째 장소에는 완전한 파괴가 있다"라고 『플로렌시아 판본 고문서』*Código florentino*[11]에서 언급된다.[12] 하지만 이 신화적인 장소에 대해서는 아주 모순적인 판본들이 있다. 가끔은 "우리들의 최종적인 집"이라고 불리기도 한다. 어쨌든 죽음은 이 세 가지 생명력(테욜리아, 토날리, 이이요틀)의 분산을 의미했다. 이것들은 상이한 변신으로 고통 받았고, 항상 나우아 세계의 구조에 일치하게 서로 다른 상태로 돌아다녔다. 하지만 고대 멕시코 신화는 존재론적 고뇌도, 죽음에 대한 두려움도 제거하지 않았다. 죽음 앞에 놀라서 신들로부터 달아나는 아홀로테를 통해 입증되듯이 말이다. 신들은 결국은 그를 벌하여 파멸시켰다. 아스테카 사람들은 유생생식의 비밀을 알았던 것 같아 보인다. 왜 도롱뇽으로 변태하는 것을 고집스럽게 거부하는지 그 점이

---

10) López Austin, 『인간의 몸체와 이데올로기. 고대 나우아인들의 인식』, 1권, 235쪽.

11) 수도사 베르나르디노 데 사아군이 16세기에 제보자들로부터 모은 텍스트 『누에바 에스파냐의 일반사』를 요약하거나, 코멘트해서 만든 책 — 옮긴이.

12) 『플로렌시아 판본 고문서』(*Código florentino*), III, 42쪽. López Austín, 『인간의 몸체와 이데올로기. 고대 나우아인들의 인식』, 1권 383쪽에서 재인용.

바로 수수께끼라는 것을 알았던 것 같다. 어쨌든 형이상학적 의미가 내포되어 있을 수 있다는 점에 별 신경 쓰지 않고 아스테카 사람들은 아홀로테의 고기를 애호했다. 귀족들이 먹는 진귀한 음식으로 여겼다.

10장_ 고개 숙인 영웅

> 우울증에 빠진 사람에게서는 … 자신이 가진 모든 약점들을 온 세상 사람들에게 알리고 싶어 하는 욕망이 발견된다. 마치 그렇게 자신을 낮추는 데서 만족을 느끼는 것처럼 보인다. — 지그문트 프로이트, 「비통함과 우울증」

멕시코인은 (1934년에 철학자 사무엘 라모스가 공표한 바에 따르면) 열등의식을 가지고 있어서, 현실로부터 도피하고 허구 속에서 도피처를 찾는다. 15년 뒤 옥타비오 파스가 이 견해를 다시 피력하고 심화시켜 확고한 것으로 만들었다. 파스에 따르면, 열등감의 근저에는 고독이 자리 잡고 있다. 그래서 멕시코인은 다양한 가면을 통해서 현실로부터 자신을 보호한다. 멕시코성에 대한 다양한 철학적 표현들은 이 견해를 중심으로 선회하고 있다. 이 단순한 설명을 바탕삼아 복잡한 실존적 해석들이 이루어졌고, 상징으로 가득한 벽화들이 그려졌고, 체념과 순응을 그린 시들이 쓰여 졌다.

사무엘 라모스의 해석은 매우 단순하다. 멕시코인은 역사적으로 하나의 모순에 놓여 있었다는 것이다. 하고 싶은 것과 할 수 있는 것 사이의 엄청난 불균형에 처해져 왔고, 그 불균형은 불가피하게 멕시코인을 좌절과 비관주의로 이끌었다는 것이다. 이런 이유로, 멕시코인은 자신을 불신하고, 열등감에 사로잡힌다는 주장이다. 아들러^{Alfred Adler}의 사상을 바탕 삼고, 융에 기댄 사무엘 라모스의 설명에 따르면, 자신에 대한 과대평가와 열등의식 사이의 긴장은(그것은 노이로제로 이끄는 경향이 있는데) 멕시코인의 경우, 정상의 경계 안에서, 현실의 영역을 포기하고 허구로 도피함으로써 해소된다. "자신의 진정한 자아를 허구적 인물로 대체해서, 삶 속에서 그 인물처럼 행동하고, 그것이 허구가 아니라고 믿는다. 그러니까, 거짓 삶을 사는 것이다. 하지만 오로지 이런 대가를 치르고서야 그의 의식은 괴로운 열등의식에서부터 벗어날 수 있는 것이다."[1] 라모스의 설명에서 흥미로운 것은 그의 설명을 통해서 멕시코 국민의 행동을 이해할 수 있다는 데에 있지 않다. 그의 설명은 아무리 봐도 불충분하고 조잡하기 때문이다. 흥미로운 점은 사실 멕시코 문화에서 하나의 스테레오타입적 인물의 형성을 묘사해 준다는 점이다. 그 스테레오타입적 인물의 열등감은 그 인물을 구성하는 일부에 지나지 않는다. 그렇지만 그 열등감이 그 인물이 형성되는 과정을 설명해 주지는 않는다. 라모스가 묘사하는 멕시코인의 윤곽은 국민들의 지성(적어도 그 지성의 일부)이 스스로 형성해 온 이미지가 문화적으로 투사된 것이다. 이 이미지의 형성은 오로지 지배문화의 정치적 역동성과, 하나의 이미지가 합법화되는 메커니즘 속에서 스테레오타입들이 갖는 기능에 의해서만 설명될 수 있다. 그 이미지는 과학적 연구에서 나오는 것이 아니라, 국민 문화의 역사에서 유래하는 것이다.[2] 사무엘 라모스 스스로 카를로

---

1) Ramos, 『멕시코 사람과 문화』, 14쪽.
2) 에밀리오 우랑가는 나의 해석을 확신시킨다. "멕시코인을 구성하려는, '제작하려는' 의도가 존재한다. 많은 사람들은 이것을 마치 실제 멕시코인과는 일치하지 않는 유형의 멕시코인을 제작하거나 조작하는 것으로 이해한다. 하지만 지금 암시하려는 것은 이것이 아니라 다른 것이다. 멕시코적인 것이란 공통적인 삶을 자극하는 프로젝트이다. 이 프로젝트는 한 집단의 멕시코인이 다른 멕시코인들에게 그 프로젝트를 함께 실현시키자고 제안하는 것이다"(「멕시코인 연구를 위한 주해」["Notas para un estudio del mexicano"], 128쪽).

스 페레이라Carlos Pereyra가 『아메리카의 역사』Historia de América에서 한 말을 인용한다. "라틴아메리카 국민들은 한 세기 동안 지속적으로 유지되어 온 자기비하론이 초래한 결과들로 고통받아 왔고, 뿌리 깊은 인종적 열등감이 형성되기에 이르렀다. 그런데 그 열등감에 반기를 들면 지나친 허세로 바뀔 수도 있다."[3] 이런 것들은 헤겔의 역사철학의 도움을 받은 식민주의가 낳은 폐해이다. 하지만 멕시코성에 대한 철학은 전통에서 벗어나지 못한다. 비록 사무엘 라모스가 멕시코인의 성격에 대한 자신의 설명이 "실제적이고 사회적이고 심리적인 열등감을 멕시코 인종 탓으로 돌리는 것"은 아니라고 힘주어 말하지만,[4] 원시성을 특징으로 삼는 사회문화적 스테레오타입을 묘사하고 있는 것은 사실이다.

만약 멕시코인을 일종의 열등감을 통해서 규정하는 견해를 분석해 보면, (논지의 일관성을 유지하기 위해) 멕시코 사람과 멕시코 문화의 상대적 열등감을 상정해 보지 않을 수 없다. 멕시코적인 것은 그것이 도달 목표로 삼는 것에 대해 열등하다는 것이고, 그 목표는 유럽이다. 그렇다면 이 열등감이 있는 그대로 드러나지 않게 하기 위해서는 그것을 무언가로 감싸고, 위장하고, 가면을 씌우는 것이 필요하다. 그렇게 하는 방식을 우리는 이미 보아 왔다. 어린 아이, 야생적 상태의 피조물, 원시적 상태의 순진무구한 사람을 찾아내야만 한다. 그렇게 해서 열등감에 대한 숨겨진 역사가 탄생했다. "[멕시코가] 여전히 아주 젊은 나라이지만 단번에 오래된 유럽 문명의 수준에 도달하고자 했다. 그러자 자신의 원하는 것과 할 수 있는 것 사이에 갈등이 폭발했다."[5] 그리고 나서 라모스는

---

3) Ramos, 『멕시코 사람과 문화』, 21쪽에서 재인용.
4) Ramos, 『멕시코 사람과 문화』, 10쪽.

이렇게 확신한다. "우리의 심리는 환상과 몽상의 연령기에 사는 국민의 심리 상태이다. 그렇게 때문에 좌절의 고통을 당한다."[6] 이런 맥락에서는 카이절링을 인용하지 않을 수 없었을 것이다.

한편 젊은 국민들은 집중하고 비판할 수 있는 정신력을 가지고 있지 못하다. 그들은 정신상태가 피동적이다, 모든 젊은 존재들처럼. 그들은 한없이 민감하고, 비판을 잘 견디지 못한다. 신체적으로 동시에 정신적으로 유약하기 때문이다. 그들은 열등감 때문에 마음의 평정을 늘 갖지 못하고 있다.[7]

옥타비오 파스 역시 이런 식의 이미지를 언급하고 있다. 멕시코 인들은 "말수가 적은 그런 청년들 같고 … 알 수 없는 비밀의 소유자, 무뚝뚝한 태도 속에 감추어 둔 비밀의 소유자 같다."[8] 이런 연유로, 대도시의 폐기물이라고 할 수 있는 '펠라도'에게서도 원시인을 발견하는 것이 가능하다.[9] 룸펜프롤레타리아로 대표되는 멕시코인은 "잔인함의 무언극들에 자신을 내맡기는 동물이다." 그 무언극들은 "삶의 실제 상황에 대

5) Ramos, 『멕시코 사람과 문화』, 15쪽.
6) Ramos, 『멕시코 사람과 문화』, 16쪽.
7) Keyserling, 『유럽 정신의 미래』(L'avenir de l'esprit européen), Instituto de Cooperación Intelectual, 1934, 28쪽. 라모스 위의 책 52쪽에서 재인용. 슈펭글러 역시 빠질 수 없었다. 슈펭글러는 백인이 가진 기술은 유색인에게 꼭 필요한 것은 아니라는 생각을 지지하기 위해서 동원되었다. 슈펭글러는 이렇게 말한다. "오직 파우스트적 인간만이 자신의 방식대로 생각하고, 느끼고, 살아간다. 이러한 자를 위해서 정신적으로 필요한 것은 그 기술이다." 『인간과 기술』(El hombre y la técnica), 라모스 위의 책 105쪽에서 재인용.
8) Paz, 『고독의 미로』, 16쪽.
9) Paz, 『고독의 미로』, 54쪽.

한 기만적인 만회"에 지나지 않는다. 그는 "세상에다 대고 자신은 '남자 중에 남자'라고 소리 지르는 데서 위안을 받는" 불행한 존재이다. 하지만 그는 열등감을 느끼고 있기 때문에 그 용기와 수컷우월주의는 발기불능을 유발하는 강박증이 될 뿐이다.[10]

20세기 전반의 멕시코 문화는 대단한 신화를 창조해 냈다. 바로 멕시코인들은 속으로 마치 난쟁이같이 작은 인디오를, 야만인을, 원시인을, 아이를 가지고 다닌다는 신화다. 하지만 그것은 부서진 난쟁이다. "인디오적인 것으로 이루어진 어린 시절이 절단된 채 (호르헤 카리온의 말에 따르면) 인생여정을 밟아가기도 전에 멕시코인은 마치 프롤레타리아 어린이처럼 놀이도, 장난감도, 웃음도 모른 채, 자신의 성장 리듬에 어울리지도 않는 노동과 목적들로 이루어진 성인의 삶에 침몰된다."[11] 이런 상황에서 인디오 농부의 비극이 일어난다. 그는 때 이르게 프롤레타리아가 되길 강요받는다. 여기에서 멕시코인이 지닌 원시적 영혼의 '열등감'이 유래한다.

일단 고개 숙인 영웅의 윤곽이 결정되자 그의 해부학적 신체 구조와 특성들에 대한 뜨거운 논쟁이 줄을 이었다. 만약 우리가 거슬러 과거로 돌아갈 수만 있다면, 1950년대 초반까지만 거슬러 가도, 스테레오타입적인 동아리에서 지식인들이 토론하는 장면을 어렵지 않게 급습해 볼 수 있다. 한 번 시도해 보지 않을 이유가 뭐가 있겠는가? 모의模擬 장면을 구성해 보자. 로페스López 거리에 있는 잘 알려진 카페에 다양한 지식인들을 모으자. 그곳에서는 기막히게 맛있는 발렌시아 오르차타를 판다.

---

10) Paz, 『고독의 미로』, 52~57쪽.
11) Jorge Carrión, 『멕시코인에 관한 신화와 마술』(Mito y magia del mexicano), 52쪽.

어떤 지식인들은 '카페 파리스'$^{Café\ París}$를 선호했을지도 모르고, 어떤 이는 고급 레스토랑을 선호했을지도 모르지만, 나는 로페스 거리에 있는 이 작은 카페가 좋다. 참석한 이 지식인들은 지금부터 이야기할 내용을 거의 그대로 이미 글로 썼다.[12]

에밀리오 우랑가가 지적이면서도 젊은이 특유의 현학적인 태도로 사무엘 라모스에게 말한다. "당신께서는 멕시코인이 현실적으로는 열등한 반면, 단지 관념적으로는 부족하다고 믿습니다. 반대로 저는 멕시코인이 현실적으로는 부족하지만, 단지 관념적으로만 열등하다고 믿습니다. 우리 멕시코인의 존재 방식이 체질적으로 부족하다는 문제를 안고 있다는 것이죠."

라모스가 화가 나서 대답한다. "부족하다는 것은 가치평가에 내재하는 하나의 척도를 포함하고 있는 것은 확실합니다. 한편 열등함이라는 관념은 가치들에 대해서 낯선 척도를 적용해서 결정된 것이고, 그 가치들을 왜곡하는 쪽으로 흘러갈 수 있습니다. 하지만 우리가 많은 멕시코인들에게서 관찰하는 것은 가치들의 의미에 대해 혼란스러워 한다는 것입니다. 이것이 바로 멕시코인의 내면에는 부족하다는 느낌보다는 열

---

12) 대화의 출처는 다음과 같다. 에밀리오 우랑가, 「멕시코인에 대한 선집 기획」("Ensayo de una antología del mexicano"); 옥타비오 파스, 『고독의 미로』; 사무엘 라모스, 『멕시코적인 것에 관한 의견들에 대해서』(En torno a las ideas sobre lo mexicano); 알폰소 레이예스, 『이마에 있는 X』; 레오폴도 세아, 「멕시코인을 찾는 멕시코인」("El mexicano en busca del mexicano"); 호르헤 카리온, 『멕시코인에 관한 신화와 마술』; 살바도르 레이예스 네바레스, 『멕시코인에게 있어 사랑과 우정』(El amor y la amistad en el mexicano); 호르헤 포르티야, 『렐라호의 현상학』(Fenomenología del relajo); 미카엘 멕코비, 「멕시코 국민의 성격에 관하여」("On Mexican National Character"); 고든 W. 휴스, 「멕시코인을 찾아 나선 멕시코인들」("Mexicans en Search of the 'Mexican'"); 에리히 프롬과 M. 멕코비, 『멕시코 농부에 관한 사회심리학적 분석』(Sociopsicoanálisis del campesino mexicano).

등감이 있다는 것을 증명하는 것이죠. 나는 가끔 이렇게 생각하기도 했어요. 우랑가 당신이 의식하지 못하는 사이에 스스로 열등감에서 벗어나기 위해서 그런 생각을 하는 것은 아닌가 하고 말이죠."

옥타비오 파스가 오르차타를 한 모금 마시고 나서는 끼어든다. "그렇지만 열등감보다 더 광범위하고 심각하게 고독이 자리 잡고 있다는 것이죠. 그 두 가지 태도를 동일시하는 것은 불가능합니다. 혼자라고 느끼는 것이 열등하다고 느끼는 것과는 다르죠."

라모스가 격앙된 어조로 말한다. "존경하는 시인 선생님께서 착각하고 계신 것 같습니다. 선생께서는 멕시코인의 외모를 하나의 가면으로 축소시키고 있습니다. 그 가면 뒤에는 고독한 경향이 있다는 것이죠. 하지만 현실을 더 정확하게 관찰해 보면, 선생님께서 말씀하시는 것과는 반대로, 고독은 의도적인 결정에서 유래하기보다는 그를 반사회적 antisocial 으로 만드는 혼돈스런 성격에서 기인하는 것입니다."

긴장감이 감돈다. 불편한 정적이 흐른다. 마침내 호세 가오스 교수의 훈계조의 목소리가 카스티야 지방의 액센트와 함께 들려온다. "하지만 당신들에게 다음과 같이 반박할 수도 있다는 것을 잊어서는 안 되겠지요. 단지 한 종류의 멕시코인만 있는 것은 아닙니다. 지리적·인류학적·역사적·사회학적으로 구별되는 멕시코인들이 있을 뿐입니다. 고지대혹은 해안가 멕시코인, 원주민, 크리오요 혹은 메스티소 멕시코인, 식민시기, 독립 이후, 혁명기 혹은 우리 시대 멕시코인, '펠라도', 부르주아, 지식인, 시골 농부…. 따라서 멕시코인에 대한 철학은, 만약 어떤 것이든 있다면 특정한 멕시코인, 임의적으로 정한 멕시코인에 대한 철학일 뿐이라는 것이죠. 아마도, 오늘날 고지대에 사는 부르주아 멕시코인….

라모스가 반박한다. "인종적인 차이들은 보기보다 그렇게 심각하지 않다는 것을 지적하지 않을 수 없습니다. 메스티소와 크리오요들은 인디오와 공통적인 성격이 많습니다. 지역적인 차이 역시 멕시코의 일반적 유형을 논하는 데 방해가 되진 않습니다. 다양성이 국가적 단일성에 영향을 미치지는 않습니다. 멕시코의 모든 주에서 스페인어를 사용하고, 모든 지역에서 과달루페 성모를 숭배하고, 같은 노래를 부르고, 투우에 열광하지 않는 지역이 없으니까…".

젊은 우랑가는 자기 또한 사무엘 라모스의 의견에 동조한다는 것을 밝히지 않을 수 없다는 듯, 신경질적으로 코를 비비면서 발언했다. "그렇습니다. 지리적 역사적 차이도 단일한 모델에 포함되지 못하게 할 정도로 그렇게 심각한 것은 아닙니다. 고지대의 멕시코인을 표본으로 세우는 것은 경험과 관례에 따르는 것입니다. 고지대 멕시코인의 특권적 지위를 중재자, 연결지점, 혹은 양극단의 평균이라는 조건에서 찾으려 해서는 안 됩니다."

알폰소 레이예스가 이맛살을 찌푸린다. "국민성에 대해서 이미 선입견을 가지고 글을 쓰는 것은 정말 잘못된 것입니다. 최악의 경우는, 이런 선입견이 관례가 되거나, 주인 없는 개처럼 돌아다니는 근거 없는 관념들에서 나온 우연한 결과물일 수 있다는 것입니다."

우랑가는 대가의 비난 앞에 얼굴이 빨개지면서도 이미 식어 버린 자기의 밀크커피의 엉긴 표면을 뚫어지게 바라볼 뿐 입을 다물고 있었다. 레오폴도 세아가 그 순간을 이용해 공격에 나선다.

"우리는 멕시코인이든, 멕시코적인 것이든, 또 다른 가면을 만들어서는 안 됩니다. 그 가면은 그렇게 어렵사리 명확하게 드러난 인간적인 현실을 또 다시 감추어 버리게 될 것입니다."

가오스Gaos가 끼어들었는데, 자기 생각에 골똘히 잠겨 마치 큰 목소리로 생각하는 것 같았다. "인간에 관한 철학이나 '일반적' 인간성에 대한 철학도 아니고 '멕시코인'에 대한 철학이라고요? 그렇다면 그것은 특정한 멕시코인에 대한 철학이 될 것입니다. 레오폴도 세아에 대한 철학 혹은 에밀리오 우랑가에 대한 철학이라고는 감히 못할 지라도…. 하지만 철학이 아니라 여러분 각자 자기 자신에 관한, 말로 형언할 수 없는 모순적인 독백이 되겠지요. 엄격히 말해, 각자의 '비이성적인' 자기경험담Selbsterlebnis에 불과할 뿐입니다."

세아는 잠시 어리둥절한 표정이었지만, 자기 생각을 정리해 마무리하려고 한다. "여러분은 일반적인 멕시코인을 찾아 나서서는 안됩니다. 그렇게 하면 차별하는 결과를 낳게 될 것입니다. 멕시코에서 윤곽이 드러나는 구체적인 인간을 찾아나서야 할 것입니다."

세아는 알폰소 레이예스와 가오스의 동조를 확인하려는 듯 쳐다본다. 하지만 이들은 세아에게 관심을 보이지 않는다. 반대로 라모스는 더 화가 나서 큰소리로 말한다. "오히려 반대지요. 우린 진정한 멕시코인을 찾아나서야 합니다. 그 진정한 멕시코인은 소수인 크리오요에게서 찾아야 합니다. 크리오요 문화에서는 진정한 멕시코인을 발견해 내는 것이 가능합니다. 왜냐하면 크리오요들은 일종의 합법적인 우월성을 지니고 있기 때문에, 다른 부류의 사람들에게서 그들 본래의 좋은 천성을 타락시킨 위장僞裝이나 은폐에 덜 노출되어 있기 때문입니다. 크리오요들에게는 열등의식이 자리할 틈이 없습니다. 그들은 실질적으로 우월하기 때문입니다.

라모스 박사는 근엄한 표정을 지으며, 도전적인 자세로 다른 사람들을 바라본다. 계속 침묵을 지켜온 세 명의 젊은이들이 조심스럽게 자신들의 의견을 속삭이듯 말한다.

호르헤 카리온이 단호하게 말한다. "가능합니다. 하지만 커다란 난관들이 있지요. 모든 멕시코의 삶은 마술적인 시대로 역행을 알리는 신호들로 가득합니다. 진보가 원활하게 진행되는 것을 방해하는 시대로 말이죠."

살바도르 레이예스 네바레스가 덧붙여 말한다. "분명 그런 점이 멕시코인이 나약하다고 느끼는 데 반영되고 있습니다. 자신과 일들 앞에서 나약하게 만드는 것이죠."

"자신의 행위가 실패하고, 본뜻이 훼손되고 오해받기 때문에 우리 멕시코인들은 내성적이 되고, 우울하고, 절망합니다"라고 말하고 호르헤 포르티야Jorge Portilla가 한숨을 쉰다.

옆에 있는 한 식탁에서 앞의 대화를 듣고 있던 외국인 세 명이 논평을 한다.

마이클 매코비Michael Maccoby가 말한다. "멕시코 지식인들이 자기 국민성을 묘사할 때는 거의 예외 없이 자신들을 거짓말쟁이들, 권력을 찾는 파괴자들, 원한에 찬 고통 받는 여자들, 포획물로 우쭐거리는 남자들로 이루어진 나라로 여기고 있습니다."

고든 W. 휴스Gordon W. Hewes가 힘주어 말한다. "전 국민의 상징으로 가장 버림받은 사람들을 생각하고 있습니다."

"지식인들 중 옥타비오 파스는 모든 멕시코 사람들이 사디스트라고 믿는 것 같습니다. 우리가 조사한 자료에 따르면 30%의 남자들만이 사디스트 경향이 있습니다"라고 에리히 프롬Erich Fromm이 말한다.

멕코비가 덧붙인다. "게다가 멕시코 작가들은 미국의 그림자 아래서 사는 것이 열등감에 미치는 영향을 간과하고 있다는 인상을 가지고 있습니다."

우린 여기서 모의 토론회를 그만 떠나고, 지식인들이 로페스 거리에 있는 작은 카페에서 논쟁을 계속하도록 놔두자.

멕시코의 철학논쟁과 그것의 공헌(오늘날 일반적으로 인정하는 것보다 그 공헌은 크다)을 넘어서, 대단히 중요한 문화 현상이 어렴풋이 나타나는 것 같다. 멕시코 사회를 구성하였던 혁명적 힘들이 기울어 가는 때에 그 사회가 야기하는 중재와 합법화의 복잡한 과정들에 기반하여 하나의 근대적 신화가 잉태되고 있다는 것이다. 그것은 바로 고개 숙인 영웅이라는 신화인데, 거대한 모자를 쓰고 폰초를 입고 웅크리고 있는 모습으로 디에고 리베라가 확립한 인물이다. 그 인물은 바로 그런 스테레오타입을 비웃기 위해 리우스^{Rius}가 그린 기발한 케리커쳐들의 모티브가 된 인물이기도 하다. 그 인물은 오래된 신화들 중 하나인 '잃어버린 황금시대'라는 신화에 바치는 상상의 공물供物임에 틀림없다. 하지만 그러한 신화를 근대 멕시코가 만들어 내는 데 있어 특이한 것은 분열된 비극적 영웅을 탄생시킨다는 것이다. 이 영웅은 여러 가지 기능을 수행하고 있다. 우리가 앞으로 결코 볼 수 없을 상처받은 토착민의 덕성들을 나타내고 있다는 것이다. 그리고 동시에 우리들의 죄에 대한 희생양을 상징하고, 우리 국민문화의 좌절에서 증류되어 나오는 분노가 그에게 덮친다는 것이다. 그는 땅 없는 농부를, 일자리 없는 노동자를, 사상이 없는 지식인을, 부끄러움이 없는 정치인을 상징한다. 결론적으로 그는 잃어버린 나라를 찾아 나선 조국의 비극을 상징한다.

이 신화가 지닌 특별히 근대적인 점은 그러한 반反영웅이라는 스테레오타입이 개인들의 내면적 차원으로 나타난다는 것이다. 멕시코인들은 이 반영웅을 자신의 존재 깊은 곳에, 무의식 속에 새겨두고 있는데, 이 또 다른 자아$^{alter\ ego}$는 시간의 어둠 속에 뿌리를 내리고 있으며, 옛날의 토착적인 수액을 섭취한다고 믿는다. 이 반영웅은 내면에 있는 유충 같은 존재로 여겨진다. 깊이를 알 수 없는 우물과 같은 집단적 영혼에서 나오는 심리적 콤플렉스와 철학적 긴장들이 만드는 매듭에서 흘러나오는 것을 먹고 사는 유충 같은 존재로 말이다. 비록 그 고개 숙인 영웅이 근본적으로는 인디오의 변형이고, 농부의 특징을 옮겨 놓은 것이지만, 그 보잘것없는 존재의 탄생에는 대단히 중요한 사상들이 동원되었다. 초현실주의, 정신분석이론, 실존주의가 동원되었다는 것이다. 그래서 신화의 몽환적 형태가 유아기의 수면 아래로 침잠하고, 고뇌의 색채로 물들어 있는 것이다.

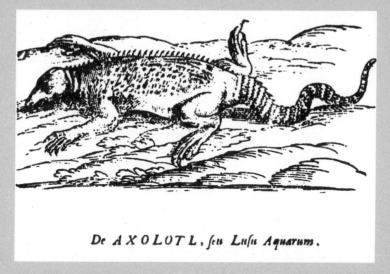

De *AXOLOTL, feu Lufu Aquarum*.

"파충류와 관련된 콤플렉스"
출처 : 이 판화는 『누에바 에스파냐 동물들의 역사』(*Historia de los animales de la Nueva España*)라는 책에 등장했는데, 16세기 궁중 의사 프란시스코 에르난데스(Francisco Hernández)가 출판한 것이다. 화가는 악어와 유사한 파충류라는 묘사에만 근거한 나머지 잘못 상상했다.

11장_아홀로터스류의 동물

인간에게 유일하고도 진정한 고향은 자신의 유아기이다.— R. M. 릴케

기묘한 힘이나 존재가 우리 내부에 거주하고 있는데, 우리의 의식이 통제할 수 없다는 생각은 아주 오래되었다. 그래서 각각의 인간 내부에는 짐승이 한 마리 있다는 인상에 바탕을 둔 신화가 뿌리내리는 것은 어렵지 않은 일이다. 놀라운 것은 최근의 연구에 따르면, 실제로 우리 머릿속에는 동물이 한 마리 있는데, 그 동물은 아홀로테와 많이 유사하다.

어떤 과학자들은 인간 뇌의 가장 오래되고 원시적인 부분들은 특정한 형태의 행동과 연관되어 있다는 사실을 발견했다고 믿는다. 인간의 뇌를 고고학적으로 발굴해 보면, 진화과정에서 전 지구적 추이에 해당하는 여러 층위들이 있다는 것을 밝혀 줄 것이다. 가장 표피층이면서 가장 근대적인 층위는 (가장 진화한 포유류 뇌에서 가장 큰 부분을 형성하는) 두뇌의 신피질이다. 그 대뇌의 주름과 뇌엽은 가장 진화된 능력들을 담당한다. 그 신피질 아래에는 대뇌변연계(시상하부, 하수체 등)가 있는데, 감정, 동기부여, 항상성 시스템 등과 밀접하게 연관되어 있다. 마지막으로 가장 아랫부분에 중뇌와 후뇌(골수, 뇌교腦橋 등)가 있다. 그곳에서는 자기보호와 생식과 관련된 가장 기본적인 신경활동이 일어난다. 이 심

층 부분은 매클린에 의해서 '파충류적 복합계'로 명명되었는데, 인간 뇌에서 가장 원시적이고 오래된 부분이기 때문이다. 이 부분은 수억 년 전에 파충류와 그 태아기라 할 수 있는 양서류에서 발달되었다. 그런데 가장 놀라운 것은 그 **파충류적 복합계가 공격적 행동, 텃세, 의식儀式적 행위, 사회적 서열 확립** 등에서 중요한 역할을 담당한다는 것이다.[1] 칼 세이건은 파충류적 복합계의 특성들에 대한 매클린의 연구에서 출발하여 아주 흥미로운 견해들을 밝혔다.

> 이러한 특성들은 많은 부분 오늘날 인간들의 관료적이고 정치적인 행동을 형성하고 있다. 우리들의 실제 행동들이 파충류의 행동을 지배하는 규준들로 (우리가 말하고 생각하는 것과는 대조적으로) 어느 정도까지 설명될 수 있는지를 밝혀 낼 때 놀라지 않을 수 없다.[2]

칼 세이건이 볼 때, 파충류적 복합계에서 발생되는 인간들의 특성들은 (특히 의식적인 행동들과 서열화는) 아주 위험하다. 비록 대뇌피질의 더 우월한 기능들에 의해서 통제되고 있기는 하지만 말이다. 다른 경로를 통해서 다른 과학자는 동일한 문제를 다루게 되었는데, 그의 인식은 세이건의 인식과는 아주 상이하다. 콘라트 로렌츠Konrad Lorenz가 볼 때, 의식 행위는 아주 가치 있는 행위이다. "공격을 우회시키고 방향을 바꾸는 것은 아마도 무해한 방법을 통해서 공격을 연기시키기 위해서

---

1) Paul D. MacLean, 『두뇌와 행동에 대한 삼위일체적 개념』(*A Triune Concept of the Brain and Behaviour*).
2) MacLean, 『두뇌와 행동에 대한 삼위일체적 개념』, 81쪽.

진화가 창안해 낸 기발한 해소책일 수 있다."[3] 줄리안 헉슬리[Julian Huxley]는 벼슬 달린 비오리의 행동에 관한 연구를 진행하다가, 동물들의 어떤 행동들은 계통발생과정을 통해서 그 원시적 기능을 상실하고 단순히 상징적인 의식儀式으로 바뀐다는 사실을 발견했다. 헉슬리는 이런 사실을 '의식화'儀式化 과정으로 정의했다.[4]

로렌츠가 문제 삼은 것은 다음과 같다. 공격적 충동과 어떤 종種의 보존 사이에는 모순이 존재한다. 다른 동물들을 향한 공격성은 종의 보존을 위해 필요한 것이다. 그러나 그 공격성이 같은 종 사이에 벌어지는 경우, 다시 말해 자신 종의 구성원을 공격하는 경우에는 생존에 대한 위협으로 변한다. 이 경우 (로렌조의 설명에 따르면) 그 공격이 자기 종을 말살하지 않도록 하기 위해 의식화가 개입한다. 그렇다고 전체적인 이해관계에 있어 필수불가결한 공격성의 기능들이 제거되지는 않는다. 전반적으로 유용하고 꼭 필요한 공격적 충동은 변함없이 유지되지만, (그 종을 위해서는 해로운 것이 될 수 있는 특별한 경우에는) 특별한 억압의 메커니즘이 만들어진다. 로렌조는 다음과 같이 결론을 맺는다. "이 지점에서 한 번 더 역사의 흐름 속에서 일어난 인간의 문화적 진화와 유사성이 있다. 그런 이유로 해서 모세의 율법과 다른 어떤 법에서도 가장 중요한 강제조항들은 금지하는 것이지 명령이 아니다."[5] 다시 말해, '**행동을 금지하는 것이지, 유혹을 금지하는 것은 아니다**'. 신은 에덴에서 여자와 남자가 지혜나무의 과일을 맛보는 것을 금지했지만, 뱀이 그들을 유혹하는

---

3) Konrad Lorenz, 『공격. 자연에서 악의 역사』(L'agression. Une histoire naturell du mal), 62쪽.
4) Lorenz, 『공격. 자연에서 악의 역사』에서 재인용.
5) Lorenz, 『공격. 자연에서 악의 역사』, 111쪽.

것은 허락했다. 여기에서 수많은 신화들이 특징적으로 가지고 있는, '금지-유혹-죄악'이라는 삼각구도가 나오는 것이다. 근대의 많은 정치적 의식들은 이런 독특한 일련의 과정에 의해 영향을 받은 것으로 보인다. 로렌조는 다음과 같이 덧붙인다.

> 포유류 사이의 코드화된 대결들은 인간들의 도덕에 비유되는 행동의 좋은 예들이다. 이런 모든 대결들의 구성은 가장 약한 자를 지나치게 파멸시키지 않으면서도 누가 가장 강한 자인가를 정하려는 목표를 가지고 있다.[6]

로렌츠의 해석은, 사실 우리가 경험하는 정치가 지닌 상징적인 공격과 '거의' 해가 없는 폭력을 정당화해 준다. 그 싸움이 의식儀式처럼 되어 있는 한 '아주 소수'의 희생만 따르고, 인간이란 종은 전 지구적으로 위험에 처하지는 않는다는 것이다. 만약 우리가 이런 방향으로 한 걸음 더 나아가면, (가정하건대) 우리는 인류를 싹 쓸어버릴 수 있는 전면전全面戰을 피하게 해주는 국지전을 정당화할 수도 있을 것이다. 나는 이런 해석이 한 가지 착각하는 것이 있다고 믿는다. 사회적 역학의 논리가 종種들의 삶의 논리와 같은 과정을 따라간다는 것을 보장할 수 있는 것은 아무것도 없다는 것을 나는 믿는다. 말하자면, 작은 상징적인 전쟁들이 우리를 전반적인 재앙에 이르게 하는 소용돌이로 몰아넣을 수도 있다는 것이다. 그럼에도 불구하고, 나는 우리 인간이 어떤 계급에서도, 어떤 상징적 차원에서도 희생자가 없고 작은 규모의 희생자도 없도록 자신의

---

6) Lorenz, 『공격. 자연에서 악의 역사』, 111쪽.

본성이 품고 있는 파충류식의 의식儀式행위들을 완벽하게 통제할 수 있는 능력이 있을 거라고 믿는다.

인간이라는 생물학적 존재의 가장 깊은 곳에 자리 잡고 있는 어떤 특성들과 정치와 폭력을 관련짓는 연결고리가, 우리를 불안케 하는 연결고리가 있을 수 있다는 것을 받아들이는 것이 필요하다. 만약 그렇다면 (모든 것이 그것을 나타내고 있는 것 같은데) 비록 부분적이라 할지라도 인간의 '원시적 두뇌'에서 흘러나오는 충동을 합법화하거나 충동에 기대려는 정치적 과정들을 우리는 아주 주의 깊게 조사해야 한다. 한 국민의 집단적 영혼에 생명을 불어넣어 줄 수 있는 원시적 존재를 불러내는 것은 바로 '파충류적 복합계'가 지닌 충격완화효과에 의지하려고 하는 그런 정치-문화적 과정들 중 하나이다. 어쩌면 이런 이유로 해서 국가주의는 아주 위험스럽고도 효과적인 현상인 것이다. 이런 의미에서 아홀로테(파충류 종들로 변이과정에 있는 양서류)는 국가주의를 묘사하기에 아주 좋은 메타포이다. 멕시코 국민문화 내부에는 고뇌에 찬 아홀로테 한 마리가 웅크리고 있다. 이 아홀로테는 그 종의 파충류적인 충동들과 멕시코인이라는 존재에 대한 복합적인 신화적 구성을 동시에 상징한다. 하지만 멕시코 국민문화 내부에는 아홀로터스류의 동물el axolotófago이라고 불리는 기이하고 행복한 존재들 또한 존재한다. 그들은 헤로도투스에 의해 묘사된, 오로지 수련睡蓮, loto의 열매만을 먹고 살았던 그 고대의 행복한 부족과 비슷한 사람들이다. 그때 오뒷세우스의 동료들은 꿀처럼 달콤한, "꽃으로 장식된 진수성찬"을 먹고 나서 자신들의 고향은 잊어버리고, 연꽃의 열매만 먹고 사는 사람lotófago들과 영원히 함께 살고 싶어 했던 것이다. 아홀로터스류의 동물들에 대해서는, 이 동물들이 연꽃의 열매를 먹는 아홀로테인지, 아니면 오로지 아홀로테만 먹고 사는 인간들인지 잘 알려져 있지 않다. 알려진 것이라고는, 그들이 크로노피오들^{cronópios7)}의 친구들로서 하나의 유토피아를 건설했고, 그러고는 자신들의 고향을 모두 잊어버렸는데, 오로지 유아기라는 고향만을 기억하고 있다는 것이다.

---

7) 코르타사르의 작품에 나오는 인물들—옮긴이.

12장_변신變身을 향하여

멕시코 민족에게 예로부터 지속된 슬픔 위에, '오래된 눈물' 위에 하나의 희망의 불빛이 춤추기 시작했다. — 페드로 엔리케스 우레냐, 『멕시코 연구』

저기 그들이 있다. 비참한 몰골에 누더기 옷을 걸친 채, 천민과 그의 마리아는 역사상 호화스런 잔치가 벌어지는 긴 식탁들을 덮고 있는 식탁보의 가장자리를 쥐어뜯고 있다. 그들은 자신들의 고유한 속성인 무관심 속에 침잠하도록, 지상의 온갖 더러운 것들에 취해 살도록 벌을 받았다. 식탁 아래서 그들은 자기 혈통의 사람들과 난잡스런 성관계 속에 뒤얽혀 있다.

갑자기, 누더기 차림의 초라한 부대를 따라 다니던 그녀가 진보의 힘들에 의해 임신을 한 채 거대한 모습으로 우뚝 선다. 풀죽어 있던 그녀의 아담은 농부의 옷을 입고, 혁명가 같은 콧수염을 한 채 프로메테우스 같은 근육질을 드러낸다. 멕시코의 대지는 새로운 씨앗을 받았고, 정중하고 속을 드러내지 않는 멕시코에 반기를 드는 혁명이 발발했다. 옥타비오 파스의 표현을 빌리자면, "축제와 죽음, 미토테mitote[1]와 총탄, 장터와 사랑으로 이루어진, 거칠고도 찬란히 빛나는 얼굴"로 나아가기 위해

---

1) 아스테카족의 무용 — 옮긴이.

서였다.[2]

혁명은 지성인들에겐 감동적인 광경이다. 뭔가 기이하게도, 고개를 숙인 채 살 운명인 것처럼 보였던 그 존재들이 반기를 들고, 완전히 다른 사람이 되었다. 멕시코인의 영혼 깊숙한 우물 바닥에는 슬픔만이 있는 것이 아니다. 의심의 여지가 없는 폭력의 잠재력 또한 있는 것이다. (많은 사람들이 생각하기에) 그 에너지를 새로운 인간을 창조하기 위해, 세계사의 격류 속에 멕시코인을 등장시키기 위해 활용하는 것이 가능하다. 그렇게 하기 위해서는 멕시코인의 진정한 성격을, 그의 진정한 정신을 발견하는 것이 필요하다. 그것이 바로 안토니오 카소^{Antonio Caso}와, 특히 호세 바스콘셀로스가 집착하는 것이다. 벽화운동가들과 소위 멕시코혁명소설이 멕시코인의 진정한 자아 탐구에 기여한다. 토착적 에덴동산에서 추방된 낯선 존재들인 타인의 우울한 존재성에 침잠된 멕시코인의 진정한 자아를 찾아 나선다.

이러한 국가주의적 긴장은 하나의 새로운 과정을 자극한다. 파괴된 에덴동산에 관한 신화를 만들어 내는 과정과 평행선을 그리는 과정이다. 이제 지배문화의 일부에게 일반 대중은 더 이상 '다른 것'이 아니다. 자신들에게는 낯선 고개 숙인 인디오는 새로운 스테레오타입으로 대체된다, 아니 적어도 보완된다. 교양 있는 계급들은 이제 그 새로운 스테레오타입과는 어느 정도는 동질감을 느낄 수 있게 된다. 바로 거칠고, 혁명적이고, 감성적이고, 축제를 좋아하고, 도회적이고, 공격적인 멕시코인이다. 멕시코혁명과는 그렇게 거리가 멀었던 안토니오 카소 같은 사람도 "뗄래야 뗄 수 없는 혁명은 우리의 명확한 존재방식이다"라고 인

---

2) 『고독의 미로』, 124쪽.

정했다.[3] 이상하게 여길 것 없다. 이미 근대의 징표들이 멕시코 문화에 그 자취를 새겼기 때문이다. 근대성을 식별하게 하는 징후는, 마샬 버만 Marshall Berman이 말했듯이, 모든 것이 그 반대되는 것을 잉태하고 있는 세상에서 산다는 의식이다.[4] 순종적인 농부가 사파티스타 혁명가로서 반기를 든다는 사실에, 그리고 '진보'가 그를 새로운 인간, 다시 말해 근대의 영웅인 프롤레타리아로 바꾼다는 사실에 놀라는 사람은 아무도 없을 것이다.

새로운 인간에 관한 전설은 고개 숙인 인디오에 관한 신화들로 짜여 진다. 그리고 종종 그 줄거리들은 서로 얽히고 혼동된다. 그 얼개를 이해하는 것이 항상 쉬운 일만은 아니다. 당연한 것이지만, 그 새로운 인간이 직접적으로 프롤레타리아로 나타나지 않는다. 아주 드문 경우에만 그렇게 나타난다. 그는 다양한 변장을 통해서 새로운 인간을 숨기고, 형태를 바꾼다. 하지만, 자신의 인디오적이고 농촌적인 모태와는 다르게 변신한 존재로서 항상 나타난다. 변신을 좌우하는 조건들에 대해서는 아주 상이한 형태들을 생각한다. 이베로아메리카의 조화로운 세계적 인종을 만드는 메스티소화를 주창하는 호세 바스콘셀로스에서부터, 노동자 전위주의의 조직화를 생각한 맑스주의 벽화가들까지 다양하다. '펠라도' 혹은 '파추코'pachuco는 파괴된 에덴동산에서 도망쳐 나온 자가 근대 자본주의에 의해 지배되는 산업화된 도시 세계에 끼어들게 되면서 획득할 수 있는 또 다른 형태들이다. 변신의 결과에 대해서는 아주 다양

3) Antonio Caso, 「아메리카의 견해」, 『멕시코의 문제와 국가적 이데올로기』(El problema de México y la ideología nacional, 1924).
4) Marshall Berman, 『견고한 모든 것은 공기 속으로 사라진다』(All That is Solid Melts Into Air), 22쪽과 이어지는 쪽들.

한 방식으로 바라보는데, 하지만 새로운 인간의 한 가지 독특한 측면을 지적한다는 점에서는 거의 모두가 일치하고 있다. 바로 그의 폭력적인 성격이다. 이러한 이유로 해서 대부분의 평론가들이 국민의 스테레오타입을 사회에서 가장 낮은 계층에서 찾고 있다.

（사무엘 라모스에 따르면）멕시코인의 사고 메커니즘을 이해하기 위해서 사회적 행태에서 분석해 봐야 하는데, 거기서 그의 모든 행동들은 과장되어 있어 그 행동 궤적의 의미를 쉽게 감지할 수 있다. 연구에 가장 좋은 예는 멕시코의 '펠라도'인데, 그는 국민성을 기본적으로 잘 드러내고 있기 때문이다.[5]

'펠라도'는 너무나 가진 것이 없는 존재이기 때문에 자신의 성격을 감출 수 있는 수단조차도 없다. （라모스는 말한다）"그는 자신의 영혼을 그대로 드러내 놓고 산다. 그의 은밀한 수단들조차 감추지 않는다".[6] '펠라도'의 벌거벗은 영혼을 분석하면서 라모스가 가장 먼저 지적하는 것은, 그의 쉽게 폭발하고 폭력적인 성격이다. 그것은 "가장 천박한 부류의 사회적 **동물**로서, 대도시의 쓰레기 같은"[7] 존재가 가진 원한으로 이루어진 스테레오타입적인 성격이다. 비록 '펠라도'가 농촌 출신으로서 스테레오타입적인 몇 가지 특징들을 유지하고 있지만（원시성 등）, 그는

---

5) 『멕시코 사람과 문화』, 53쪽. 그것은 레부렐타스가 '고통받는 쪽'(lado moridor)이라고 부르는 것이다. Evodio Escalante, 『호세 레부엘타스 '고통받는 쪽'(lado moridor)의 문학』(José Revueltas. Una literatura del "lado moridor"), 23쪽.

6) Escalante, 『호세 레부엘타스 '고통받는 쪽'(lado moridor)의 문학』, 23쪽.

7) Escalante, 『호세 레부엘타스 '고통받는 쪽'(lado moridor)의 문학』, 54쪽. 강조는 인용자.

이미 자신의 전통들을 상실했고, 아직 자신에게는 낯선 맥락 속에서 살아간다. 바로 도시 산업사회(파추코의 경우 앵글로색슨 자본주의 세계)에서 살아간다. 그는 자신의 모태가 되는 농촌을 망각한 사람이다. 그의 작업장들은 소실되었고, 그는 아직 그의 것이 아니기에 낯설기만 한 상황에 맞서고 있다. 그는 붙잡힌 인간이다. 그래서 잠재적으로 폭력적이고 위험스럽다. 예부터 내려온 그의 영혼은 파괴되었고, 그의 심장에서는 근대적 박동이 아직 들리지 않는다. 근대성은 단지 그의 살점을 물었고, 그는 산업의 집게에 그리고 거리의 비정함에 얽매인 상태이다. 하지만 그의 정신은 반란 상태에 있거나, 적어도 무질서 상태에 있다. 거기에서 격렬한 에너지가 나오고, 그 에너지는 조화로운 우주적 인종을 창조하기 위해, 빈곤해진 국가를 풍요롭게 하기 위해, 식민화된 인간을 제거하고 혁명적 프롤레타리아를 만들어내기 위해 활용되어야 한다.

비록 사무엘 라모스가 (확실히 부르주아들의 선량한 의식을 편안하게 해주기 위해서지만) 멕시코 민중pueblo의 잔인성은 자신의 열등의식을 감추는 그로테스크하고 고약한 판토마임에 불과하다는 것을 보여 주려고 애를 쓰지만, 근본적인 사실을 지우지는 못한다. 다시 말해, 그 멕시코인들이란 술집에서 툭하면 싸우려 들고 공격적인 사람들일 뿐만 아니라 근대에 가장 폭력적인 혁명들 중 하나를 유발시킨 사람들이기도 하다는 사실을 지우지는 못했다. 그래서 아구스틴 야녜스Agustín Yánez는(새로운 체제의 인간) '펠라도'를 재평가한다. "'펠라도'는 저항하는데, 다른 악의가 있어 그런 것이 아니라, 오로지 절대적 자유에 대한 의지가 있고, 자꾸 연기되는 것에 지치고, 비참한 삶이지만 자부심을 잃지 않기 때문이다." 야녜스의 주장은 계속된다. "'펠라도'가 가진 것이라고는 오로지 현실주의적 원시성밖에 없기 때문에, 그는 자신을 이해시키고 존중받기 위해 육체적 폭력과 함께 거칠고 의미 없는 말과 엄청나게 호소력 있는 몸짓과 표정을 하거나, 소극적이지만 고집 세게 반대한다."[8]

근대 멕시코인에 대한 신화를 창조하면서 전통적인 멕시코인의 스테레오타입으로서 인디오를 형상화할 때 전개되었던 과정과 유사한 과정이 발생한다. 근대성의 드라마를 몸소 드러낼 수 있는 인물을 만들어 내는 것이 필요하다. (마누엘 가미오[Manuel Gamio]가 단언했듯이) 인디오의 현실을 정확하게 모르는 상황에서 "원주민의 영혼을 (일시적으로나마) 만들어 내는"[9] 것이 필요했던 것과 같은 식으로 말이다. 근대 멕시코인은 아직 인디오보다 더 흐릿하고 낯선 상태로 나타나고 있다. 그럼에도 불구하고, 그를 인위적으로 형상화해 내지 않을 수 없다. 멕시코혁명으로 이루어진 새로운 국가의 국가주의의 토대를 만들고, 견고하게 만들기 위해서다. 인디오에 관한 신화는 그것이 필연적으로 농촌의 비애를 너무나 많이 가지고 있어 적절하지 못하다. 근대 멕시코인은 도시적 맥락 속에서 메스티소화[mestizaje]의 비극을 담고 있어야 한다. '펠라도'는 "자연상태의 멕시코인이다. 그리고 그것이 지닌 더 깊은 함축적 의미는

---

8) 아구스틴 야녜스, 호아킨 페르난데스 데 리사르디(Joaquín Fernández Lizardi)의 정기간행물, 『멕시코 사상가』(El pensador mexicano)에 대한 「서두 연구」("Estudio preliminar"), 24쪽. 카를로스 몬시바이스는 아주 흥미로운 한 수필에서 '지배받는 국가문화'(하층 계급의 문화)는 천박하고, 반동적이고, 체념적이고, 타락하고, 원시적이고, 자기만족적이고, 모양이 갖추어져 있지 않고, 원한을 품고 있고, 혼돈스럽고, 음란하고, 억압적이고, 애처로울 정도로 포기한 상태고, 불경스럽고, 재미있을 정도로 외설스럽고, 미신적이고, 수컷우월주의에 빠져있다. 비록 형용사에 인색하지 않지만, 결국 그가 보기에 지배받는 자들의 국가문화는 활기넘치고 관대한 문화로서, 헤게모니를 장악한 국가문화의 억압에 저항한다. 이 헤게모니 문화는 대중매체, 국가체제, 가톨릭교회로부터 나오고, 이들은 다국적 기업과 종속자본주의가 뒤에서 받쳐주고 있다. Carlos Monsiváis, 「멕시코에서 '국가문화'라는 용어의 몇 가지 문제에 대하여」를 참고할 것.

9) M. Gamio, 『조국을 세우면서』(Forjando patria), 25쪽.

우리들의 메스티소화 현상의 대표적 인물이다"라고 야네스는 말한다. 메스티소 '펠라도'는 모순적이고 혼종적인 존재로 정의된다. 그의 내면에서는 두 가지 흐름이 충돌한다. "그는 자기 자신을 의심하고, 외지에서 와 자기 내면에 있는 부분을 의심하고, 그를 모순적인 방향들로 이끄는 충동들을 의심한다." 그 결과 '펠라도'는 의심이 많고, 현실주의자이고, 회의적이고, 비관주의자이고, 규율을 지키지 않고, 무질서하고, 고집이 세다. 그리고 "이중적으로 조상 때부터 이어져 온 잔인성"(토착적이고 스페인적인 잔인성)을 드러내고 있다.[10]

메스티소에 관한 신화는 어떤 부분의 표현에서는 귀스타브 르 봉Gustave Le Bon의 영향을 강하게 받은 것으로 드러난다. 귀스타브는 (트레호 레르도 데 테하다Trejo Lerdo de Tejada가 혁명이 한창인 시기에 반복한 말에 따르면) "메스티소로 이루어진 국민은 통치 불가능한 국민이다"라고 단언했다. 그러니까 이 국민을 경제적 근대화와 교육을 통해서 길들이는 것이 필요하다. 그 문맹의 대중이 (국가주의에 대한 트레호 레르도의 책을 마무리한 루이스 우르비나Luis G. Urbina의 단어들을 사용해 말하자면) 그리고 인디오들이, "서둘러 문명에 적응하는 것이 필요하고, 신속하고도 확실하게 도덕적·지적·사회적 통합을 통해서 멕시코 국민영혼의 결정화를 이루는 것이 시급하다".[11] 이외에도, 우리는 '펠라도'에 대한 이러한 사고들은 포르피리오 시대의 실증주의적 지성의 전통들 속에서 직접적인 선례를 가지고 있다는 사실을 덧붙이지 않을 수 없다. 가장 명백한 예

---

10) Yánez, 「서두 연구」, 24쪽.
11) Carlos Trejo Lerdo de Tejada, 『혁명과 국가주의』(*La revolución y el nacionalismo*), 43~44쪽. 책 끝부분에는 M. Márquez Sterling y de Luis G. Urbina 각각의 부록이 있다. Urbina의 인용은 265쪽에서 가져왔다.

는 1901년에 출판된 에세키엘 차베스의 수필이다.[12]

> (차베스의 말에 따르면) 멕시코에서 우리가 비하적으로 부르는 '펠라도'라는 개인들의 성향은 외향적이고, 원심력이 강하고, 확장적 경향이 있다. 만약 인디오가 절대로 갑작스럽게 반발하는 경우가 없고, 그 감수성을 이루는 열정들도 겉으로는 차갑게 드러날 뿐이라면, 반대로 저속한 메스티소는 항상, 거의 항상 충동적이고, 열정적이고, 섬광 같다.

'저속한 메스티소' 혹은 '펠라도'는 알콜의 도움을 받으면, "충동의 기계, 약간만 건드려도 튕겨나가는 용수철, 아주 사소한 동기로도 다양한 공격성을 띠는 용수철"로 바뀐다.[13] 이 예민한 감수성은 바로 깊이가 없기 때문에, '펠라도'들을 대단히 불안정하게 만든다. 그들이 안정감을 보일 때는 유일하게 자기애에 빠져 있을 때이다. 그것을 "그들은 가끔 자존심이라고 부른다". 이 '저속한 메스티소들'은 10년 뒤에는 자신의 자존심으로 혁명의 불길을 지피게 될 것이다. 그리고 새로운 국가의 상징으로 변하게 될 것이다. 어떤 면에 있어서는 혁명 정부와 혁명 이후 정부들은 차베스가 미완성 상태라고 지칭한 과정을 완성했다. 다시 말해, 멕시코 국민은 "몇 백 년의 시간이 지나면서도, 아직 어느 정도 동질성을 지닌 하나의 몸을 형성할 정도로 충분히 절구통에서 빻아지지 않

---

12) E. Chavez, 「멕시코인의 성격 요소로서 감수성의 변별적 특징들에 대한 보고서」("Ensayo sobre los rasgos distintivos de la sensibilidad como factor del carácter mexicano"), 1900년 12월 13일, 멕시코 실증주의학회에서 발표된 연구보고서이다.

13) Chavez, 「멕시코인의 성격 요소로서 감수성의 변별적 특징들에 대한 보고서」, 95쪽.

았다"[14]라고 차베스는 생각했던 것이다. 토착적인 침전물은 여전히 존재하고, 게다가 "섞인 인종들은" 서로 합칠 수 없는 두 개의 집단으로 나뉘어져 있다. 한 집단은 "우월한 메스티소들"인데, 안정된 가정 출신들로서 "멕시코 국민의 강인한 신경"을 형성하고 있다. 하지만 다른 집단은 "저속한 메스티소들"로서 "유기적 협력 정신"이 그들에게 아직 형성되어 있지 않다. "보호받지 못한, 지속적인 내연관계의 잠자리에서 결합한 개인들"의 자손들이기 때문이다. 그러나 혁명은 "수백 년에 걸친 절구통"을 가속화시켰다. 그 결과 이 메스티소들은 국가적 진보의 통합적 상징으로 변했다. 멕시코혁명으로부터 분출된 새로운 국가주의는 '펠라도'라는 동일한 형상을 사용했지만, 이번에는 혁명의 상징으로 사용했다. 호세 클레멘테 오로스코José Clemente Orozco는 당시 사이비 애국주의에 질려서 다음과 같이 선언했다.

나는 내 작품에다가 하층민에 속하는 혐오스럽고 타락한 인물을 그리는 것을 증오한다. 이 인물은 일반적으로 '풍속적인' 소재로서 다뤄지는데, 관광객의 비위를 맞추거나 그를 이용해 돈을 벌려고 하는 것이다. 우스꽝스런 '차로'charro[15]와 볼품없는 '시골 인디오 여자'가 '멕시코적인 것' mexicanismo을 대표한다는 생각이 만들어지고 강화되도록 방치한 것은 일차적으로 우리 책임이다. … 이런 생각이 들어서 나는 때에 찌든 가죽 샌들과 반바지를 그리는 것을 일거에 거부했다.[16]

---

14) Chavez, 「멕시코인의 성격 요소로서 감수성의 변별적 특징들에 대한 보고서」, 83쪽.
15) 화려한 복장을 한 멕시코식 소몰이꾼, 혹은 촌스런 사람 — 옮긴이.
16) 오로스코가 1923년에 표현한 내용. 올리비에 드브로아즈(Olivier Debroise), 『열대의 인물들, 멕시코의 조형예술 1920~1940』(Figuras en el trópico, plástica mexicana 1920~1940), 54쪽

하지만 물론 지배문화는 '펠라도'라는 스테레오타입을 거부하지는 않았다. '펠라도'는 다양한 버전 속에서 마치 혁명적 근대성을 지닌 멕시코인의 화신으로서 합법화되었다.[17]

우리가 확인할 수 있듯이, 멕시코 근대성의 영웅인 '펠라도'는 고개 숙인 야만인의 특성들을 많이 가지고 있다. 하지만, 우울한 인디오의 원형을 규정하는 경계들을 넘어서고 있다. 소위 멕시코적인 것에 대한 철학은 '펠라도'의 원시적인 측면들을 강조하고 있다. 그것은 국가체제와 그 혁명적 전통들에 더 집착하는 지식인들이 '펠라도'를 인기영합주의로 과대평가하는 것에 맞서기 위한 것이다. 멕시코적인 것에 대한 철학은 고개 숙인 영웅이라는 스테레오타입을 바탕으로 삼아, 이 영웅을 근대 도시화 시대라는 맥락 속에 놓음으로써 순종적인 민중의 이미지 위에 지배문화가 상징적으로 잔인한 것을 마음껏 할 수 있는 가능성을 제

에서 재인용. 차로의 스테레오타입에 대한 공식적인 버전은 Higinio Vázquez Santana, 「차레리아, 민족 스포츠」("Charrería, deporte nacional")에서 만날 수 있다.

17) 훌리오 게레로는 『멕시코에서 범죄의 기원』(*La génesis del crimen en México*)에서 아주 유사한 방식으로 하층민들을 묘사한다(158쪽과 이어지는 쪽). 에세키엘 차베스는 펠라도에 대한 자신의 평가에 대한 근거이자 선례로서 프란시스코 불네스(Francisco Bulnes)의 기발한 성격규정을 인용한다. "그는 허세를 부리고 겁이 없다. … 하지만 미신을 믿지 않고, 허영심이 강하지도 않으며, 반신반인도 아니다. 그는 실질적으로 일부다처이고, 모든 자기 부인들과 신들, 왕들에게 지조를 지키지 않는다. 그의 정신은 야만적일 만치 회의적이고, 인디오처럼 무관심한데, 한 가지 장점이 있다. 아무것도, 아무도 그에게 시샘을 불러일으키지 않는다. 아주 남성적이고 싶은 열망 외에는 아무런 열망이 없다. 자기 조국을 사랑하고, 위대한 국가란 어떤 것인지에 대한 감정을 가지고 있다. 싸우겠다고 마음먹으면 아랍인처럼 철저하다. 자기가 받은 만큼 갚겠다고 마음먹으면 점성가처럼 격식에 얽매이지 않는다. 그는 반(anti)교회적이고, 피에 굶주리지 않은 과격급진주의자이다. 성직자들을 증오하지 않으면서 그들을 조롱한다. 진보, 대담함, 문명화에 관련된 모든 것에 열광한다"(「멕시코인의 성격 요소로서 감수성의 변별적 특징들에 대한 보고서」, 89쪽). 차베스는 이 마지막 논지에 반대한다. 차베스는 "천박한 메스티소"가 정신적으로 미래를 그려볼 수 있는 능력이 있다고 믿지 않기 때문이다.

공한다. '펠라도'는 완벽한 메타포로서 필요했었다. 그는 도시에 사는 농부이다. 그는 본래의 순진함을 상실했지만, 아직 파우스트 같은 인물은 아니다. 그는 자신의 토지를 잃어버렸지만, 아직 공장에서 돈을 벌지는 못하고 있다. 어찌할 바를 모른 채, 농업세계의 종말과 산업문명의 시작이라는 비극을 몸소 경험하며 살고 있다. 이러한 일종의 수륙양생 문화의 이미지, 스스로를 비하하는 모방주의에 빠져서도 안 되고, 극단적인 국가주의에 빠져서도 안 되는 이런 문화의 이미지는 지속되어야 할 모델로 20세기 중반부터 제시되었다. 이 이미지는 부수적인 매력도 있는데, 멕시코인으로 하여금 실존적 드라마의 심연을 들여다볼 수 있고, 근대성이 주는 현기증도 느낄 수 있게 해준다는 것이다.

"멕시코의 암컷 아홀로테의 음부는 파리에서 공공연한 논쟁의 주제였다."
출처 : 이 도판은 앞에서 언급되었던, 1811에 출간된 퀴비에의 논문에 실려 있다.

13장_여성의 배와 유사하니…

아홀로테들이 생명의 본성에 관한 급진적이고, 불편하고, 엉뚱한 하나의 이론을 입증하고 있다는 명백한 느낌이 들어 아홀로테들에 대한 그럴듯한 신화들이 수없이 탄생하게 되었다. ― 살바도르 엘리손도, 「암비스토마 티그리눔」[1]

스페인 사람들이 멕시코에 도착하였을 때 그들은 아홀로테 역시 정복하려고 결정하였다. 하지만 어떤 이유에서인지, 아홀로테는 그들에게 짓궂은 장난을 하면서, 보기에 불편하고도 에로틱한 모습을 보여 주었다. 16세기에 의사 프란시스코 에르난데스^Francisco Hernández는 처음으로 과학적인 묘사를 하였는데, 그것은 생물학자들을 많이 혼란스럽게 했다. 이는 에르난데스의 잘못도 있었지만 번역자들의 잘못 때문이기도 했다. 에르난데스는 "아홀로테가 여성의 음부와 아주 유사한 것을 가지고 있는데, 갈색 점들이 있는 배는 … 여성들처럼 월경을 하고, 아홀로테를 먹으면 생식활동이 강화된다는 사실이 여러 차례 관찰되었다 …"[2]라고 지적하고 있다. 하지만 에르난데스의 책에는 아홀로테 그림이 하나 등장

---

1) 호랑이 무늬 도롱뇽을 일컫는 학명 ―옮긴이.
2) 레치(Recchi)가 한 요약을 참고할 것. 『누에바 에스파냐의 보물들과 약재들, 혹은 멕시코인들의 식물, 동물, 광물의 역사』(Rerum Medicarum Novae Hispaniae Thesaurus seu Plantarum, Animalum Nineralum Mexicanorum Historia) por Francisci Hernández…por Tipografía Vitalis Mascardi, Roma, 1651, 316~317쪽. 스페인어 번역판 『전집』(Obras Completas), 3권, 390쪽.

하는데(유럽에 유포된 첫번째 이미지인데), 그 양서류와는 전혀 관계가 없는 모습이다. 그것을 그린 예술가가 그 동물의 최음제 효과를 약어고기의 최음제 효과와 비교 묘사하는 부분에만 근거하여 그렸기 때문이다. 왜냐하면 그 부분에서 에르난데스가 두 동물이 "어쩌면 같은 종일 것"이라고 단언했기 때문이다.

18세기에 클라비헤로Clavijero는 『멕시코 고대사』*Historia antigua de México*를 집필할 때 아홀로테에 대해 "그 형상은 추하고, 우스꽝스런 모습"이라고 말한다. 그리고 "의사 에르난데스가 언급한 바 있는 많은 관찰에 따르면, 이 물고기의 가장 특이한 점은 여성과 유사한 자궁을 가지고 있고, 여성처럼 정기적으로 피를 쏟아낸다는 것이다." 그는 두 개의 각주에서 발몽 드 부마레Valmont de Bomare와 기이한 논쟁을 벌이는데, 발몽은 많이 사용되는 『체계적인 세계 자연사 사전』*Dictionnaire Raisonné Universel d'Histoire Naturelle*의 저자인데, 거기서 아홀로테의 월경에 대해서 의심을 드러냈다.

(클라비헤로는 애국심에 불타 말한다) 이 물고기를 꼬박 수년 동안 보아온 사람들의 증언을 호의적으로 볼 때 우리는 한 프랑스 사람의 의구심에 별로 신경 쓸 필요는 없다. 비록 그가 자연사에 있어 아주 박학하다고 해도 아홀로테를 결코 본 적도 없고, 그 이름조차 모르기 때문이다. 그리고 특히 정기적 출혈이 오로지 여성만이 하는 것이어서 다른 동물에게서는 찾아볼 수 없는 것도 아닌데 말이다.

그리고 자기 생각을 뒷받침하기 위해 영장류 암컷들의 경우를 언급한다. 반대로 호세 안토니오 알사테José Antonio Alzate는 클라비헤로 작품에다 주석을 달면서 프랑스 자연과학자가 옳다고 말한다.

> 아홀로테들 중에서 어두운 반점들이 있는 황색 아홀로테들이 있는데,
> 이것들은 아가미 혹은 귀라고 할 수 있는 곳으로 호흡을 하기 때문에 진
> 짜 물고기라고 할 수 있다. 나머지 점에 있어서, 논란이 되는 부분에 대
> 해 부마레가 의심한 것이 옳았다. 내가 해부를 통해서 월경이 거짓이라
> 는 것을 확인했기 때문이다.[3]

어느 정도 세월이 흐른 뒤 훔볼트 역시 그 기이한 동물들을 마주하
게 되었다. 멕시코에서 아홀로테 두 마리를 파리로 가져가서, 조르주 퀴
비에Georges Cuvier에게 주면서 연구해 보라고 했다. 멕시코산 아홀로테의
음부가 다시 공개적인 논쟁의 주제가 되었다. 그 위대한 자연과학자는
1807년 1월 19일과 26일에 국립연구소에서 그 신비스런 양서류에 대한
진지한 연구보고서를 낭독했다. 그는 에르난데스의 묘사가 훌륭하다고
인정하면서 이렇게 언급했다.

---

3) 프란시스코 클라비헤로, 『멕시코 고대사』, 1권, 106쪽. 알사테의 언급은 로베르토 모레노
(Roberto Moreno), 「클라비헤로의 고대사에 대한 알사테의 주석」("Las notas de Alzate a la
Historia Antigua de Clavijero(Addenda)"), 110쪽에서 찾아볼 수 있다. 또한 알사테의 글 「아
홀로테」를 볼 것. 아홀로테는 축축한 우울증 속에서, "젖은 세상, 대홍수가 난 듯 한 세상"에
서 산다(푸코가 우울증을 그렇게 그리듯이). 이러한 세상은 바로 18세기에 코르네이유 드 포
(Corneille de Pauw)——클라비헤로의 적——가 아메리카인들의 퇴화를 설명하기 위해서
조작해 낸 세상이다. 그가 보기에 아메리카의 습하고 끈적끈적하고 늪지가 많은 환경과 괴
물 같고 타락한 주민들 사이에는 상응관계가 있었다. 습기가 많아 생기는 부패현상이 사람
들의 성격을 그렇게 만든다는 것이다. G. Marchetti의 흥미로운 연구 『토착 문화와 국가 통
합』(Cultura indígena e integración nacional)을 볼 것. 이 연구에서 베를린에서 1768~1769
년에 출간된 포의 『아메리카인들에 대한 철학적 연구』(Recherches philosophiques sur les
Américains)를 조심스럽게 분석하고 있다.

비록 '음부가 여성의 성기와 유사하다'vulvam habet muliebri similliman의 낱말들은 맞지만, 아홀로테의 항문을 언급하고 있다는 점을 이해해야 만 합니다. 그러니까 '항문이 여성의 성기와 유사하다'anum habet vulvae muliebri simillimum고 했어야만 합니다. 이것은 도롱뇽들의 일반적인 특징 입니다.

퀴비에는 그 양서류의 신비로운 월경에 대해서 칭찬할 만한 설명을 덧붙인다.

이 (여성의 음부와의) 외형적인 유사함과 어쩌면 배설물의 불그스레한 색깔로 인해서 사람들이 그런 말을 했을 것이고, 에르난데스는 거기서 아홀로테가 정기적으로 출혈을 한다는 정보를 획득했을 것이다. 에르난 데스가 추가로 한 말이 더 그럴싸한데, 아홀로테 고기가 맛있고 건강에 좋은데, 그 맛이 독수리 고기 맛과 유사하고, 도마뱀 고기처럼 최음제 효 과가 있다고 여겨진다는 것이다.[4]

퀴비에는 자신의 설명을 보조할 뛰어난 그림들을 함께 넣었는데, 그 그림 중 하나는 아홀로테의 외설적인 배와 화제가 된 음부를 보여 주고 있다. 퀴비에는 오래전에 일어난 번역의 실수가 (1615년 히메네스 Ximénez에 의한 실수였는데, 그는 'vulva'를 '자궁' 혹은 '모태'로 번역했다)

---

4) Georges Cuvier, 「자연과학자들이 아직 의심스러운 것으로 여기는 파충류들에 관한 해부학 적 연구: 멕시코로부터 훔볼트 경이 보고한 아홀로틀의 경우」("Recherches anatomiques sur les reptiles regardés encore comme douteux par les naturalistes; faites a l'ocassion de l'axolotl, rapporté par M. de Humbolt du Mexique")

어떻게 아홀로테와 관련해 터무니없는 신체적 모순을 만들어 내어 자연과학자들을 놀라게 했는지 이해할 만하다고 설명했다. 여전히 사람들을 놀라게 한 점은, 해부학적으로 도롱뇽과 유사한 동물에서 머리 양쪽 외부에 아가미가 여전히 존재한다는 것이었다. 이 점에 있어서는 착오가 없었다. 사실 아홀로테는 성숙한 양서류로서, 유충단계에서 스테레오타입적으로 있는 아가미를 상실하지 않은 것이다(마치 올챙이들이 개구리로 변태할 때처럼). 하지만 퀴비에는 비교해부학의 논리에 충실한 사람으로서, 아홀로테는 대형 도롱뇽의 유충에 지나지 않는다고 결론지었다. 그럼에도 불구하고, 퀴비에는 몇 년 뒤 자신이 한 동물세계에 대한 유명한 분류에서는 아홀로테를 영원히 아가미를 가지는 동물로 분류하지 않을 수 없었다. 아홀로테는 끈질기게 당시 과학적 논리에 맞지 않고 있었다. 하지만 그 프랑스 자연과학자는 (그 역시 끈질겼는데) 그 페이지 아래에 각주를 이렇게 달았다. "나는 아홀로테를 영원히 아가미를 갖는 종으로 분류했지만, 여전히 의심을 가지고 있다. 하지만 아홀로테가 절대 아가미를 상실하지 않는다는 증언들이 너무나 많기 때문에 이렇게 하지 않을 수 없다."[5]

프랑스식 고집은 다른 영역에서도 일어났는데, 나폴레옹 군대가 멕시코를 침략했을 때였다. 그 망상적이고 터무니 없는 기획에서는 실패했지만, 침략자들은 1864년 살아 있는 아홀로테들을 처음으로 파리로 보내는 데 성공했고, 유럽 사람들은 그것들을 직접 눈으로 볼 수 있었다. 그것들을 퀴비에의 협력자이자 제자인 오귀스트 뒤메릴^{Auguste Dumeril}이

---

5) Georges Cuvier, 『조직에 따라 배열된 동물의 왕국』(*Le regne animal distribué d'après son organisation*), vol. 2, p. 119.

받았다. 그는 이미 유명한 『비교해부학 강의』*Leçons de l'anatomie comparée* I, II권을 출판하는 데 공헌한 상황이었다. 1865년 1월, 뒤메릴의 이야기에 따르면, 그 기이한 양서류들이 있던 수족관에서 '큰 난리'가 일어났는데, 수컷들이 점액질을 쏟아 냈고, 암컷이 그 화제의 음부를 그 위에 위치시켰다는 것이다. 1865년 9월, 유럽 태생 크리오요 제1세대가 탄생했고, 젊은 시절의 아가미를 상실하지 않은 부모들의 자식들이었다.

하지만 사람들이 놀라면서도 기뻐했던 일은 파리에서 태어난 아홀로테들이 얼마 지나지 않아 성숙한 도롱뇽으로 변태했다는 것이다. 그럼에도 불구하고, 그의 부모들은 결코 변태를 하지 않고 본래 아홀로테의 모습을 끝까지 의젓하게 유지하였다.[6] 유럽 자연과학자들의 눈에는, 기이하긴 하지만, 아홀로테는 실제로 도롱뇽의 유충이었다. 일단, 서구의 논리는 그 반항적인 멕시코 양서류를 정복하였고, 퀴비에의 영혼은 편히 쉴 수 있었다.

---

6) A. Dumeril, 「자연사 박물관 파충류 전시실에서 아가미가 사라지지 않는 멕시코산 꼬리달린 양서류, 아홀로틀의 번식」("Reproduction, dans la Ménagerie des Reptiles au Muséum d'Histoire naturelle, des Asolotls, Batraciens urodéles a branchies persistantes, de México…"(「아홀로틀에 관한 새로운 관찰」["Nouvelles observations sur les Axolotls"]).

14장 _ 감성적 후손

그 천박한 사람들은 단어의 엄밀한 의미에서 프롤레타리아이다. 원칙적으로 쾌락주의자들로서, 귀찮은 노동을 가능하면 피하려고 하고, 어느 곳에서라도 가능하다면 쾌락을 추구한다
— 칼 크리스티안 사토리어스, 『1850년 경 멕시코』

미국에서 온 방문객들이 멕시코와 그 주민들에 관련해서 그리기 좋아하는 삽화 중에는 한 식육점 주인에 관한 익살스런 그림이 있다. 멕시코시티의 한 식육점을 묘사하고 있는데, 가죽을 벗긴 소 한 마리가 천장에 매달려 있고, 다양한 부위의 고기와 순대, 그리고 금빛 종이로 만들 꽃 장식도 함께 있다. 그렇게 널려 있는 고기들 가운데는 과달루페 성모도 보인다. 하지만 그 장면을 그리는 메어^{Mayer}의 관심을 가장 많이 끄는 것은 식육점 주인이었다.

감성적으로 생긴 사람으로 검은 눈에, 긴 곱슬머리인데, 어쨌든, 기름기로 번들거리는 피부만 제외한다면 정말 매력적인 사람이다. 나는 변함없이 늘 그 사람이 톱과 도끼 사이에서 낭만적인 자세를 취한 상태를 목격하곤 했는데, 그는 대여섯 명 되는 가정부들 사이에서 기타를 치고 있는 것이었다. 이 가정부들은 분명 그 사람이 부르는 사랑의 노래에 끌려 그에게 '스테이크용 고기'^{bisteces}를 사러 달려갔을 터이다.

그리고 메어는 이렇게 끝을 맺는다. "고기와 음악이 뒤섞인 그런 장면은 천박한 것이 아니다." 그런 스테레오타입은 우리에게 아주 익숙한 장면이다. 우리는 쉽사리 그런 스테레오타입적인 서민적 낭만주의 가수들의 화신으로 페드로 인판테Pedro Infante[1]를 떠올릴 수 있다. 그렇지만, 그 감성적인 식육점 주인에 대한 묘사는 1844년에 출판되었다.[2]

만약 바스콘셀로스가 어느 기회에, 멕시코의 감성 앞에서 앵글로색슨계 사람이 놀라는 것이 반영된 앞의 글을 읽었다면, 분명 차가운 실용주의에 대한 대안으로서 조화로운 우주적 인종의 감성적 성격에 철학적 차원의 의미를 부여하려고 했던 자신의 의도를 더욱 확고하게 해주는 글이라고 생각했을 것이다. 사실 바스콘셀로스는 (안토니오 카소와 마찬가지로) 때늦은 낭만주의의 반발을 대변한다. 독일 낭만주의의 비이성주의와 마찬가지로, 바스콘셀로스는 이성에 대립하는 감성의 가치에 대해서 강조한다.

> (바스콘셀로스는 말한다) 우리 같은 감성적 인종은 세상을 이해하는 원칙들을 세울 때 우리의 감성에 맞추어 그 원칙들을 세우게 된다고 나는 믿는다. 감성들이란 것은 단정적인 강요나 이성에 나타나는 것이 아니라, 미적 판단에 나타나거나 감성과 아름다움에 대한 독특한 논리에 나타나는 것이다.[3]

---

1) 1917~1957, 멕시코 영화의 황금시대 배우이자 가수 — 옮긴이.
2) Brantz Mayer, 『멕시코 과거와 현재의 모습』(México, lo que fue y lo que es), 80쪽.
3) José Vasconcelos, 『인디아학』(Indología), 137쪽.

안토니오 카소 역시, 실증주의에 맞서 싸우면서, 세상에 대한 감성적 해석을 하려 한다는 사실을 우리는 기억할 필요가 있다. 그래서 그는 철학적 체계를 세우기를 거부한다. 이 점이 바로 그런 철학적 체계를 세우려는 (비록 그것을 달성하지는 못하지만) 바스콘셀로스와 다른 점이다. 카소의 생각에 따르면, 경제학이라는 것은 이성적 사고의 한 형태인데, "체계란 가장 경제적인 지적 형태이고, 그렇기 때문에 가장 믿을 수 없는 것이다."[4]

이처럼 라틴적인 것과 앵글로색슨적인 것 사이의 오래된 대립은 유럽문화의 다른 독특한 모순과 섞이게 된다. 그것은 바로 낭만적 사람들과 고전적 사람들 사이의 갈등이다. 모레이라Moreira의 지적에 따르면, 브라질에서는 (내 생각에는 동일한 일이 멕시코와 다른 라틴아메리카 나라들에서도 일어나는데) 낭만적인 사람들과 고전적인 사람들 사이의 갈등이 좀더 낮은 강도로 반복되고 있다. 라틴아메리카의 문학에서는 보편주의(그것은 유럽적인 것과 혼동되는데)와 국가적이거나 지역적인 삶에 대한 표현과 대립이 발생한다. 유럽에서는 그런 갈등이 고전적인 것(근본적으로는 그리스적인 것)과 낭만인 것 혹은 국가적인 것과의 투쟁으로 언급된다. 유럽에서 낭만주의자들은 그리스적인 것에 대한 모방을 비판하고, 라틴아메리카에서는 유럽적인 것에 대한 모방을 비판한다.[5] 하지만 바스콘셀로스는 스페인·중남미적인 것을 원한다고 하면서 보편적인 것이 되려고 한다. 그리고 엔리케 로도와 같은 노선에 서서, 고전 문화를 거부하는 것이 아니라, 앵글로색슨적인 칼리반의 이성주의와 실증주의

---

4) A. Villegas, 『멕시코적인 것에 대한 철학』(*La filosofía de lo mexicano*), 71쪽.
5) Dante Moreira Leite, 『브라질의 국민성』(*O carácter nacional brasileiro*), 33쪽.

를 거부한다. 역설적으로 보편적인 존재가 되려는 그의 방식은 근본적으로 비이성적이다.

사무엘 라모스는 감정, 감성 그리고 직감을 비이성적으로 찬양하는 것에 대해 어느 정도 반발한다. "지적인 훈련이 필요한 나라에서 직감을 옹호하는 것은 조금 착각이다"라고 말했다.[6] 하지만 카소와 바스콘셀로스의 낭만주의에 대해 저항하면서도 스스로 비이성적 논리전개의 토대를 수용하는 것을 피하지 못한다. 바로 멕시코인은 (게으르고 반항적인 경향이 있기 때문에) 실제로 이성을 감성으로, 과학을 직관으로 대체하는 경향이 있다.

프롤레타리아가 되어 가는 과정에 놓여 있는 도시의 새로운 대중에게서 지배문화가 발견한 특징들은 근대의 감성체계에서 전통적인 멕시코인의 스테레오타입으로 이식된다. 사무엘 라모스가 모델로 사용하는 '펠라도'는 분명 프롤레타리아이다. 하지만 '멕시코적인 것'의 일부를 형성하기 위해서는 프롤레타리아적인 삶의 형식들을 "탈프롤레타리아 하는 것"이 (굳이 말하자면) 필요하다. 다시 말해, 국민문화에 진입하기 위해서는 자신의 계급적 기원起源을 상당히 제거하는 것이 필요하다는 것이다. 라모스는 자신이 생각하는 멕시코인 모델이 지닌 계급적 뿌리에 대해서 이렇게 고백한다.

펠라도가 열등감을 가지고 있는 것은 멕시코인이라는 사실 탓이 아니고 프롤레타리아라는 조건 때문이다. 사실, 이 프롤레타리아라는 조건만으로도 그런 열등감이 생길 수 있지만, 그것이 펠라도의 열등감을 만드

---

6) 『전제』(Hipótesis), 96쪽. A. Villegas, 『멕시코적인 것에 대한 철학』, 112쪽에서 재인용.

는 유일한 요인만은 아닐 수 있다는 생각을 갖게 하는 계기들이 있긴 하다.[7]

라모스가 보기에 국민성이 바로 열등감을 만들어 낸다. 그 사실은, (그에 따르면) 그 감정이 "교양을 쌓고 지적인, 부르주아 계층에 속하는 멕시코인들에게도 존재한다"는 사실로써 입증된다.[8] 이런 조잡한 설명 앞에서 우리는 웃음을 지을 수도 있지만, 한편 흥미로운 것은, 스테레오타입과 프롤레타리아의 감정의 연결고리를 강조했다는 것이다. 프롤레타리아에게는 자신이 태어난 농촌 에덴동산이 이미 자신의 발판도 아니고 관련사항도 아닌데 말이다. 바로 여기에서 그의 감정적·정서적 특성이 유래하는 것이다. 우랑가의 설명에 따르면, 정서란 파괴에 의해 위협을 당한 자의 내면에 있는 연약함이다.[9] 그것은 존재론적 상처인데, 그래서 포르티야Portilla는 "멕시코인들은 태어날 때부터 실존주의자들이다"라고 생각했다. 치유될 수 없는 우연성에 영향을 받으면서 살아가야 한다는 사실 때문이다.[10] 이 실존주의적 관점에서 이런 스테레오타입이 유지되었다. "멕시코인은 성격학적으로 감상적인 존재이다. 이런 인간적인 속성 안에서 예민한 감수성, 비활동성, 그리고 삶의 모든 사건들을 속으로 되새겨 보는 경향 등이 함께 있거나 뒤섞여 있다."[11] 멕시코인의 성격적 특징들의 목록을 만들어 아주 많이 인용되는 호세 이투리아가

---

7) Ramos, 『멕시코의 사람과 문화』, 57쪽.
8) Ramos, 『멕시코의 사람과 문화』, 57쪽.
9) Emilio Uranga, 「멕시코인의 존재론에 대한 소고」("Ensayo de una ontología del mexicano"), 136쪽.
10) Jorge Portilla, 『렐라호에 대한 현상학』(Fenomenología del relajo), 128쪽.
11) Uranga, 「멕시코인의 존재론에 대한 소고」, 136쪽.

José Iturriaga 역시, "멕시코인은 겉으로는 차갑고 무관심해 보이지만, 감수성이 예민하다"[12]라고 단언한다.

멕시코인의 감성은 폭력과 무기력 사이의 메스티소 같은 혼합에서 유래한다. 그래서 멕시코인은 공격적인 면에서 열정적인데, 하지만 쉽게 애원이나, 울음, 불평으로 해소된다. 우울한(차갑고 무관심한) 멕시코인이라는 개념은 자본주의 근대성의 드라마를 포착하기에는 충분하지 못하다. 펠릭스 팔라비시니[Félix Palavicini]는 멕시코인에 대한 신화를 창안한 선구자 중 한 사람인데, 그 증상과 관련지어 다음과 같이 지적한다.

> 멕시코인들의 영혼은 우울하다는 믿음이 있다. 그들의 노래들은 고통스럽고, 한탄하고, 나약한 마음을 전하고 있어 고통받는 민족이라는 생각을 갖게 만든다. 사실 우리 민족은 정확히 말해서 우울한 것이 아니고 연민을 자아낸다. 그의 영혼은 슬픈 것이 아니라 비극적이다. 멕시코 메스티소는 결코 '가능한지 알아보려고 하는 것이 아니라 가능하니까 하는 것이다. 그리고 우리가 어둠 속에 놓일까봐 자기가 해를 박살내지 않는 거라고 말한다'.[13]

조화롭고 우주적인 새로운 인종은 감상적 수컷우월주의를 지닌 애처로운 가면무도회로 변하고 말았다. '멕시코적인 것'에 대해 연구자들이 반복적으로 인용하기 좋아하는 수많은 노래들에 나타는 신화들은 그런 모습이다. 비극적이게도 그 국가의식이 진보와 근대화의 거친 물결

---

12) José Iturriaga, 『멕시코의 사회문화적 구조』(*La estructura social y cultural de México*), 231쪽.
13) Félix Palavicini, 『멕시코적인 비극에 대한 미학』(*Estética de la tragedia mexicana*), 105쪽.

속에서 조난당하고 있는 것처럼 보이는 나라는 미래가 어떻게 될 것인가? 어떤 방패가 있어야 그 나라를 바로 자기 자식들로부터, 감성적이고, 거칠고, 게으르고, 반항적인 후손들로부터 보호할 수 있단 말인가? 이 툭하면 싸우려 드는 펠라도 후손들을 국가문화에 통합시키는 것이 필요하다. 토착적인 과거의 잔재들이 우울한 농부라는 통합적인 신화로 재탄생하기 위해 소각되었던 것과 마찬가지로 말이다. 멕시코혁명이 불러낸 새로운 프로메테우스(새로운 인간의 배아로서 우주적 메스티소이자 프롤레타리아) 역시 펠라도라는 애처로운 이미지로 축소되기에 이른다. 고개 숙인 인디오에게는 미래가 없지만, 과거는 있다. 새로운 영웅은 과거가 없지만, 미래도 없다. 국가주의적 신화세계는 그를 거세해 버렸다. 이것이 바로 그 프롤레타리아가 국가문화의 일부를 형성하러 들어서기 위해 지불해야 할 비용이다.

혁명적 근대성이 낳은 영웅에 대한 국가주의적 찬양(카소와 바스콘셀로스, 그리고 멕시코 국가체제가 불러낸 영웅)은 심각한 비이성주의 요소를 포함하고 있다. 공격적인 정서를 지닌 국민을 만들어 내서 찬양한다. 그 국민은 근대 산업사회의 차가운 테크놀로지와 오염되고 유독한 공기 속에 빠져드는 것에 저항할 능력이 있는 국민으로 그려진다. 그것으로 지배문화는 국가체제의 국가주의적 합법화 과정을 견고하게 확립할 수 있었다. 하지만 그것을 금욕주의적 사고 모델을 통해 하고 있다. 그 사고방식은 일반 대중을 근대의 착취 방식을 견디어 낼 수 있는 효과적인 프롤레타리아 대중으로 변화시키는 것을 포기하고 있다. 멕시코 국가주의는 금욕주의적 요소를 가지고 있는데, 그 국가주의를 지탱하는 몸통에 해당하는 사회집단에 대한 뿌리 깊은 멸시로 가득 차 있기 때문이다. 그리고 자본주의 산업사회의 고유한 세속적 과제들을 거부하기 때문이다.[14] 그 국가주의 정신은 감성과 감상주의의 두꺼운 껍질로 스스로를 보호하면서 근대적 삶에 반항하는 인종의 이름으로 말한다. 그것은 바로, 식민화된 지식인이 근대 자본주의에 의해 근대성이라는 냉혹한 환경에 내던져졌을 때 하는 응답이다. 그 속에는 반反자본주의적 태도가 없다. 근대성을 받아들이고는 있지만 마지못해 받아들이고 있는 것이다. 이런 태도 속에서 종속문화의 금욕주의적 증후를 인지할 수 있다. 감상주의는 분명 대중적 기원을 가지고 있다. 산업문명이 대중적 영역을 장악했을 때 내면 깊은 곳에 감성의 저항이 나타나는 것은 (멕시코만이 아니고) 잘 알려져 있다. 하지만 멕시코에서는 정치적 엘리트가 억압된 국민의 감성적 외침을 제도화해서 그 외침들을 국가문화를 위한 하나의 대안으로 탈바꿈시킨다.

---

14) 멕시코 문화에서 자기 파괴적인 경향들은 부패와 비효율을 찬양하고, 죽음을 예찬하는데, 세네카가 자살을 장려한 것과 비교할 수 있을 것이다. 세네카는 죽음을 두려운 것으로 여기지 않고, 일종의 해방으로 보았기 때문이다. 19세기 러시아 문화 역시 나태, 시간 안 지키기, 부주의, 태만, 낭비를 독일식 효율성에 맞서는 긍정적인 가치로 찬미했다. 이러한 러시아식 '미덕들'을 'bezalabershchina'라고 불렀다. 이 말은 부재를 의미하는 어두 다음에 라틴어 동사 elaborare(수행하다)를 포함하고 있다. 결국 하나의 일을 끝내기에는 무능력하다는 의미다. Importamadrismo(멕시코에서 흔히 쓰는 표현으로 "내겐 중요하지 않다, 상관없다"는 의미 —옮긴이)의 러시아식 버전은 소비에트 사회주의 연방공화국에서 실천되고 있다. Hingley, 『러시아인의 마음』, 41쪽.

"아홀로테들이 여성들의 질 속으로 파고든다는 일반적이고 저속한 믿음이 있다."
출처 : 호세 마리아 벨라스코가 아홀로테에 대해 1879년 수행한 연구를 설명하기 위한 그림이었다.

15장_ 애국심에 불타는 메스

또 다시 고귀하신 분의 검은 빛 둥근 얼굴, 그 다부지고 무표정한 얼굴은 변
태를 겪었는데, 표현하기 어려운 매력이 있었다. 동그란 형태의 두 눈은 보
는 데는 전혀 관심이 없어 보였지만, 긴장된 목, 날렵한 머리의 움직임, 지
느러미 같은 코볼의 빠른 박동은 그를 젊어보이게 했고, 신비한 세상과 방
금 접촉을 한 그 순진한 동물의 놀란 듯한 표정에는 지혜가 살짝 비쳤다. 왜
냐하면 공기가 그에게 꽃가루 바람을 통해서 세상 풍경의 떨림을 전해 주
었기 때문이었다. ― 호르헤 살라메아, 「고귀하신 분의 변태」

화가 호세 마리아 벨라스코José María Velasco가 '가장 공기가 투명한 지역'
의 신비로움을 자신의 아름다운 그림들 속에 담으려고 멕시코 계곡을
돌아다니고 있을 때 그는 그 지역의 동식물에게도 역시 깊은 관심을 가
지고 있었다. 벨라스코는 상당히 우수한 자연과학자이기도 했기에 신비
로운 아홀로테에게도 많은 관심이 있었다. 그는 퀴비에와 뒤메릴의 연
구들도 알고 있었기 때문에 아홀로테가 보여 주는 수수께끼들에 푹 빠
져 있었다. 그는 호기심으로 그 양서류의 특성과 습성에 관한 세밀한 연
구를 실행에 옮겼다. 그 연구는 그 동물의 순환계와 호흡계의 해부학적
연구도 병행하고 있었다. 그 연구의 결과들은 멕시코 자연과학사 협회
의 1878년 12월 26일과 1879년 2월 27일 회의에서 그 회원들 앞에 보고
서 형식으로 소개되었다.[1]

---

1) 지금부터 이어지는 인용은 모두 이 보고서에서 따왔다. 「멕시코 계곡, 과달루페 이달고
   (Guadalupe Hidalgo)라는 마을 근처에 있는 산타 이사벨(Santa Isabel) 호수에서 발견된 일종
   의 새로운 종류의 도롱뇽 유생의 변태와 습성에 대한 묘사」.

그 보고서에서 아홀로테가 도롱뇽으로 변태하는 것에 대한 퀴비에의 궁금증과 뒤메릴의 관찰에 대해서도 서술했다. 벨라스코는 뒤메릴의 1866년 경험들을 접하면서 "광활하고 아름다운 멕시코 계곡의 천연 수족관의 자연 그대로의 상태에서" 변태 과정을 확인하기로 결심했다고 밝혔는데, 그 일은 (그가 강조한 바에 따르면) 지극히 어려운 일이었다. 그 아홀로테의 변태가 그 동물의 원산지인 멕시코에서 관찰되지 않고 파리에서 관찰되었다는 사실에 그는 불편했던 것이다. 그 어려운 연구를 시도하는 것이 개인적인 허영심 때문이 아니라 "[변태에 대한 확인]이 그 이전에 이루어지지 않은 것이 어쩌면 멕시코 측의 잘못된 무관심 때문이라고 외국에서 생각하지 않도록 하기 위해서였다".

벨라스코는 자기 조국을 사랑했기에, 자연과학에서 중요하기 그지없는 인물로 탈바꿈한 동물의 변태에 대해 멕시코에서 아무도 확인하지 않았다는 사실을 납득하기 어려웠다.

여러분! (벨라스코는 자연사 협회의 자기 동료들에게 말했다) 그 동물들이 사는 우리 조국에서 그들의 변태에 대해서 확인하지 못한 채 몇 세기가 흘렀다는 사실에 주목해 주길 바랍니다. 수생동물 거래시장에서 아주 주된 품목임에도 불구하고 말입니다. 아픈 아이들에게 먹이려고 항상 사람들이 열심히 찾기 때문에 멕시코의 시장에서는 늘 거래가 되는 동물임에도 불구하고 말입니다.

그 화가는 아홀로테에 대한 연구를 애국적인 의무로 시작했다. "여러분, 적어도 저는 아홀로테들을 찾아나서는 것이 일종의 의무라고 느꼈다는 사실을 고백하지 않을 수 없습니다 …." 아홀로테들을 찾아 나서고, 관찰하고, 해부한 지 12년이 지나 나름대로 결론에 도달했고, 그것들은 공개할 가치가 있다고 판단했다. "친애하는 동료 여러분! (그는 떨리는 목소리로 말했다) 제가 멕시코인으로서 저의 의무로 여겼던 일의 결과를 여러분에게 전할 순간이 마침내 왔습니다." 이어서 그는 자신의 무능에 대해 대중들의 용서를 빌었다. 그리고 고명한 대가의 도움에 감사하면서, 뒤메릴에게 그의 발견이 마침내 자연상태 속에서 입증되었음을 축하했다(분명, 뒤메릴이 이미 8년 전에 죽었다는 사실을 모르고 있었다).[2]

또한 물이 너무 흐렸기 때문에 아홀로테들이 어떻게 생식하는지 관찰할 수 없었다고 변명했다. 이런 식으로 서두를 시작한 뒤, 벨라스코는 새로운 종류의 아홀로테(그 당시에는 '시레돈'siredon[3]으로 분류했는데)에 대한 설명으로 이어갔다. 과달루페 이달고Guadalupe Hidalgo라는 마을 근처에 있는 산타 이사벨Santa Isabel 호수에서 발견된 것이었는데, 검거나 누런 색, 혹은 황금빛 반점이 있는 연두빛 동물로, 뒤메릴이 연구하던 아홀로테와는 다른 것이었다. 우리나라의 그 유명한 화가 벨라스코는 홈볼트와 퀴비에가 그렇게 관심을 가졌던 아홀로테 유생과는 상이한 도롱뇽 유생의 변태를 실제로 직접 목격했다. 벨라스코는 이 수생 유생들의 생식을 관찰할 수는 없었다는 것을 인정했다. 그래서 이 아홀로테들이 유생으로서 성적으로 성숙함을 획득한다는 것을 확인할 수 없었다는 것이다. 게다가 산타 이사벨 호수는 매년 완전히 말라 버리기 때문에 그 유생들이 땅에서 살아가기 위해서는 도롱뇽으로 변태해야만 한다는 사실은 명백하다고 말했다. 살아 있는 상태에서 판매되고 있는, 소치밀코 호수

---

2) 오귀스트 뒤메릴은 1870년 11월 12일 죽었다.
3) 도롱뇽의 유생이라는 뜻 — 옮긴이.

나 찰코 호수에서 잡힌 아홀로테들의 변신에 관한 어떠한 사례도 확인되지 않았다고 말했다. 산타 이사벨 호수의 아홀로테들은 구운 뒤 옥수수 잎에 싸서 팔리기 때문에 변태의 사례는 전혀 확인할 수 없었다고 설명했다.

자연사 협회의 1차 회의를 끝내면서 벨라스코는 산타 이사벨 호수의 아홀로테들의 몇 가지 모험담에 대해서 간단히 얘기했다. 자기 집에 있던 아홀로테 중 여러 마리가 도망을 쳤는데, 그 중에 한 마리는 정원으로까지 내려가서 문지기가 깜짝 놀랐다는 것이다. 그리고 다른 놈들은 부엌에 숨었는데, (의심의 여지없이 여자들을 찾아간 것으로 여겨지는데, 그 이유는 앞으로 알게 될 것이다) 부엌 바닥의 틈을 통해서 넓은 광주리 아래로 숨어들었다.

그 지역의 마을들에서는 호수에서 멀리 떨어진 곳에서도 아홀로테들이 발견되었다. 벨라스코의 한 하녀가 말하길, 저녁 8시경에 그 호수에서 200미터 가량 떨어져 있는 자기 집에 아홀로테들이 나타나곤 했다는 것이다. 벨라스코는 아홀로테의 가장 큰 적은 뱀들 다음으로는 인간이라고 설명했다.

인간은 가능한 한 잽싸게 아홀로테를 죽여 버린다. 그 모습이 너무나 징그러워 참을 수 없기 때문이다. 게다가 (벨라스코는 계속한다) 아홀로테들이 여성들의 질 속으로 파고든다는 아주 일반적이고 저속한 믿음이 있다. 이런 이유로 해서 여자들은 적지 않은 경우에 소리까지 지르면서 아홀로테들로부터 달아난다.

벨라스코는 같은 페이지 아래에 각주를 달면서, 그 동물들이 섭씨

35도에서 죽기 때문에 여성의 질 온도를 견디지 못할 거라는 암시를 했다. 자연사 협회에서 있은 그 다음 회의에서 벨라스코는 애국심에 불타는 집도로 이루어진 아홀로테들에 대한 해부를 통한 연구들의 결과에 대해 설명했다. 그는 자신의 연구를 통해서, 아홀로테들의 내부에는 불꽃이 계속 타오르고 있기 때문에 불의 동물이라고 하는 도롱뇽으로 변신할 수 있는 것이라는 확신을 갖게 되었다.

16장_화상 입은 영혼들

도롱뇽이여, / 추상적 도시 속 / 아찔한 기하학들 사이에 / – 유리, 시멘트, 돌, 쇠 – / 무명의 성벽 옆구리에 / 계산에 의해 세워진 / 이익에 의해 조작된 / 거대한 키메라들 사이에 있는! — 옥타비오 파스, 「도롱뇽」

혁명의 재가 식어 버리자 멕시코 문화 내부에서는 중대한 문제가 발생한다. 거칠고 야만적인 멕시코인이라는 영원한 스테레오타입을 다루고 있는 신화들, 우주가 탄생할 때부터 역사를 가로질러 온 것처럼 오래된 신화들은 이미 충분한 효력을 지니고 있지 않다. 그 거칠고 야만적인 멕시코인이 끈덕지게 주기적으로 시멘트와 철로 된 근대성 건물의 창문으로 얼굴을 디밀기 때문이다. 멕시코혁명에 의해 촉발된 '역사적' 소용돌이 속에 잠겨 버린 인간과 짝을 이룰 수 있는 신화를 만드는 것이 필요하다. 미르체아 엘리아데Mircea Eliade가 옛날 사람의 천지창조론과 근대 역사의 공포라고 지칭하는 것과 관련되는 두 개의 신화를 멕시코 문화가 엮어 내고 있다는 것을 강조하는 것은 흥미를 끌 수 있는 일이다.[1] 어떻게 그 첫번째 신화가 고개 숙인 사람이라는 끔찍한 메타포로 형상화되었는지 나는 이미 밝혔다. 두번째 신화는 마치 굵은 그물망처럼 옛날

---

1) Mircea Eliade, 『우주와 역사, 영원한 회귀에 관한 신화』(*Cosmos and History, The Myth of Eternal Return*).

멕시코인과 관련된 신화를 (파기하지 않고) 끌어들인다. 근대성의 비극을 파헤치는 데 그렇게 많이 기여한 옥타비오 파스마저 1968년 틀라텔롤코에서의 대학살을 설명하기 위해 옛날 아스테카의 야만성을 지닌 스테레오타입을 동원해야 했다는 것은 놀라운 일이 아니다. 시간의 주기적 흐름을 보장했던 피라미드 위에서의 유혈 낭자한 희생의식들이 디아스 오르다스Díaz Ordaz 대통령의 독재정권에 의해서 다시 일어났다고 추정한다.[2] 옥타비오 파스의 설명은 근대성의 영역 안으로 옛날의 우주적 시간을 갑자기 밀어 넣은 것이다. 하지만 근대인의 불행과 고통을 옛날 신들과 지배자들 탓으로 돌릴 수는 없는 것이다. 오늘날의 일상적 고통을 선조들의 죄값을 치르는 것으로 설명하는 순환적 시간관은 이미 존재하지 않는다. 또한 근대의 슬픔에 대한 책임이 향수에 있는 것도 아니다. 황금빛 원시적 행복에 대한 기억은 이미 사라졌기 때문이다. 근대성은 지배문화가 그려 놓은 길로 걸어가길 거부한다. 그 길은 에덴으로부터 추방당하고 묵시록으로 가는 길인 것이다.

멕시코혁명에 의해서 촉발된 국가주의는 (희비극적이게도 19세기 실증주의로 회귀하면서) 진보와 역사의 수레바퀴가 미래의 국민 복지를 향해 굴러가기 시작했다고 믿는다. 그래서 모든 고통은 정당한 것이 아니고 근본적으로는 일시적인 것이라고 선언한다. 하지만 우리를 계속 짓누르는 불행과 고통 앞에서 지배문화는 하나의 답을 찾아 나선다. 새로운 천민들, 근대적 레페로들에게 현재의 불행에 대해 뭐라고 말할 것인가? 그 고통이 의미조차 없는데 프롤레타리아적 삶이 무슨 의미를 지

---

2) 「피라미드에 관한 비평」("Crítitca de la prámide"), 『추신』(*Posdata*). 파스의 이 텍스트는 우주와 역사에 대한 미르체아 엘리아데의 견해를 창조적으로 적용한 것이다.

니는가? 사회적 불행들을 '역사적 과정에 있는' (따라서 일시적인) 악으로 정의하는 것은 새로운 권력을 정당화하기에 충분하지 않다. 왜냐하면 역사적 주기는 각 개인의 인생보다 길기 때문이다. 따라서 국민문화의 영역 안에 놓일 수 있는 설명을 찾아내는 것이 필요하다. 그 설명은 모든 급진적인 대안들(또 하나의 새로운 혁명적 단절로 위협하는 대안들)을 배제해야 하지만, 그렇다고 멕시코 영혼의 토착적인 뿌리와 관련짓는 전통적이고 국가주의적인 닳아빠진 내용이어서도 안 되고, 종교적 숙명론이나 회고적 경향을 들추어 내서도 안 된다. 파괴된 에덴에서 추방된 고개 숙인 아담은 자본주의 사회에 맞서기 위해서는 새로운 성격이 필요하다. 하지만 그의 새로운 성격은, 환멸을 주는 근대사회의 철장에서 살아가기 위해 프로테스탄트적 윤리가 만들어 낸 실용적이고, 청교도적이고, 근면하고, 효율적인 (베버의 이미지를 빌려 말하자면) 인간상의 단순한 변용에 불과해서도 안 된다. 근대 멕시코인은 우울한 또 다른 자아$^{alter\ ego}$를 감추려고 노력한다. 애국적이고 혁명적인 마초, 태도는 시큰둥하고 뻣뻣하지만 내면 깊숙이는 감상적인 마초의 얼굴을 보여주기 위해서다. 이 새로운 멕시코인을 위해서는 새로운 형태의 고통을 창안해 내는 것이 필요하다.

멕시코의 근대성을 나타내는 영웅이 살과 뼈로 이루어진 자기 동시대인들을 매혹시키기 위해서는 비극적이고 드라마틱한 차원을 보여 주어야 한다. 원시적 에덴동산에서 추방된 인간에 관한 비극성과 유사한 방식으로 이 새로운 인물도 자기를 만들어 낸 바로 그 사회로부터 무시당한 자가 되어야 한다. 자기가 있는 도시 환경, 불행에 처해 있는 자기 동료들이 바로 그를 배신하고, 그를 공격한다. 하지만 향수를 느끼는 농부와는 달리 그 프롤레타리아는 원한을 품은 자이다.

원한을 품고 악의에 차 있는 근대 멕시코인이라는 메타포는 아구스틴 야네스에 의해서 제안되었고, 커다란 반향을 일으켰다. 실제 사실을 드라마틱한 형태로 묘사하기 때문이다. 산업자본주의 사회는 혁명적 멕시코인이 근대성 안으로 난입했을 때 가지고 있던 폭력적인 감수성을 거부한다. 멕시코혁명을 추진하는 사람들은 자본주의적 발전이 전국적으로 확장시켜 가는 새로운 형태의 일상생활을 견뎌 낼 수 있게 만들어지지는 못했다. 이러한 현실이 신화와 섞이고 교직하게 된다. 멕시코인은 자신을 둘러싼 세상에 배신당했다고 느낀다. 이 긴장된 느낌은 무엇보다도 연애관계와 우정관계에서 폭발하거나 드러난다. 근대의 영웅은 모든 것을 모든 사람을 의심하기 시작한다. 모욕을 당한 그 존재는 화난 자의 한탄을 담은 수많은 대중가요에 영감을 주었다.

> 네가 다른 남자의 품에 있으면서
> 가장 사랑받는 여자라고 여긴다면
> 네가 잠들어 있을 때 파렴치와 배신의 죄로
> 죽음을 맞게 해달라고 신에게 기원한다.

이 선상에서 새로운 신화들은 멕시코인들에게 그들의 '비이성적' 행위들을 정당화해 주고, 살아가면서 느끼고 있는 배신감들로부터 표면적으로 해방시켜 주려고 한다. 게다가 그들에게 일종의 즐거움을 주려고 하는데, 마치 레이예스 네바레스Reyes Nevares가 그 주제를 다룰 때 지적한 것처럼,[3] 자신의 감정들 때문에 고통 받는 사람을 존경하는 면이 있고, 그것이 사회적으로 용인되기 때문이다. 또한 레이예스는 어떻게 감정의 우위優位가 인간 이성의 지배로부터 정치적 본능들을 해방시켜 주는지 강조한다. 그에 따르면, 각 멕시코인 내부에는 가상적인 내면의 불꽃이 타오르고 있기 때문에 가장 혼탁한 결탁이나 가장 보복적인 행위들이 합법화된다.

그럼에도 불구하고, 원한의 감정은 근대 멕시코인의 벌거벗은 몸을 감추기 위해 지배문화가 찾아 낸 가장 좋은 형태이다. 고통과 모욕을 받아서 그의 성격 속에 남아 있는 원한의 잔불은 보들레르가 '아스팔트로 된 진흙탕'la fange du macadam이라고 부른 산업문명의 진흙탕, 아스팔트와 시멘트로 된 진흙탕에 맞서는 보호대인 것이다. 그 이미지와 메시지는 의심의 여지를 남기지 않는다. 불행 속에서 발가벗겨진 멕시코인은 부르주아식 착취의 차가운 공리주의로부터 자신을 방어하기 위해서는 원한으로 자신의 정신에 불을 붙일 수 있어야만 한다. 그는 세상과 사회에 배신당하고, 자기 여자, 친구들, 자식들…로부터 배신당했다. 한없는 모욕, 치욕, 쓰라림, 쓴맛의 잔불 속에서 자신의 영혼을 서서히 불태우지 않을 수 없다. 오직 이 내면의 열기만이 발가벗은 자기 육체가 온기를 유지할 수 있게 할 것이다.

혁명적 근대성을 지닌 메스티소 멕시코인은 일종의 서클에 가입하여 살아가는데, 그 서클은 그의 애국심을 명확하게 해주지만 동시에 그를 가두어 버린다. 폭력에서 감성으로, 감성에서 원한으로, 그리고, 분노한 나머지 다시 폭력으로. 그것은 영원히 순환적인 움직임으로 (룰렛처럼) 어디에서 멈출지 알 수 없다. 운명은 갑자기 포상으로 그에게 열정적 사랑을 준다. 그리고는 나중에 그를 분노에 차 고통받는 존재로 바꾸

---

3) Salvador Reyes Nevares, 『멕시코인의 사랑과 우정』(*El amor y la amistad en el mexicano*), 41~65쪽.

어 버린다. 어쩌면 다음날 갈빗대 사이에 칼이 꽂힌 채 새날을 맞이할 지도 모른다. 그래서 멕시코인은 불안과 우연성 속에서 살아간다고, 멕시코인을 규정하는 것은 그러한 상황이라고 끊임없이 얘기하는 것이다. 멕시코인은 우발적인 실존에 익숙한 존재라는 믿음에서 영감을 얻은 국가주의적 윤리는 그것 속에서 긍정적인 요소를 발견한다. (레오폴도 세아가 말하길) "자신의 모든 것을 걸기 때문에, 일시적이고 한정된 것을 긍정하기 때문에, 본질적이 아닌 우연한 것으로 여겨지는 것을 지속적으로 긍정하기 때문에 메스티소 정신은 안전성, 우월성, 효율성에 대한 새로운 느낌을 만들어 내게 되었다".[4] 끈덕지게 연습을 하고 계속 실수하는 덕분에, (그 연습의 참여자들에게는 내일이 불확실한 것도 별로 중요하지 않은데) 어떤 신비로운 우연 때문인지는 모르지만, 국가는 높은 기업정신을 축적해 간다고 믿는다.

이러한 사고는 (어떻게 보더라도 모순적인데) 많은 지식인들이 선동적이라고 거부하고 있음에도 불구하고 그 체제의 정치인들의 의식을 지배한다. 공격적이고, 열정적이고, 분노한 존재가 무턱대고 휘두르는 몽둥이로는 애국심에 불타는 풍요의 피냐타$^{piñata5)}$를 터뜨리기가 어렵다. 사실, 국가주의 피냐타는 결코 가난한 자들의 감상적 후손들을 위해 존재하지 않았다. 멕시코인의 성격에 관련된 이런 모든 조작들의 공식적 결산내용이 바로 수치와 모욕으로 얼룩진 애매한 얼굴이고, 멕시코혁명에 의해 열린 근대성을 향한 길을 따라 그러한 얼굴이 새겨져 왔다.

---

4) Leopoldo Zea, 『서구와 멕시코의 의식』(El occidente y la conciencia de México), 77쪽.
5) 선물이나 상품을 넣어 봉인한 바구니. 축제에서 매달아 놓고 몽둥이로 쳐서 터뜨리는 놀이를 한다—옮긴이.

"진화와 진보의 아름다운 풍경이 아홀로테 때문에 더럽혀졌다."

출처 : 1867년 출간된 뒤메릴의 논문에 실린 그림. 그 연구에서 아홀로테가 도롱뇽의 유충임을 밝혀냈다고 알려졌다.

17장_퇴보인가 진보인가?

> 아홀로테는 예민하고, 약질이고, 모든 점에서 멍청하고 느리고, 모든 점에서 비속한 양서류이다. ─ 알폰소 L 에레라, 「아홀로테」

아홀로테가 땅으로 나가기 위해 도롱뇽 형태로 변태하지 않고 계속 물속에서 살아갈 수도 있다는 문제는 19세기 진화론자들이 부딪힌 커다란 문제들 중 하나였다. 하지만 호세 마리아 벨라스코는 진화론이 마음에 들지 않았기에 아홀로테에 대한 자신의 지식을 활용해서 자연과학 내에서 있었던 가장 중요한 논쟁 중 하나에 끼어들었다.[1] 1880년 출판된 『자연』*La Naturaleza*에 실린 한 수필에서 벨라스코는 어거스트 바이스만^August ^Weismann의 이론을 강하게 비판했다. 그 이론에 따르면 그 멕시코 양서류는 하나의 종이 다른 종으로 변해 가는 과정을 보여 주는 예가 되는 것이다. 다시 말해, 변태를 하던 종이 변태를 하지 않는 종으로 이행하고, 아가미가 없는 종(도롱뇽)에서 항구적인 아가미를 가진 종으로(아홀로테)로 이행하는 것을 보여 준다는 것이다. 벨라스코는 태생적인 신체 구조 자체가 변태를 하게 만드는 것이라고만 간단히 밝히고, 종의 진화에

---

1) Stephen Jay Gould, 『개체발생과 계통발생』(*Ontogeny and Phylogeny*)은 흥미로운 책이니 참고할 것.

관한 다윈의 '과장된' 이론에 자신은 동의할 수 없다고 말했다. 사실, 벨라스코는 혼동을 했는데, 진화론에서 변태 자체가 종의 변화라고 여기는 줄로 잘못 생각했던 것이다.[2]

멕시코의 생물학 대가인 알폰소 에레라Alfonso Herrera 역시 바이스만의 이론을 비판하고, 벨라스코의 이론에 동조하기 위해 논쟁에 끼어들었다. 벨라스코는 아홀로테의 신체 기관들이 환경적 영향과는 무관하게 변태의 성향이 있다는 것이다. 그러나 에레라는 아홀로테들의 영양상태가 좋아진 것이 변태의 원인이라는 결론을 내렸다. 에레라 이론의 핵심은, 변태가 일어나지 않는 것은 다양한 환경 조건(낮은 온도, 먹이 부족 등)의 결과라는 것인데, 그러면서도 주변환경의 변화가 변태를 일으킨다는 이론을 거부한다("'신비롭게도' 환경의 독점적이고 직접적인 영향 때문에 종들이 빨리 형성된다는 것을 나는 믿지 않는다"). 에레라가 보기에 변태가 성향이라는 것은 사실이다. 그렇지만 영양상태 때문에 변태가 일어난다는 것이다.[3]

사실, 점진적 진화과정에 관한 헤켈의 진화재연이론 지지자인 바이스만은 각 개체의 삶(개체발생)은 종의 전반적 진화(계통발생)를 반영(일종의 진화 재연)하는 것이라고 믿는다. 개체발생은 수태에서부터 죽음에 이르는 개체의 삶을 포함하는 것이다. 그렇기 때문에 포유류에 있어서는 태어나기 이전의 태아 기간을 포함하고, 물론 양서류의 경우는 유생 단계를 포함한다. 진화재연이론을 지지하는 사람들은 태아기나 젊

2) J. M. Velasco, 「멕시코 아홀로테가 암블리스토마로 변형되는 것에 관한 아우구스토 바이스만 선생의 연구에 대한 주석과 견해」("Anotaciones y observaciones al trabajo del señor Augusto Weismann, sobre la transformación del ajolote mexicano en Amblistoma").
3) Alfonso L. Herrera, 「아홀로테」("El ajolote").

은 시기의 발달과정에서 성체가 지닌 특성들의 조상 단계가 반복된다고 믿었다. 하지만 아홀로테는 그들에게 불편한 문제를 갖고 있었다. 헤켈은 "지극히 기이한 경우"라고 인정하였지만, 그것은 하나의 조상 형태의 지속이라고 선언했다. 그럼에도 불구하고, 아홀로테는 진화재연설에 하나의 예외에 해당되었던 것은 명백하다. 아홀로테는 발달이 중단된 경우고, 계통발생적으로 일종의 회귀이고, 혹은 앞선 조상의 상태이기 때문이다. 진화재연론자들의 유전자공학적 법칙은 계통발생이 점진적으로 단계들을 추가하면서 진행되어 나온다는 것을 전제했다. 하지만 아홀로테는 단계들을 제거해 버리는 경우였다. 진화재연론자들은 아홀로테에 대해 많이 토론하였다. 그들은 아홀로테가 먼 조상을 닮은 경우인지, 단순히 과정이 단절된 것인지, 진정한 퇴보인지 합의점을 찾을 수 없었다. 하지만 거의 모두가 바이스만의 설명에 기댔는데, 그 설명에 따르면 아홀로테는 영구적인 아가미를 가진 전단계로 되돌아갔다는 것이다. 그것은 새로운 현상이 아니라 계통발생의 전단계로 퇴보한 것이라는 설명이다.[4]

진화재연론자들은 각 개체의 삶에서 진화의 전반적 단계들이 반영되는 것을 목격했다. 마찬가지로 국가주의는 각 멕시코인에게 민족사가 재연되듯 반영되어 있는 점에 주목하고 있었다. 아홀로테는 (프롤레타리아처럼) 신경 거슬리는 경우로서, 진화와 진보의 아름다운 풍경이 아홀로테 때문에 더럽혀졌다.

---

4) A. Weismann, 「멕시코 아홀로틀이 암블리스토마로 바뀌는 것에 대하여」("Ueber die Umwandlung des mexicanischen Axolotl in ein Amblystoma").

18장_ 멕시코인이라는 것이 의미가 있는가?

그 영혼은 새로운 육체들에게 바뀐 형태들을 얘기하려고 움직인다.
— 오비디오, 「변태」

노동계급이 태어나고 겪어 온 조건들이 너무나 비참하기 때문에 오래 전부터 부르주아들에게 두려움과 거부감을 불러일으켰다. 프롤레타리 아들에게서 부르주아 자신들의 피조물을 보게 되는 것을 두려워하였다. 비록 어느 누구도 그들이 산업화과정의 필연적이고 회피할 수 없는 결과물이라는 것을 부정할 사람은 없다. 하지만 2차세계대전이 끝난 지 얼마 되지 않아 프랑스 노동자 계급에 관한 의미 있는 책에서 알베르 단부아[Albert Dandoy]가 한 표현에 따르자면, 지배계급은 계속해서 노동자계급을 "근대사회의 옆구리에 붙은 암덩어리"로 바라본다. 그 책은 형편없기 짝이 없지만, 그래도 프롤레타리아를 혐오하는 오래 지속된 부르주아의 전통을 보여 주고 있다. 그 부르주아가 보는 프롤레타리아의 사고는 원한, 불신, 부도덕, 흉내 내기, 열등감, 박탈감으로 물들어 있다.[1] 보

---

1) Albert Dandoy, 『프롤레타리아와 그 문제들』(*Le prolétariat et ses probémes*). Louis Chevalier 는 『19세기 전반, 파리에서의 위험한 계급들』(*Dangerous Classes in Paris During the First Half of the Nineteenth Century*)에서 이러한 태도의 전례들을 잘 밝히고 있다. 이 책에서는 도시에서 비참하게 살아가는 사람들을 마치 흉측하고 위험한 짐승처럼 인성을 지니지 않은 야만스

다시피 사무엘 라모스와 그의 학파들이 멕시코인에게 부여한 모습들과 똑같다. 멕시코의 영혼을 관찰하던 사람들은 이 새로운 도시풍경을 보고 공포에 질렸다. 그들에게 있어 멕시코인은 의미없는 존재이고, 특별한 이유없이 모든 것을 부정하고, 원칙이 없고, 모든 것을 불신하고, 남의 의견들을 무시한다. 라모스는 고뇌에 차서 자문한다. "그렇다면, 멕시코인은 왜 사는가?" 멕시코인은 분별력이 없고 미래가 없는 실존을 이어가기에 살 수 있는 것이다. 그래서 멕시코 사회는 "마치 사방에 흩어진 원자들처럼 우연에 이끌려 사는 개인들이 존재하는 카오스"[2]에 지나지 않는다. 이것이 근대 자본주의 사회의 스테레오타입적인 작동양태에 완벽하게 적용될 수 있는 메타포이다.

엥겔스조차도 1844년부터 오늘날 말하는 끔찍한 '빈곤 문화'를 이해하려고 했고, 묘사했다. 노동자 계급의 상황에 대한 그의 고전적 연구에서 엥겔스는, 스테레오타입적으로 프롤레타리아 계급은 충동과 즉흥성의 경향이 있고 (바로 그 때문에) 술과 성을 남용하는 경향이 있는데, 그것은 결핍과 불안정, 타락이라고 하는 자신의 일상적 삶의 특성들을 극복하기 위해 필요한 균형추라고 밝혔다.[3] 오늘날 자본주의가 가장 발달한 나라들에서는 19세기의 독특한 프롤레타리아 하위문화가 대부분 사라졌다. 하지만 후진적인 변방에서 그 하위문화가 등장했는데, 그곳에서는 후발 산업혁명에서 유발된 고통들이 식민적·제국주의적 탄압의 잔재에 의해 더욱 첨예화된다. 유럽 부르주아계급이 프롤레타리아에 대

런 존재들로 바라보는 경향들을 분석하고 있다(362쪽과 이어지는 쪽들).

2) Ramos, 『멕시코의 사람과 문화』, 59쪽.

3) Steven Marcus, 『엥겔스, 맨체스터, 노동계급』(*Engels, Manchester and the Working Class*)은 이와 관련된 뛰어난 연구이다.

한 자신들의 생각을 드러내기 위해 사용했던 문화적 스테레오타입과 어느 정도 유사한 스테레오타입이 그곳에서 등장한 것에 대해 이상하게 생각할 이유는 없다.

멕시코 상황의 특이한 점은 프롤레타리아의 스테레오타입에 대한 기이한 분리가 행해진다는 것인데, 이는 국가정체성의 형성을 촉진하기 위한 것이다. 멕시코혁명 이후 멕시코의 국가주의자들(토착적인 부르주아 전통이 없는 자들)에게는 농부와 프롤레타리아 외에는 영감의 원천이 없었다. 일종의 이데올로기적 해부작업이 필요했던 것은 민중문화에서 어떤 특성들을 뽑아 내서 국가적 이데올로기의 차원으로 승화시키고, 그리 중요하지 않다고 여기는 모습들은 폐기하기 위함이었다. 이 해부작업은 포르피리오 시대의 실증주의자들이 했던 것처럼 해롭다고 여기는 요소들을 폐기해 버리는 단순한 이분법적 작업이 아니다.[4] 복잡하고도 모순적인 멕시코인의 이미지를 등장시키는 작업이었다. 상당부분 도시 프롤레타리아의 조건을 반영하는 식으로 이미지가 만들어졌다. 이미 나는 멕시코인의 스테레오타입을 감상적이자 폭력적이고, 열정적이자 공격적이고, 원한과 앙심을 품은 인물이라고 언급한 적이 있다. 이제 또 다른 본질적인 측면을 인정하는 것이 필요하다. 멕시코인은 자신을 둘러싼 고통스런 현실을 회피하고 도망가는 인간으로 등장한다. 이러한 회피는 수많은 다양한 방식으로 묘사되고 평가되었는데, 일을 기피하는 나태와 무기력에서부터 회피와 시치미 떼기의 복잡한 메커니즘 만들기까지 다양하다. 많은 사람들은 그러한 도피는 의미 없는 행위이자, 산업사회를 카오스로 만드는 데 기여한다고 여긴다. 이렇게 슬쩍 빠져

---

4) 후스토 시에라(Justo Sierra)나 훌리오 게레로(Julio Guerrero)에게서도 확인된다.

나가는 태도는 피카레스크 문학에서 오랜 역사를 가진 이미지를 만들어 내는 결과를 가져왔다. 그렇지만, 멕시코의 '펠라도'는 스페인 피카레스크 문학이 창조해 낸 인물의 변형에 불과한 것은 아니다. 아구스틴 야네스는 '펠라도'는 피카로[5]의 예리함이 없다. 피카로의 예리함은 본질적으로 논증적이고, "모험과 사례, 실용적인 관찰들을 통해서 획득한" 것이다.[6] 옛날의 알파라체, 라사릴요, 부스콘, 페리키요[7]와는 달리, 근대도시 산업화의 찌꺼기인 '펠라도'에게 언어는 소통수단이 아니라 자신을 방어하고 슬쩍 빠져나가기 위한 방어적 회피수단인 것이다. 이런 이유로 옛날 피카로들의 가장 우수한 후손들 중 하나는 소설이 아니라 무성영화의 주인공, 채플린Chaplin이다. 그는 의지할 곳 없지만 순진무구하고, 착하지만 교활하여 20세기 비참한 사람들의 동정심을 불러일으켰다. 콧수염과 눈썹의 다양한 움직임과 함께 보여 주는 도피적 행동 언어는 공격적인 현실을 막아내는 가장 좋은 차단장치이다. 칸틴플라스는 멕시코의 찰리 채플린이라 할 수 있다. 그의 가장 중요한 특징 중 하나는 바로 도피하는 언어인데, 어떤 약속으로부터도 빠져나갈 수 있는 언어이다. 이 멕시코 인물을 관찰한 사람 중 하나인 세사르 가리수리에타César Garizurieta는 칸틴플라스는 심리적으로 가장 대표적인 멕시코인의 유형이라고 주장했다.[8] 채플린과 다른 점은, 채플린의 예복은 변화에 대한 유토피아적 의지를 드러내고 있는 반면, 칸틴플라스에게서는 자아극복에 대한 어떠한 열망도 찾아볼 수 없고, "꿈일지언정 더 나은 세상을 요

---

5) 악동소설이라고 하는 피카레스크 문학에 등장하는 교활한 주인공 — 옮긴이.
6) Yáñez, 「예비 연구」, p. 24.
7) 피카레스크 소설에 등장한 주인공들 — 옮긴이.
8) C. Garizurieta, 「멕시코인의 카타르시스」("Catarsis del mexicano"), 169쪽.

구하지 않는다. 현재 상태 그대로 살길 원한다."[9] 근대 멕시코인은 캐리커처 같은 인간으로 축소되고 말았다. 에너지, 공격성, 활력(이런 면모들은 멕시코혁명을 소재로 그렸던 많은 삽화가들이 새로운 멕시코인의 특징으로 열렬하게 찬양했던 것인데)은 칸틴플라스의 스테레오타입 앞에서 사라져 버렸다. 이 좌절한 멕시코 프로메테우스는 불이라는 은총도 받지 못했을 뿐만 아니라, 언어라는 재능조차도 가지지 못했다.

> (가리수리에타가 말하길) 칸틴플라스는 자신을 방어하기 위해 복잡하지는 않아도 교묘한 언어를 통해 자신을 표현한다. 열등감에 잔뜩 사로잡혀 부정을 하든 긍정을 하든 똑같이 위험에 처하게 된다는 것을 알고 있다. 그래서 부정도 긍정도 하지 않는다. 긍정과 부정 사이에서 망설인다. 본인이 의도하지 않아도 말을 하면 웃음이나 눈물을 마구 자아낸다. 왜냐하면 희극적인 것과 비극적인 것을 구별하는 경계가 존재하지 않기 때문이다.[10]

칸틴플라스의 대단한 명성은 조롱을 통해서 사회적 불의를 비판하기 때문에 얻은 것이라는 점은 의심의 여지가 없다. 예를 들어 그에게 노동이라는 것이 좋은 것이냐는 질문을 했을 때 그는 "만약 좋은 것이라면 부자들이 이미 다 독점했을 것이다"라고 대답했다. 하지만 그것은 현실 순응적인 비판으로서, 도피를 제안하지 투쟁을 제안하지 않고, 슬며시 물러나는 것을 제안하지 싸움을 제안하지 않는다. 멕시코인은 속임수와

---

9) Garizurieta, 「멕시코인의 카타르시스」, 171쪽.
10) Garizurieta, 「멕시코인의 카타르시스」, 172쪽.

말장난의 대가로 변한다. 멕시코인은 뒤틀리고, 까다롭고, 꽁무니 잘 빼고, 직접적으로 표현하지 않는 존재가 되었다. 또한 "우회적 표현에 대한 열정에" 사로잡힌 사람들로서, 그들의 언어는 돌려 말하기, 회피하기, 과도한 표현, 비꼬기 등으로 가득 차 있어, 위장술에 딱 맞게 만들어진 언어처럼 보인다. "한 쪽을 겨냥한 뒤 다른 쪽으로 가고, 나중에는 목적마저 바꾼다."[11] 칸틴플라스 같은 스테레오타입을 많은 멕시코인들에게 적용할 수 있을지는 매우 의심스럽다. 반대로, 정부 관료들의 정치적 스타일을 정의하는 데는 매우 유용하다는 점은 확실하다. 더구나 일당 독재와 전제적 정부를 합법화하는 특이한 중재구조를 묘사하기에 뛰어난 메타포이기도 하다. 이 구조는 모순과 말장난, 속임수의 미로이다. 이 미로는 대중들의 가장 급진적인 요구들마저도 수용될 수 있도록 해준다. 물론 반드시 그 요구들은 복도와 접견실, 사무실의 미궁 속에서 실종이 되고, 따라서 그 본래의 의미도 사라지게 될 것이다. 무엇보다도 이런 측면에서, 국민성에 대한 정의는 다른 어떤 것보다도 정치적인 이유에 따른 것이라는 것을 입증하는 것은 쉽다. 그리고 그 뿌리를 대중에게서 찾지 말고 지배 계급에서 찾으면 더 잘 이해할 수 있다. 다음의 정의를 살펴보기로 하자.

잠정적 인간인 멕시코인에게 있어 절박함은 결정적인 특성이다. 절박함이라는 칼날 위에 놓여 있지 않은 일상적인 사건들에 대해 멕시코인은 별 신경을 쓰지 않는다. 직업이나 사랑을 잃어버리는 일, 돈을 벌거나 잃는 일, 약속을 지키거나 지키지 않는 일은 그에게 전혀 중요하지 않다.[12]

---

11) S. Reyes Nevares, 『멕시코인의 사랑과 우정』, 2~3, 28쪽.

바로 여기에 '무관심주의'importamadrismo[13]의 윤곽이 드러난다. 메타포로서 그의 전례들은 멀리 스페인 풍속주의 작가 프란시스코 산토스Francisco Santos의 (1668년에 쓰여진) 책『스페인에서 사용되는 '중요하지 않아'』에서 찾을 수 있을 것이다. 그 책에서는 스페인 사람의 무기력에 대해 언급하는데, 모든 잘못된 것에 대해 아무 이유도 없이 "중요하지 않아!"라고 말해 버림으로써 정당화해 버린다는 것이다. 메넨데스 피달Menéndez Pidal은 한 독일 백작에 관한 이야기를 하는데, 그 백작은 1599년, 펠리페 2세의 '영원한 대신들'이라는 별명이 붙은 나태한 대신들에 화가 잔뜩 났다. 그는 또한 1833년 라라Larra에 의해 정말 잘 언급된 "내일 다시 오세요"라는 유명한 표현 때문에 고통을 받았다.[14]

우리 앞에는 복잡한 현상이 놓여 있다. 다름 아니라, 어떤 역사적인 순간들에 지배계급은 민중문화라고 그들이 여기는 것을 차지해서는 기이하게 모방을 수행해 나간다. 이런 방식으로 국가문화는 민중문화를 원천으로 삼기도 한다. 하지만 그것은 직선적인 과정이 아니다. 국가문화의 대중적 요소들은 그 요소들이 속했던 사회계급의 일상적 삶의 단순한 파편들이다. 우리들은 속임수, 회피, 말장난, 이반離版 등 프롤레타리아적인 (룸펜프롤레타리아적이기도 한) 기원을 알아볼 수 있다. 이것들이 멕시코인의 성격을 구성하는 데 기여했다고들 말한다. 게다가 우리들은 많은 정치인들에게서 칸틴플라스 같은 행동을 관찰하기도 한다. 하지만 영화, 텔레비전, 문학 혹은 철학이 멕시코 사회에 하나의 자

---

12) J. Carrión, 『멕시코신의 신화와 마술』, 55쪽.

13) Valemadrismo와 동의어로 무관심, 무책임, 냉소, 나태 등을 나타낸다 — 옮긴이.

14) R. Menéndez Pidal, 『역사 속의 스페인 사람들』(Los españoles en la historia), 86쪽.

료로서 제시하는 모델과 테피토^{Tepito}에 사는 '펠라도'의 삶 사이에는 엄청난 차이가 있다는 것을 강조해 둘 필요가 있다. 대중매체들이 지배문화에 의해서 만들어진 대중적 스테레오타입을 반복 주입하기 때문에 상황은 더욱 더 복잡해진다. 그런 식으로 해서 대중매체들은 대중 계급의 생활 방식에 영향력을 행사하기도 한다. 만약 이런 영향력 행사가 일어나지 않는다면 국가문화는 지배 시스템을 합법화하는 기능을 전혀 갖지 못할 것이다. 이런 합법화 기능은 권력이 활력을 띠게 해준다. 그래서 우리는 새로운 문화 형태들이 지속적으로 잉태되는 것을 목격하게 된다. 스테레오타입조차도 처음에는 두드러지게 반反헤게모니적 성격을 지니지만, 잘 알아볼 수 없을 정도의 모습으로 바뀌게 된다. 이런 식으로 혁명 벽화에 그려진 노동자들은 불안에 관한 실존주의적 상형문자로 변하게 되고, 대중적인 천막극장의 익살극들은 칸틴플라스의 말더듬기를 지속한다. 결국 지배계급이 볼 때, 그 잠재적으로 위험하고 혁명적인 '펠라도'들과 프롤레타리아들은 오로지 허겁지겁 애매하게 말하고, 기껏해야 자신의 감정을 노래로만 표현할 줄 아는 기괴한 인물들이 되고 만다.

　대중들이 사는 지역에서 등장하는 방언들은 원래는 방어를 위한 형식들이다. 그 언어는 한 사회집단의 구성원들이 고유한 삶의 방식을 통해 서로 동질감을 느끼도록 해줄 뿐만 아니라, 다른 사람들이 자기들의 대화를 이해하지 못하게 하는 방어용 장애물이다. 우리가 알듯이, 대중적인 방언들은 불량배와 죄수들의 언어에 의해서 영향을 받는데, 다른 사람들이 자신들의 대화를 이해하지 못하도록 기이한 소통방식들을 발전시켜 나간다. 그 언어는 그 사회집단에 소속되지 않는 사람이 볼 때는 '이치에 맞지 않는' 언어인데, 바로 그것 때문에 계속 만들어지는 것이다. 그 언어는 오직 여기(대중이 사는 지역)에서 의미가 있지, 저곳(세련되고 부르주아적인 사회)에서는 의미 없는 언어이다. 이와 같이 서로 동질성을 느끼고 남들로부터 구별되고자 하는 필요성으로부터 소위 테피토의 '이곳의 예술'이 유래되었다. 가난한 지역인 테피토에서는 지역 문화의 대중적 방언 형식들이 등장했던 것이다. 하지만 그 대중적 은어가 발생된 환경에서 벗어나면 그 의미를 상실하고, 내가 지적한 현상이 일어난다. 다시 말해, 이제 '이치에 맞지 않는 의미 없는' 언어는 '새로운 의미'를 지닌 대중언어로 바뀐다. 은어의 새로운 기능은 의미들을 혼란스럽게 만들고, 오로지 대중언어의 방어적이고 회피적인 측면만을 보여 주는 것이다. 그렇기 때문에, 칸틴플라스 식의 언어는 언어의 의미를 비워 내고, 언어를 어떠한 언질도 회피하는 형식으로 탈바꿈시킨다. 반대로, 칸틴플라스가 출발점으로 삼는 대중적 은어는 근본적으로 입장을 명확히 하는 (자기 자신과 자신을 둘러싼 세상에 일치하는) 언어이다. 이런 방식으로 멕시코인의 스테레오타입은 대중적 기원의 요소들을 차용한다. 하지만 이 요소들은 지형이 바뀌면서, 하층민의 은어에 속하는 낱말들이 칸틴플라스의 입을 통해 나올 때처럼, 다른 의미를 획득한다.[15)]

'펠라도' 신화의 칸틴플라스 식의 해석은 특히 흥미롭다. 정치문화가 정부와 민중 사이에 설정하는 관계를 명백하게 드러내기 때문이다.

---

15) 테피토(Tepito) 지역 말을 가지고 장난하는 일은 텔레비전이나 영화에서 아주 잘 드러난다. 하지만 라울 베하르(Raúl Béjar)의 「완전히 이쪽 시각에서 멕시코인을 바라보기 위한 시도」 ("Ensayo para balconear al mexicano desde un punto de vista muy acá")에서는 테피토 말을 '교양있게' 사용하는 하나의 예를 찾아볼 수 있다. 『멕시코인. 문화적·사회심리적 측면들』(El mexicano, Aspectos culturales y psicosociales), 201~237쪽. 그 글에서는 어떻게 '이쪽'이라는 말이 '저쪽'에 의해 사용되었는지 확인할 수 있다. 그래서 우리는 우리가 이쪽에 있는지, 저쪽에 있는지 알 수 없게 된다. 왜냐하면 의미들이 반대로 뒤집어졌기 때문이다. 즉 우리는 여기도 있고, 저기도 있기 때문이다. 여기는 저기에 있고, 저기는 여기에 있기 때문이다.

칸틴플라스는 단순히 도시에 사는 가난한 멕시코인의 스테레오타입에 불과한 것은 아니다. 국가체제의 전제주의와 민중의 타락 사이에 분명 존재할 심오하고 구조적인 관계를 위장해서 드러내는 애처로운 모습이다. 칸틴플라스의 메시지는 투명하다. 비참한 삶은 무지한 원시성이 지속적인 상태로 있는 것이다. 그 무지한 원시성을 웃기는 형태로 상기시키는 것이 필요하다. 그가 스테레오타입적으로 사용하는 언어의 타락을 통해 주로 표현된다. 의미들이 진정하게 내부로 폭발하는 것을 통해서 말이다. 그것은 겉으로 드러나는 어떠한 의미도 없이 모든 것이 바뀌는 변태變態에 대한 편집증이다. 민중의 타락과 정부의 타락 사이에는 서로 상응하는 것이 있다고 생각한다. 이 민중은 그에 합당한 정부를 가지고 있는 것이다. 혹은 그 반대로, 권위적이고 타락한 정부는 그 정부에 잘 맞는 민중을 가지고 있는데, 칸틴플라스 식의 국가주의는 지배의 주체로 그런 정부를 제시한다는 것이다.

칸틴플라스의 영화들 속에 자주 등장하는 주제는 역할의 혼돈이라는 주제다. 투우사가 좀도둑이고(「피도 아니고 모래도 아닌」), 경찰이 '펠라도'이고(「알려지지 않은 경찰」), 혹은 판사와 변호사들이 끝에 가서는 칸틴플라스처럼 말한다(「구체적인 것은 거기 있습니다」). '펠라도'에 본질적으로 내재하는 타락은 모든 정치체제 안에 존재한다. 혁명으로 탄생한 지배체제는 민중적이기 때문에 멕시코인의 성격과 (이와 같이 타락한 성격을 정치인들은 "국민의 특이한 기질"이라고 부르길 좋아하는데) 일치되게 운영해야 한다. 흔히 칸틴플라스의 업적들이 제시될 때 겉치레에 불과한 도덕이나 꼴불견으로 제시되는데, 이것들은 근본적인 사실을 지울 수는 없다. 다시 말해 그것들은 경찰로 바뀐 '펠라도'의 위장된 모습이고, 정부가 된 국민을 흉내 낸 것이고, 이치에 맞지 않는 것이 정치

적 담화로 등극한 것을 위장해 드러내는 것이다.[16]

　칸틴플라스의 혼란스런 말장난은 정치인들의 중우정치에 대한 비판이 아니라, 그것을 합법화시켜 주는 것이다. 표정과 몸짓을 통해 (그것은 의미 없는 말들을 쏟아내는 것과 나란하게) 다른 해석이 존재하고, 뭔가 감추어져 있다는 것을 암시한다. 머리, 눈썹의 움직임과 허리 동작 등을 통해서 암시하는 또 다른 현실은 위법적인 이득, 에로티즘 없는 성행위, 대표성 없는 권력, 노동 없는 축재로 이루어진 세상이다. 말장난과 속임수를 통해 은밀하게 뇌물을 주라고 암시한다. 게임의 룰들의 기저에는 통속적이면서 손쉬운 매수행위가 자리하고 있다. 그 매수를 통해 멕시코인은 경찰에서 벗어나고, 멍청한 놈들에게 사기치고, 동성애를 모면하고, 자기 부인은 바람피우지 못하게 하면서 자기는 외간 여자들과 쉽게 몸을 섞는다. 펠라도는 작동하기 위해서는 계속 기름을 쳐야 하는 세상에서 살고 있다. 이렇게 해서 일종의 미끄러지는 사회, 모든 것이 매 순간 의미를 상실하는 사회가 만들어진다. 그리고 그 사회에서 사교성이라는 것은 미끄러지듯 잘 빠져나가는 것을 의미한다. 일들이 진행이 안 될 때는 유럽사람들이 '멕시코 연고'라고 부르는 것을 발라 줄 필요가 있다. 매수할 필요가 있다는 말이다. 문제나 장애가 발생하면 그걸 해결하기 위해서 적절한 곳에 기름을 쳐 주는 것이 필요하다. 그러면 말의 의미가 계속 바뀌면서 영원히 잘 돌아갈 것이다.

---

16) 칸틴플라스의 영화들 속에는 가끔 당국과 경찰에 대한 일종의 조롱이 들어 있는 것처럼 보일지 몰라도, 결과는 민중과 그 억압자들이 서로 공생하는 것으로 끝나기 십상이다. 그들은 특별한 의미 없이 형제가 된다. 과테말라와 콜롬비아 경찰이 그를 자기 집단의 명예회원으로 임명했던 것은 분명 이 점을 인정했기 때문일 것이다. 미시간대학이 '존경하는 펠라도'에게 명예 박사학위를 수여했던 것도 아마 유사한 동인 때문이었을 것이다.

'펠라도'라는 스테레오타입은 타락한 세상에 매몰되어 살아가지만 우리의 공감을 자아내고 심장이 뛰게 한다. 우리는 '펠라도' 속에서 감성과 충동, 의기소침한 모습과 격앙된 모습으로 점철된 정신을 알아 볼 수 있어야 한다. 그래야만 멕시코인이라는 존재의 의미에 대해서 질문을 받을 때 대답은 다음과 같이 명확해질 수 있다. 멕시코인에게 특정한 의미는 없지만…, 정서가 풍부하다.

"도롱뇽의 미숙 상태"
출처 : 호랑이 무늬 도롱뇽 판화. 뒤메릴의 1867년 논문에 따르면 아홀로테는 도롱뇽으로 변태할 수 있다.

19장 _ 발생

인간이라는 종(種)은 세월에 따른 변화가 가장 시선을 끄는 종이다. 동물들은 스스로 소진되고, 살이 빠지고, 쇠약해진다. 그들은 변태(變態)하지 않는다. 그렇지만 우리 인간은 변태를 한다. ― 시몬 드 보부아르, 「늙음」

양서류에 있어 변태는 피드백^{retroalimentación}의 순환적 과정이다. 갑상선 호르몬인 티록신의 작용 때문에 조직이 변태를 하는데, 그 호르몬은 신체의 각 부분의 독립적이고도 유일한 형태변화를 유발한다. 따라서 아가미가 더 길어진다든지, 꼬리가 두 개 자란다든지, 눈이 배에 나타나는 경우가 발생하지 않는 것이다. 각 조직은 티록신에 독특한 방식으로 반응을 하고, 자극을 받는 고유한 입구가 있다. 먼저 변태를 하는 신체 부분들은 이 호르몬에 가장 예민한 부분들이다. 일정한 조직이 변하게 하려면 티록신의 농도를 더 높여야 한다는 것은 이해가 된다. 그럼, 무엇이 갑상선 호르몬 샘이 더 많은 티록신을 만들어 내도록 하는가? 티로트로피나^{tirotropina}라고 하는 다른 호르몬이다. 이 호르몬은 점액샘에 의해서 생산된다. 그렇다면 무엇이 이 두번째 호르몬의 생산을 자극하는가? 화학적 신호에 따른 것으로 보이는데, 뇌의 네번째 방에 위치하고 있는 돌출부분인 에미넨티아 메디알리스$^{\text{eminentia medialis}}$에서 만들어진 신경분비물을 통해서 전달되는 화학적 신호이다. 변태라고 하는 신체의 혁명은 두뇌의 활동에 의해 유발되는 것으로 보인다. 이 메타포가 지식인들에게는 얼마나 매력적으로 들리는가! 문제는 이 돌출부분이 변태 이전에는 완전히 구별되지 않는다는 것이다. 구별이 되려면 첫번째 언급된 호르몬인 티록신의 자극이 요구된다는 것이다! 우리가 보듯이, 여기서 순환이 완결된다. 변태는 특정한 순간, 순환하고 있는 낮은 수준의 티록신에 시상하부가 반응하기 시작할 때 시작된다. 그 반응의 결과 돌출부분인 에미넨티아 메디알리스의 성장이 자극을 받는다. 이 순간, 변태의 과정이 시작되는 이 순간은 발생학적으로 유전에 의해 결정된다.

소치밀코에 사는 우리 아홀로테는 그 핵심적인 순간이 일어나지 않는 동물이다. 그의 조직들이 티록신에 반응함에도 불구하고 (만약 그들에게 주사로 넣으면 도롱뇽으로 변태를 한다) 호르몬의 과정이 시작되지 않는 것이다. 변태와 관련된 메시지의 연쇄가 시작되는 것을 결정하는 유전 정보가 없으니까 변태가 일어나지 않는 것이다. 어떤 종의 아홀로테들에게는 유생생식이 오직 가끔 일어나는 반면, 다른 종에서는 전혀 일어나지 않는다.[1] 이 사실은, 유생생식할 수 있는 잠재력은 환경적 요인들과 상호작용 속에서 유전적으로 통제되어 있다는 것을 알려 준다. 대부분의 양서류들에 있어서 자연선택은 유생생식보다는 변태에 유리하다. 하지만 소수의 몇몇 도롱뇽의 경우에 있어서는 반대로 자연선택은 유생생식에 유리하다. 왜냐하면 형태가 바뀐 성충보다는 유충 단계가 자기의 주변 환경에 더 잘 적응되어 있기 때문이다.

인간은 유생단계의 유인원류가 자기 환경에 적응한 것에서 출발하여 진화해 온 것으로 보인다. 이는 아홀로테에서 관찰되는 과정과 유사한 과정을 통해서 이루어진 것으로 보인다. 인간은 신체 발달이 대단히

---

1) 참고문헌에 나와 있는 Blount, Huxley, Ingram의 연구를 참고할 것.

지연되는 특징을 지닌다. 자기 생의 약 3분의 1의 기간이 소요된다. 오직 노년에 접근할 때 일종의 변태의 고통을 당한다. 시몬 드 보부아르가 지적하듯, 종말이 아니라 시작으로 접근하는 고통스런 현기증을 느끼는 때이다. 인간의 기원이 된 종으로 접근하는 것 같은 느낌이다. 인간에게 있어 변태라는 것은 자신의 동물적 조건으로 되돌아가는 것일 수 있다. 카프카의 상상력으로 탈바꿈한 그레고리 잠자가 아주 잘 알게 되었던 것처럼 말이다.

스티븐 제이 굴드는 유인원 류와 인간 사이의 유전적 구조의 차이는 놀라울 정도로 미세하다는 것을 증명한다. 의미 있는 차이는 발달과정에 있어 변화의 기간에 대한 통제에 존재한다. 인간에게 있어 성장을 조절하는 유전적 메커니즘은 다른 종에 비해서 전반적으로 발달을 늦추도록 결정한다.[2] 이러한 조절의 변화로 유아기가 길어지고, 유아기의 형태적 특징들이 영원히 각인된다. 이 조절의 변화가 바로 호모 사피엔스라는 존재의 주된 원인인 것으로 보인다. 여기에서 하나의 역설이 나온다. 그런 발달지연이 사회적 삶의 생물학적 바탕이라는 것이다. 로크는 이미 1689년에 나온 두번째 통치론에서 우리는 창조자의 지혜를 찬양해야만 한다고 말했다. 창조자는 자식들의 성숙과정을 지연시킴으로써 남자와 그 부인 사이의 관계가 다른 피조물들보다 훨씬 더 오래 지속되게 만들었고, 그 결과 부부는 공동으로 사용할 수 있는 재화를 생산하는 데 자신들의 능력을 쏟도록 자극받는다고 말했다. 다른 관점에서 헤르더Herder는 동일한 것을 관찰했다. "인간의 야만성을 부숴 버리고 순화

---

2) Stephen Jay Gould, 『개체발생과 계통발생』(*Ontogeny and Phylogeny*), 352쪽과 이어지는 쪽들.

된 관계에 익숙해지도록 하기 위해서는 우리 인간 종에 있어 유아기가 몇 년씩 지속되도록 하는 것이 필요했다."[3] 마찬가지로, 도롱뇽의 미숙은 사실 하나의 새로운 양서류 종의 탄생이다. 그 종은 아홀로테이고, 영원히 젊은 상태로, 의미와 인식을 혼란스럽게 하는 무언의 반역에 매진하고 있다.

---

3) Gould, 『개체발생과 계통발생』, 403쪽. Arthur O. Lovejoy, 『존재의 거대한 연결고리』(*The Great Chain of Being*), 215쪽에서 재인용.

20장 _ 작은 사적인 혁명

일종의 극복도 / 아니었다. / 갈기갈기 찢어짐도 / 아니었다. / 단지 / 내게 말했다. / 내게 / 많은 것이길, / 아니, 대단히 많은 것이길…
— 에프라인 우에르타, 「난 그것을 느꼈다」

멕시코에 대한 이원론적 인식은 많은 작가, 정치인, 인류학자들이 공유하는 진정한 강박관념이다. 두 개의 멕시코가 있다. 하나는 농촌적이며 야만적이고, 토착적이며 낙후된 멕시코이다. 다른 하나는 근대적이며 도회적이고, 산업적이고 메스티소적인 멕시코이다. 이 강박관념은 (다양한 면모를 지닌 현실을 흐릿하게 만들었는데) 이중성을 띤 멕시코인의 스테레오타입을 만드는 데 반영되었다. 그 이중적 멕시코인은 고개 숙인 아담에서부터 근대적 '펠라도'까지, 파괴된 에덴동산에서부터 혁명의 도시에까지 해당된다.[1] 이 이중성은 물론 진보와 역사의 시공간적 연속체 속에서 그렇게 뚜렷하게 정리된 용어들로 항상 표현되는 것은 아니다. 앞으로 보게 되겠지만, 이 이중성은 말린체/과달루페의 양극성에서도 나타난다. 근대 멕시코 문학에서 이중성은 아주 복잡하고 미묘한

---

[1] 멕시코 산문에서 시골 요소들에 대한 흥미로운 분석은 Harry L. Rosser, 『농촌 멕시코에서의 갈등과 이행: 사회적 사실주의 소설』(*Conflict and Transition in Rural Mexico: The Fiction of Social Realism*)에서 볼 수 있다.

형식으로 표현된다. 비록 미학적 표현들을 이 유일한 양극성으로 축소하는 것은 불가능하지만, 이 이중적 모델이 혁명 이후 멕시코 이야기체 문학에 항상 등장하는 것은 확실하다. 이 이중성은 근대 정치문화를 해부하는 데 결정적 기능을 수행한다. 이 이중성은 멕시코라는 국가체제를 합법화시키는 메타담론에서 파기할 수 없는 부분이다. 이중성은 국가정신을 구성하고 조직하는 일을 주도한다.

모이세스 사엔스Moisés Sáenz는 1929년, 멕시코혁명의 제도화가 시작되는 해에 다음과 같이 선언했다.

> 멕시코는 자신의 모습에 대한 권리가 있다. … 활기찬 자신의 고유문화, 잘 윤곽이 잡힌 국가정신은 모든 종류의 제국주의들로부터 우리를 구원할 수 있는 유일한 것이 될 수 있다. 동시에 인류의 진보에 우리가 할 수 있는 가장 값진 기여가 되는 의미도 있다.[2]

이와 같이 국가정신의 제도화가 정치적 공식으로 선언된다. 다시 말해, 국가정신의 제도화는 외세들에 맞서는 국민의 권리라는 것이다.

이런 식으로 고개 숙인 인디오와 메스티소 '펠라도' 사이에 하나의 가교 혹은 연결선이 놓이는데, 그것은 멕시코 영혼의 주요한 연결지점들을 통과한다. 우울-이반-숙명-열등감/폭력-감상주의-원한-회피 같은 지점들을 지나간다. 이 연결선은 멕시코인의 근원이 되는 농촌적 에덴동산으로부터 말세적 도시까지 자신을 발견하기 위해서 거쳐 가야 하는 여정을 표시하고 있다. 이 여정을 따라가는 형식은 수없이 많다. 농

---

2) Moisés Sáenz, 『완벽한 멕시코』(*México íntegro*), 263쪽.

부에서 프롤레타리아로, 대지주에서 산업가로, 카시케에서 공무원으로, 군부대를 따라다닌 여성에서 창녀로, 혁명가에서 관료로 바뀐다. 하지만 첫 걸음들은 죽음이라는 표지판을 남겼다. 오로지 멕시코인이기 때문에 아마도 유일한 형태로 매 순간 그 죽음을 겪어야 했고, 그 죽음의 고통을 받아야 했다. 멕시코적인 죽음은 우울증이라는 스테레오타입 속에 완벽하게 새겨져 있다. 따라서 멕시코 실존주의자들의 철학적 사색과 시인들의 고뇌를, 소설가들의 묘사를, 사회학자들의 분석을, 정치가들의 애국적 호소를 고무할 수 있다. 낙원에서 추방된 사람들의 반은 농부 같은 고통스런 존재방식은 그칠 줄 모르는 영감의 샘이다. 하나의 세상 전체가 곧 사라지려고 한다는 생각은 천천히, 길게, 끝없이 이어지는 죽음의 이미지와 대위법처럼 나란히 간다. 멕시코인의 우울증의 차원은 키츠가 자신의 유명한 송가에서 표현하는 우울증의 차원과 유사하다. 그에 따르면 (비평가들이 지적해 왔던 것처럼) 우울증은 죽음의 대용물인데, 하지만 죽음과 같은 완벽함에 도달하지는 못한다. 우울증은 마치 불완전하고 열등한 죽음처럼 나타나지만, 알폰소 레이예스가 하는 것처럼 현재의 우울증을 즐길 수 있고, 우울증과 유희할 수 있다는 장점을 가지고 있다.

넌 안도의 한숨이었고, 난 너를 쇠사슬이라고 불렀지.
넌 죽음이었고, 난 너를 삶이라고 불렀다.

우울증은, 이미 앞에서 언급했듯이 서구의 중요한 전통과 같은 혈통을 지닌다. 그 전통은 스페인을 통해서 멕시코에 도착한다.[3] 국민정신에 관한 사색은(마르디^{Martí}와 로도^{Rodó}에서 벨요^{Bello}와 볼리바르^{Bolivar}

에 이르기까지, 가니벳^{Ganivet}에서 페이호오^{Feijoo}에 이르기까지) "스페인어권 세계의 사고에서 친숙한 테마이다. 스페인의 쇠락이 그렇게 만들었다."⁴⁾ 호세 가오스의 말에 따르면, 멕시코 사상가들에게 그 테마는 다른 나라의 쇠락으로부터 자유로울 필요성과 관련되어 다루어지고, "다른 나라로부터 방해받지 않는 상황에서, 약속된 위대함으로 가는 길로 들어서기 위한 것이다. 그 위대함이란 새로우면 새로울수록 더 확고한 것이다."⁵⁾ 약속된 위대함(그리고 항상 지연되는 위대함)을 찾아나서는 일은 멕시코인의 성격을 구성하는 격렬한 감성을 애국적으로 찬양하는 것과 연결된다. 또한 (과대망상증과 관련되어 흔히 일어나듯이) 멕시코 국가체제의 가장 반동적인 표현들과도 연결된다.⁶⁾

위대함은 다른 멕시코에게서 찾으러 나서야 한다. 산업화되고 관료적인, 태동하고 있는 새로운 조국 말이다. 나태와 우울증으로부터, 인디오의 체념으로부터, 농촌의 서투름으로부터, 대중선동가들의 경솔함으로부터 벗어날 필요가 있다. 멕시코의 영혼을 만들어 가는 데 있어 이처

---

3) 유럽에서 오래된 속담에서는 이렇게 기도한다. "나에게 죽음은 스페인으로부터 왔으면 좋겠네. 천천히, 느긋하게 올테니까." 멕시코에 죽음은 스페인으로부터 온 것으로 보인다. 혹은 적어도 태만하고, 빈둥거리고, 사색적이고, 게으른 민족에 관한 흑색 전설은 바로 그런 흑색 전설을 뒤집어씌었던 스페인 사람들이 가져온 것이다. 1782년 디에스 데 가메스(Diez de Gámez)는 이렇게 말했다. "영국 사람들은 미리 결정을 한다. 그들은 신중한 사람들이다. 프랑스 사람들은 일이 닥쳐야만 그제서 결정을 한다. 그들은 자존심이 강하고, 재빠른 사람들이다. 스페인 사람들은 일이 지나갈 때까지도 결정하지 않는다. 그들은 태만하고 사색적인 사람들이다." 『엘 빅토리아스 혹은 페드로 니뇨의 연대기』(El victorias o Crónica de Pedro Niño). R. Menéndez Pidal, 『역사 속의 스페인 사람들』, 83쪽에서 재인용.

4) José Gaos, 『멕시코 철학에 관하여』(En torno a la filosofía mexicana), 117쪽.

5) Gaos, 『멕시코 철학에 관하여』, 117쪽.

6) 멕시코적인 것에 관한 철학이 절정에 이른 시기가 미겔 알레만 대통령 시기와 일치하는 것도 우연이 아니다.

럼 새로운 나라를 찾아 나선다는 것은 도시에 사는 멋진 멕시코인을 만난다는 것을 뜻한다. 프롤레타리아와 '펠라도'가 그들이다. 멕시코의 정치문화는 그들에게서 희생양을 발견한다. 국가를 위협하는 마귀들을 쫓아내기 위해, 죄를 떠넘기기 위해 옛날 유태인들이 희생양을 바치는 날 거행했던 것과 유사한 의식儀式을 창안한다. 새로운 나라의 사제들은 '펠라도'의 머리 위에 멕시코인들의 모든 불안을 다 털어놓으면서 그에게 조국의 죄악을 떠넘기고는 그를 아스팔트 사막으로 보내 사라지게 한다. 이 의식을 통해서 속죄 받았기 때문에, 근대 멕시코의 위대함을 즐기는 것이 가능해진다. 이미 루터는 그것을 알려준 바 있다. "각 민족에겐 자신만의 고유한 마귀가 있다." 행복을 만나기 위해서는 그 마귀를 쫓아낼 필요가 있다.

하지만 의례에 가까운 숙명주의, 농촌의 나태, 열등감과 천박한 감상주의를 (일종의 카타르시스 속에서) 던져 버리고 나면 무엇이 남는가? 여전히 폭력과 혁명의 끔찍한 위협이 남는다. 이것들의 악령을 내쫓고, 이것들을 변형시키는 것이 필요하다. 이 지점이 바로 멕시코 영혼의 스테레오타입적인 다른 특성이 만들어지는 지점이다. 이 특성은 멕시코의 혁명적 사건의 흔적을 혼란스럽게 만드는 임무를 부여받았다. 혁명은 진정한 의미를 상실하고, '렐라호'relajo[7]의 의미만 남게 된다. 여기서 위대함에 대한 꿈은 조난된다.

'렐라호'는 규정들이 젤리처럼 느슨해진 상태로서, 제한적 불복종을 허용하는 상태이다. 그것은 시민으로서의 행동방식이 적당히 느슨해

---

7) 이완, 반기, 말썽피우기 등 다양한 의미를 지니고 있는데, 앞으로 그 개념에 대한 설명이 전개된다—옮긴이.

지는 것을 용인해 준다. '렐라호'는 '펠라도'들이 "자기보다 높은 수준에 위치해 있는 사회 부류들과 입장을 바꾸는 형식이다"라고 레이예스 네 바레스는 의미심장하게 말한다. 멕시코의 영혼에 대한 자료 수집을 하는 레이예스가 보기에 '렐라호'는,

> 결코 반란이 아니다. 경계할 만한 정도로 물의를 일으키는 것도 아니다. … 그것은 현형 규범에 대항하려는 시도를 포함한다는 의미에서 일종의 혁명이다. 하지만 '사적인 혁명'이다. 단순한 재미나 어느 정도 심한 농담, 그래서 가끔은 별탈 없는 입씨름으로 악화되기도 하는 농담 정도로 축소되도록 설정된 사적인 혁명이다.[8]

그러니까 '렐라호'는 온순하고, 길들여진 형태 아래에 있는 폭력이자 혁명이다. 그래서 사적인 혁명이고, 대중들을 거부하는 하나의 혁명이다.

이 주제에 대해 가장 훌륭하고 흥미로운 견해를 밝힌 사람은 의심의 여지없이 『'렐라호'의 현상학』*Fenomenología del relajo*이라는 유명한 수필을 쓴 호르헤 포르티야*Jorge Portilla*이다. 그의 해석에 따르면, '렐라호'는 처음으로 회귀하는 여정의 마지막 지점이다. 국가정신은 구성되었고, 그 후 허물어졌다. 그 국가정신을 구성할 때 그 기저에는 이미 붕괴의 원인이 있었다. 포르티야는 (유머와 아이러니와는 달리) "'렐라호'는 자유를 방해 한다"는 사실을 알아챘다. 그 '렐라호'가 초래하는 혼란은

---

8) 『멕시코인의 사랑과 우정』.

"행동의 소통경로들을 어지럽히는 일"[9]이다. 사회적 혁명은 (행동을 통한 대중들의 의사표현인 한에 있어) 잠재적으로 자유를 향한 운동이다. 하지만 하나의 '사적인 혁명'은 반대로, 개인적 자유에 대한 위협이다. 왜냐하면 '렐라호'는 인간에게 제안된 모든 가치들을 방해하거나 제거하기 때문이다. 포르티야의 어휘를 사용한다면, '렐라호'는 '아무것도 선택하지 않을 수 있는 자유'를 추구한다. 멕시코의 영혼은(기원이 되는 토착적 입김으로 힘들게 만들어지고, 우울증이라는 끌로 조심스럽게 조각되고, 메스티소화의 감성 속에서 힘차게 담금질된 멕시코의 영혼은) 허물어진다. 그 영혼의 윤곽을 그리는 데 사용되었던 잉크는 강력한 독소를 포함하고 있다. 그 독소는 거대한 파괴의 잠재력으로서, 20세기 전반 멕시코 문화에 지울 수 없는 표시를 남긴 씁쓸한 금욕주의적 줄무늬 속에서 명백히 드러난다. 그 독소는 멕시코인의 영혼에 불어넣어진 부정적 입김들 속에서 드러난다. 그것은 생명에 대한 경시, 열등감, 나태, 원한, 회피 … 등이다. 애국적 가치들에 대한 궤도를 벗어난 과대한 찬양과 터무니없는 국가주의도 자기파괴와 자기부정의 깊은 샘들을 감출 수 없었다. 호르헤 포르티야는 대단한 통찰력으로 이러한 비극적 상황을 파악했다. "내가 속한 세대를 (1919년에 태어났는데) 가장 잘 대표하는 사람들은 오랜 세월 동안 무책임한 분위기 속에서 살았는데, 그 분위기는 정말 요란스럽고, 견디기 어려운 것이었다."[10] 포르티야 생각에, 그 세대는 니체적인 세대로 서서히 자신을 파괴하는 일에 전념하고 있었다.

---

9) 『렐라호의 현상학』, 83~84쪽.
10) 『렐라호의 현상학』, 15쪽. 파스는 1914년에, 룰포와 아레올라는 1919년에 태어났다.

'렐라호'의 인간은 심하게 비이성적인 행위를 하는데, 그것은 규칙에 따른 모든 미래를 제거하는 것이다. … 이처럼 '렐라호'는 가차 없이 자신을 부정하는 것이다. … 그래서 우리는 '렐라호'를 지닌 인간은 미래가 없다고, 장래성이 부족하다고 말한다. 한편으론 자기 파괴이고, 다른 측면에서 보면 파편으로 이루어진 일시적인 것, 방향성도 형식도 없이 현재가 불꽃을 일으키며 타는 것이다.[11]

의심의 여지없이 '렐라호'의 개념은 대중들의 자기 방어 태도에 그 기원이 있는데, 지배와 착취의 메커니즘을 파괴하고 혼돈에 빠트리려고 시도한다. 이런 의미에서 '렐라호'는 대중적 은어隱語를 물들이고 있는 말장난, 속임수 그리고 회피하기 등과 엄밀하게 평행한 현상이다. 하지만 질서를 어지럽히는 '렐라호'의 실천이 국가정신에 관한 신화에 합해지면 일종의 속임수로 변해 버린다. 제도화된 '렐라호' 역시 일종의 재밋거리로 기능하며, 잠재적인 항의들을 옆길로 새게 만들어 지배관계의 균형과 지속을 보장하게 된다.

'렐라호'의 개념과 실천의 계급적 기원은 포르티야의 의견 속에 강조되어 있다. 포르티야는 그 상황을 기본적인 이원성dualidad의 용어로 설명한다. '렐라호' 인간에 대립되는 것은 '여유 없는 자'apretado인 인간이다. '여유 없는 자'는 진지한 정신의 소유자라는 모습을 갖추고 자기계급의 입장을 돋보이게 하려는 지배계급과 부르주아에 대한 기이한 성격규정이다. 소동을 부리기 좋아하는 프롤레타리아와는 반대로, '여유 없는 자'는 자기 육체와 정신의 모든 근육을 항상 긴장 속에 두고서, 권

---

11) 『렐라호의 현상학』, 39~41쪽.

력과 재산, 높은 지위, 돈을 가진 자들이 고유하게 지닌 우아하게 진지한 모습을 보여 주려고 한다.

'렐라호' 신화가 근대 계급투쟁에서 반대편에 있는 자를 불러내는 것은 피할 수 없는 일이다. '여유 없는 자'는 지배계급이 선호하는 가치들을 나타낸다. 즉 위엄, 고상함, 예의, 점잖음 등이다.[12] 이러한 가치들은 바로 예민한 멕시코인의 개념을 만드는 데 기여하고 있다. 예민한 멕시코인은 베일 뒤에 숨어 사는데, 자신이 감시받고, 관찰되고, 추적당하고 있다고 느끼기 때문이다. 이와 관해 로돌포 우시글리Rodolfo Usigli는 위선과 과장된 몸짓에 관한 자신의 수필에서 잘 설명하고 있다.[13] 분명, 우시글리의 생각은 옥타비오 파스에 의해 전개된 멕시코인의 가면에 관한 사고에 자양분을 공급했다.[14] 이렇게 가면을 쓰는 프롤레타리아적 방식은 (자신을 억압하는 그물을 헝클어트리려 자신을 방어하는 것으로서) '여

---

12) Reyes Nevares, 『멕시코 인의 사랑과 우정』의 첫 두 장(章)은 세련됨과 고상함은 멕시코인 성격의 축이라는 사고를 전개한다.

13) Rodolfo Usigli, 「멕시코인의 위선에 관한 에필로그」("Epílogo sobre la hipocresía del mexicano"), 159쪽. 1952년 출판된 미겔 알레만 정부를 공식적으로 찬양하는 책인 『멕시코, 실천과 희망』(México, realizacion y máscara)에 실린 우시글리의 다른 글 「얼굴과 가면」("Rostros y máscaras")도 참조할 것. 이 책에서 독자는 국가체제에 의해서 제도화된 국가주의에 대해 관료주의와 미겔 알레만 추종 지식인들이 만든 '대차대조표'를 만나게 될 것이다. "마침내, 역사의 무질서한 흐름을 장악하기 시작한 민중의 삶"의 일부를 보여 주고자 했던 그 작업에 특히 많이 기여한 사람들은 다음과 같다. José Campillo Sáenz, Alfonso Caso, Miguel Covarrubias, Carlos Chávez, Oswaldo Díaz Ruanova, Álvaro Gálvez y Fuentes, Gilberto Loyo, Eduardo Luquín, Hugo B. Margáin, Armando de Maria y Campos, Salvador Novo, Samuel Ramos, Jesús Reyes Heroles, José Rojas Garcidueñas.

14) 『고독의 미로』, 25쪽과 이어지는 쪽들. 가면에 관련된 착상은 멕시코의 지적 분위기 속에 떠다니고 있었다. José Fuentes Mares는 1949년 출판된 자신의 책 『스페인계 문화 속의 멕시코』(México en la hispanidad)의 마지막 부분에서 가면에 대한 자신의 버전을 보여 준다. 「가면을 쓴 인간」("El hombre enmascarada")이란 제목의 마지막 장에서 안토니오 카소, 특히 사무엘 라모스의 생각들을 따르고 있다.

유 없는 자'에게서는 은폐와 누그러뜨리기, 고상함과 예의, 위선과 멸시의 가면으로 바뀐다. '여유 없는 자'로서는 가난한 자들의 잠재적 분노에 맞서 자신을 보호하는 방식인 것이다. 이러한 상황은 국가정신의 통합에 직접적으로 위협이 된다. 그래서 포르티야는 이러한 사태를 감지하고, 어느 정도 절망 속에서 다음과 같이 결론지었다. "'렐라호'들과 '여유 없는 자'들은 우리 모두가 관련된 어려운 과제를 해결하는 두 양극을 구성하고 있다. 그 과제는 멕시코 공동체를 구성하는 것이다. 가진 자와 가난한 자로 갈라진 공동체가 아니라 진정한 공동체를 구성하는 과제 말이다."[15]

이 마지막 메타포('렐라호')는 멕시코인의 모습의 윤곽을 헝클어 버리고 흐리게 한다. 비록 완벽하게 길들여진 혁명적 태도가 드러나지만, '렐라호'는 국민의 영혼 속에서 '무질서한 혼란' 상황을 만들어 낸다. 자신의 물길에서 벗어나 혼란스럽게 넘쳐흐른다. 격류는 자신의 하상에서 벗어났지만, 곧 다시 원래의 품속을 찾아 나선다. 그리고 자기의 잃어버린 어머니, 농락당한 그 여인에게로 간다.

---

15) Portilla, 『렐라호의 현상학』, 94쪽.

"참을 수 없는 사이비 애국주의로부터 도망치기"

출처 : 호세 마리아 벨라스코의 그림으로 아홀로테에 관한 1879년 연구에 실려 있다.

21장_도주

> 자신의 조국이 아늑하다고 느끼는 자는 아직 연약한 초보자이다. 모든 대지
> 가 자신의 조국이라고 느끼는 자는 이미 강한 자이다. 하지만 세상 전체가
> 타국 땅이라고 느끼는 자는 완벽한 자이다. ― 위그 드 생빅토르, 「교훈」

낭만주의는 근대 인간의 비극에 대한 해결책을 발견했다고 믿었다. 불
투명하고, 억압적이고, 따분한 현실을 어떻게 바꿀 것인가? 노발리스
Novalis가 그랬듯이, 해답은 마술적 이상주의에 있다. 인간 정신의 마술적
이고 경이로운 힘은 욕망 덕분에 세상을 바꿀 수 있다.[1]

이렇게 해서 그 끔찍한 아홀로테는 아름다운 메타포로 바뀔 수 있
다. 그가 사는 질퍽거리는 밑바닥에서도 변태의 희망은 있다. 어쩌면 어
느 날 그 양서류는 투명한 공기 속으로, 꽃이 만발한 대지로 올라가게 될
것이다.[2]

---

1) 이러한 견해, 그리고 젊은 맑스의 생각에 있는 낭만주의적 내용에 대한 연구는 다음에서 찾
   을 수 있다. Leonard P. Wessell, Jr., 『칼 맑스: 낭만적 아이러니와 프롤레타리아. 맑스주의
   의 신화적 기원들』(Karl Marx: Romantic Irony and the Proletariat, The Mythopoetic Origins of
   Marxism), 40쪽과 이어지는 쪽들.
2) '아홀로틀'(Axolotl)이라는 제목으로 수보트닉이 만든 곡은 내가 말하고자 하는 것을 예시하
   고 있다. 그 곡은 첼로와 환상적인 전자음을 위한 곡으로 자신의 발전 잠재력의 마지막 단계
   에까지 결코 이르지 못하는 그 양서류를 대단히 아름답게 묘사하고 있다. 환영 같은 전자음
   악인 이 곡은 고유한 소리를 가지고 있지 않다. 첼로 소리는 녹음된 소리 신호에 따라, 증폭되
   지 않은 상태의 고주파 청각 신호의 지시에 따라 변해 간다. 하지만 그 청각 신호들은 전자소

하지만 결코 변태는 일어나지 않았다. 그리고 그 메타포는 시들어 버렸고, 흐려졌다. 그때 근대라는 드라마의 다른 측면이 모습을 드러냈고, 그것은 문제가 되었고, 라틴아메리카 소설가들은 그것을 해결하려고 노력해 왔다. 어떻게 불투명하고, 억압적이고, 따분한 주관성을 사랑스럽고, 영적이고, 시적인 현실로 바꿀 것인가? 그것에 대한 해답은 정확했다. 바로, 마술적 사실주의는 약속으로 가득한 경이로운 역사를 되살려 내기 위한 수단이다. 아홀로테는 변화에 대한 고집스럽고 유아적인 거부를 통해서 경이로운 현실 세계를 드러내는데, 그 세계에서 부동의 상태는 일종의 발견이 될 수 있고, 고독은 새로운 종의 반란을 지령하는 하나의 방식이 될 수 있다.

멕시코 국민의식 역시 사회의 질퍽거리는 밑바닥으로 잠수했다. 하지만 그 결과는 가장 불투명하고 억압적인 국가주의 담론이었다. 참을 수 없는 사이비 애국주의로부터 도망쳐 현실을 찾아나서는 것이 필요했다. 바로 그곳에서 일종의 급진적 타자성$^{radical\ otredad}$을, 비판을, 이반離反을, 자유를 숭배하는 것이 가능했다. 하지만 이 타자성은 곧바로 메타포와 가면으로 바뀌었다. 그래서 다시 도망치는 것이 필요했다. 이런 식으로 아홀로테의 끝없는 도망에서 두 개의 서로 다른 멜로디가 서로 꼬여 나갔다. 하나의 멜로디는 생명의 표현으로서 아홀로테의 영광을 노래했다. 하지만 동시에 반대 멜로디는 그 양서류가 이미 상징과 표시, 가면이

리의 시스템을 통제한다. 그리고 이 시스템은 주파수를 바꾸고, 증폭을 조절하고, 스테레오 스피커의 좌우로 소리를 보낸다. 이런 형식으로 첼로와 전자음은 기묘한 대위법 속에서 서로 섞인다. 마치 지배적인 정치 문화와 사회가 서로 얽히는 것과 같은 방식으로 말이다. 전자음은 단지 환영 같은 메아리에 불과하다. 수보트닉이 일종의 '메타-구조'라고 정의한 것에 의해 지배되고 있다. 정치문화에서도 동일한 일이 벌어지고 있다. Morton Subotnick, '아홀로틀'(*Axolotl*), 17:21, Nonesuch Records, 1981.

되는 형벌을 받았음을 우리에게 상기시켰다. 다시 말해, 그 양서류는 영원히 우울증의 새장 안에 갇혀 버렸다.

22장 _ 농락당한 여인에게

왜 그대들은 자신들이 지닌 죄에 놀라는가? 하던 대로 그것들을 소중히 여기고, 혹은 추구했던 대로 그것들을 실행하라. — 후아나 이네스 데 라 크루스

멕시코는 오이디푸스 콤플렉스의 원천을 찾는 심리분석 탐사를 위해서는 천국이다. 격화된 수컷우월주의와 과달루페 성모의 모습 속에 나타나는 어머니에 대한 열광적인 사랑의 기이한 조합보다 더 매력적인 것이 있을까? 멕시코인의 어머니, 과달루페 성모 같은 어머니는 인류 역사를 통해서 가장 넓게 퍼진 스테레오타입의 하나가 뚜렷하게 국가주의적 성격을 띠고 표현된 것이다. 하지만 성모에 대한 숭배는 성모에 동반되는 그림자에 주목할 때만 설명이 가능해진다. 바로 인디오 어머니, 토착적인 여신들, 말린체Malinche에 주목할 때 말이다.

  민족정체성 여행의 마지막 이 여정은 어머니라는 원초적 단일성으로의 회귀라는 사고를 가지고 놀아 보지 않을 수 없다. 다음에 이어질 것은 흉내내기模擬의 지속이자 그것의 절정이다. 그것은 그 스테레오타입에 대한 상상적 재구성이다. 앞으로 보겠지만, 흉내내기는 그 스테레오타입을 구성하고 있는 요소들에 대해 일종의 폭력을 행사한다. 민족정체성이라는 신화들을 함부로 거론하고, 그것들을 끝까지 밀고 나갔을 때 일어나는 일이다.

'멕시코의 영혼'에 관련된 근본적인 신화들은 외견상으로는 대치되는 두 개의 원초적인 근원으로 우리를 직접 데려간다. 한편으로는 오갈 데 없는 자들의 보호자인 그 동정녀-어머니인 과달루페 성모 같은 어머니가 있고, 다른 한편으로는 유린당한 다산의 어머니, 농락당한 어머니, 말린체가 있다. 그럼에도 불구하고, 이 두 어머니의 모습이 서로 대립되는 상이한 상징들이라고 믿는 것은 경건한 사고에 명백하게 복종하는 것이다. 그 경건한 사고는 기독교 문화에 있어 깊은 차원에서는 성모가 에로틱하고 성적인 면이 있다는 것을 드러내 놓고 받아들이지 않는다.[1] 내가 보기에 우리가 주의 깊고 공정하게 분석해 보면 말린체와 과달루페 성모를 동일한 원초적 신화의 두 가지 화신化身으로 바라보게 될 것이다. 그 두 마리아는 멕시코 여성의 스테레오타입으로 함께 녹아든다.[2]

그 두 여성 인물의 역사적 탄생이 우리로 하여금 여성들에 대한 기이한 교환 혹은 거래에 주목하게 한다는 것은 재미있는 일이다. 그것은 에르난 코르테스가 정복 전쟁에서 세운 첫번째 업적들 중 하나였다. 그 정복자가 타바스코의 해안에 도착했을 때인 1519년 3월, 토착민들은 그에게 맞서 싸웠지만 스페인 사람들에게 패배했고, (베르날 디아스 델 카

---

1) 옥타비오 파스, 『고독의 미로』, 71쪽과 이어지는 쪽들.
2) 과달루페 성모와 국가의식의 형성에 대한 라파예(J. Lafaye)의 주도면밀한 연구가 그 신화의 에로틱한 측면들에 대해서는 어떤 언급도 없다는 사실은 그런 징후를 보이는 것이다. 또한 그 연구는 말린체에 대해서도 언급하지 않는다. 반대로 프란시스코 데 라 마사(Francisco de la Maza)는 놀랍게도 자비를 얻기 위해 신의 어머니에게 호소하는 현상을 설명해 보라고 프로이트 학파들에게 요청한다(『멕시코의 과달루페신앙』[El guadalupanismo mexicano], 168쪽). Eric R. Wolf, 「과달루페 성모: 멕시코의 국가적 상징」("The Virgin of Guadalupe: A Mexican National Symbol")과 특히 Edmundo O'Gorman, 『그림자 추방하기. 테페약의 과달루페 성모 이미지의 기원과 숭배에 존재하는 빛』(Destierro de sombras. Luz en el origen de la imagen y culto de nuestra Señora de Guadalupe del Tepeyac)은 흥미롭다. 그 글들에서는 과달루페신앙의 '조작'에 대한 흥미로운 역사적 분석을 시도한다.

스티요^{Bernal Días del Castillo}에 따르면) 그래서 즉시 화해하기로 결정하고, 족장들은 승자들에게 풍성한 선물을 가져왔다. 금, 왕관, 오리, 모포 등이었다. (디아스 델 카스티요는 이렇게 적었다) "이런 선물은 스무 명의 여자에 비하면 아무것도 아니었다. 그들 중에는 아주 뛰어난 여자가 있었는데, 그녀는 나중에 기독교로 개종한 뒤에 도냐 마리아^{doña María}라고 불렸다."[3]

에르난 코르테스는 평화의 조건으로 사람들이 여자들과 아이들과 함께 다시 돌아와 그 지역에 살라고 명했다. 게다가 그 사람들에게 자신들의 우상과 희생제의를 버리라고 명했다. 그 대신, 그들에게 새로운 기독교 신앙을 설명했고, "두 팔에 예쁜 아들을 안고 있는 아주 경건한 우리의 성모상을 보여 주었다. 그리고 우리는 그 성스러운 모습을 경배하는데, 왜냐하면 그러한 모습으로 하늘나라에 계시고, 우리 주님의 어머니이시기 때문이라고 그들에게 선언했다." 이처럼 스무 명의 처녀들을 대신해 토착민들은 한 명의 동정녀를 받았다. 의심의 여지 없이 선물로 준 스무 명의 여자들은 곧바로 처녀성을 상실했다. 하지만 토착민들이 받은 성모상도 그와 똑같은 일을 당했다고 할 수 있을 것이다. 사실, 토착민들은 그 교환에 흡족했다. (디아스 델 카스티요는 전한다) "족장들은 그 테세시구아타^{Tececiguata}가 맘에 든다고 말했다. 그리고 자기 부족에 두려고 그 이름을 붙였다고 말했는데, 왜냐하면 그 지역에서는 훌륭한 여성 성인들을 자기들 언어로 테세시구아타라고 부르기 때문이었다." 이렇게 해서 기독교 신의 어머니는 토착 종교의 '훌륭한 여성 성인들'로

---

3) 『누에바 에스파냐의 정복에 관한 진정한 역사』(*Historia verdadera de la conquista de la Nueva España*). 이 인용과 다음에 이어지는 언급들은 69~73쪽에서 가져왔다.

동화되었다. 한편 스무 명의 여자들은,

누에바 에스파냐[4]에서 첫 기독교 여성들이었다. 그리고 코르테스는 각 사령관들에게 한 여자씩 나누어 주었다. 이 도냐 마리아는 외모도 괜찮고, 참견 잘하고, 자유분방했기 때문에 알론소 에르난데스 푸에르토 카레라Alonso Hernández Puerto Carrera에게 주었다. 이 사람은 내가 전에도 얘기 했지만, 아주 신사였고, 메데인Medellín 백작의 사촌이었다. 푸에르토 카레라가 스페인 카스티야로 돌아간 뒤에 도냐 마리아는 코르테스와 같이 있었다. 그 사이에서 아들이 하나 태어났는데, 마르틴 코르테스라고 불렀다.

이렇게 해서 스페인인과 토착민 사이에 처녀와 어머니를 주고받는 상징적이고도 육체적인 첫번째 교환이 일어났다. 처녀들이나 어머니들이나 보호의 상징이자 모성의 상징이었다. 모두들 유혹당하고 겁탈당했다. 말린체가 자기 민족을 배신했듯, 성모도 자기 민족을 배신했다. 왜냐하면 두 여인 모두 자신들의 몸을 바쳤고, 그녀들의 독창성은 더럽혀졌다. 말린체는 메스티소 혈통이 시작되게 했고, 성모는 인디오와 유색인의 성모로 재탄생했다.

베르날 디아스는 순진하고 부주의해서 에르난 코르테스가 주도한 처녀들과 어머니들의 맞교환에 담긴 성스럽지 못한 성격을 알아차리지 못했다. 하지만 프란시스코파 성직자들의 예리하고 잘 훈련된 시선은 이런 형태의 교환을 그냥 지나치지 않았다. 그 성직자들은 12년 뒤, 유사

---

4) 멕시코 부왕령—옮긴이.

한 현상을 마주하게 되었다. 아마도 1531년에 테페약^{Tepeyac}언덕에서 일어난 과달루페 성모의 출현이다. 그 장소에서도 역시 기이한 교환이 일어났다. 스페인 사람들은 과달루페 성모를 제공했고, 그 대신 토착민들은 시우아코아틀 - 토난친^{Cihuacóatl - Tonantzin}에 대한 숭배를 제공했다. 이 여신은 대지의 오래된 신이다. 베르나르디노 사아군 신부는 이 여신을 다루면서 아주 의미심장하고 익살스런 실언을 범한다.

> 토착인들이 말하길, 이 여신은 밤이면 큰소리로 말하거나 포효한다고 했다. 그 이름은 시우아코아틀인데, 뱀의 여인이라는 뜻이다. 그리고 그들은 그 여신을 토난친이라고 부르기도 했는데, 우리 어머니라는 뜻이다. 이 두 가지 이름으로 보아, 이 여신은 뱀의 유혹에 빠진 우리의 어머니 이브와 유사하다. 그 토착인들은 우리의 어머니 이브와 뱀 사이에 있었던 거래에 관한 정보를 가지고 있었다.⁵⁾

시우아코아틀에 대한 메시카 국민의 숭배가 기독교적인 기원을 가지고 있다는 가정은 터무니 없지만, 그 상징적 유사성들은 사아군과 토착민들의 관심을 끌지 않을 수 없었다. 하지만 토착민들이 실현한 시우아코아틀과 '새로운 이브'^{Nueva Eva}(성모 마리아) 사이의 '거래'(종교혼합주의)는 프란시스코 교단 사제들이 보기에 기분 좋은 것은 아니었다. 사아군이 적은 바에 따르면 테페약 언덕에는,

> 토착민들이 신들의 어머니에게 봉헌된 성소를 가지고 있었다. 그 신의

---

5) Sahagún, 『누에바 에스파냐의 일반사』, 1권, VI장, 3~4쪽.

이름은 '토난친'인데, '우리들의 어머니'라는 뜻이다. 토착민들은 그곳에서 이 여신에게 바치는 무수한 희생제의를 했고, 아주 먼 지역에서도 찾아왔다. … 그리고 지금은 우리들의 과달루페 성모Nuestra Señora de Guadalupe 성당이 지어져 있다. 토착민들은 과달루페 성모도 '토난친'이라고 부르는데, 선교사들이 '우리들의 성모이신 주님의 어머니'Nuestra Señora la Madre de Dios를 '토난친'이라고 번역해 부르는 것을 빌미삼아 그렇게 부른다.

이어서 사아군은 설명하길, 선교사들의 이 번역이 잘못된 것이라고 하면서(주님의 어머니는 '토난친'이 아니라 '디오스-난친'Dios-nantzin), 토착민들이 사실은 성모를 경배하는 것이 아니라 자신들의 옛날 여신을 숭배하고 있는 것이 명백하다고 불쾌하게 여겼다.

이러한 조작은 악마 같은 짓으로 '토난친'이라는 이름의 혼란을 틈타 우상숭배를 감추기 위한 것이다. 토착민들은 요즘도 이 '토난친'을 방문하러 과거와 마찬가지로 아주 멀리서부터 온다. 그러한 종교적 애착도 의심스러운 것이 우리 성모를 모시는 성당이 수없이 많은데, 그 성당들에는 가지 않고, 과거처럼 아주 먼 곳에서부터도 이 '토난친'에게 오기 때문이다.[6]

사아군은 테페약 언덕에서 그야말로 강간이, 일종의 진정한 '사탄의 조작'이 일어났다는 것을 전적으로 알아챘다. 주님의 어머니Madre de

---

6) Sahagún, 『누에바 에스파냐의 일반사』, 11권, 부록 7.

Dios는 어머니 여신Diosa Madre으로 바뀌었고, 성모는 우상을 숭배하는 인디오들의 품속에서 처녀성을 이미 상실했다. 토착민들에게 이미 자신의 몸을 바친 그러한 성모를 일부 스페인 사람들이 좋지 않은 시선으로 바라본 것이 이상할 것도 없다. 마찬가지로 어떤 토착민들은 아마 말린체와 같은 자기 부족의 여자들이 정복자들의 품속에 있는 것을 보기가 불쾌했을 것이다.

이와 같이 다른 세상에 침투할 수 있거나 혹은 다른 세상으로부터 침투당할 수 있는 (지배하거나 지배당하는, 처녀이자 창녀인, 왕비이자 노비인) 여성의 초기 이미지들은 시간이 흐르면서 근대 멕시코 여성의 핵심적 이미지를 형성하는 원재료가 되어 간다. 실질적으로 멕시코인이라는 존재와 국가문화에 관한 모든 의견들은 베르날 디아스 델 카스티요와 베르나르디노 데 사아군에 의해서 애초에 전해진 이 두 사건들을 언급한다. 1519년 타바스코에서 일어난 사건과 1531년 테페약에서 일어난 사건은 수세기 시간이 흐르면서 멕시코 여성의 모습을 정의하는 데 합류하여 두 개의 강력한 상징적 축이 된다. 이 두 축은 결국 조국을 잉태하는 자궁에 심어진 멕시코 국민성의 씨앗으로 여겨졌다.

누에바 에스파냐에 처음으로 온 프란시스코파 사제들은 성모 숭배를 장려하면서 기독교가 직면하고 있는 위험들을 알아차렸다. 순박한 죄인들을 향해 신이 분노하는 것에 대해 중재하는 '주님의 어머니'의 온화하고 위안을 주는 모습이 대중들의 상상 속에서 겉으로 보기에는 대립되는 이교도의 옛 여신들의 가치들과 쉽게 연결될 수 있다는 것을 그 사제들은 아주 잘 알고 있었다. 아프로디테의 색욕, 시벨레스의 번성, 아르테미스의 잔인함 등과 쉽게 연결될 수 있다는 것이다. 기독교의 역사 자체가 이교도 신들과 성모 마리아 사이에 혼돈의 위험성이 정말 실질적으로 있었음을 보여 주고 있다. 이러한 역사를 한번 살펴보기로 하자.

초기 기독교인들은 마리아를 숭배하지 않았다. 반대로, 이교도들이 숭배하는 마그나 마테르^Magna Mater^(대모)의 다양한 모습들 중 하나에 대한 숭배로 혼동될까봐 좋지 않은 시선으로 바라보았다. 마리아의 '처녀성'과 관련된 관념까지도 동정녀-어머니에 대한 오래된 숭배의 식들에서 동일한 선례를 찾아 볼 수 있었다. 『산티아고의 초기복음서』 *Protoevangelio de Santiago*에는 아주 뛰어난 사실주의와 약간의 이교도적 분위기 속에서 동정녀의 출산기적이 묘사되고 있다.

> 마리아가 자기 아들을 낳고 난 이후 마리아를 도와준 대모는 자기 친구 살로메^Salomé^를 만나 이렇게 말했다. "이봐 살로메, 아주 특이한 일이 있는데 들어봐. 처녀가 애를 낳았어. 세상에 있을 수 없는 일이잖아." 그러자 살로메가 대답했다. "하느님 아버지께서 살아계신데 이 무슨 말이야? 내가 손가락을 넣어서 거길 확인해 보지 않고서는 믿을 수 없지." … 그후 살로메는 그 처녀를 검사해 보았고, 대모가 말한 대로 마리아의 처녀성이 그대로 유지되고 있다는 것을 확인했다. 그녀의 처녀성은 아이가 태어나도 손상되지 않고 있었다.[7]

『산티아고의 초기복음서』에 나오는 이러한 생각은 아마도 대중적인 전통에 속하는 것이었지만, 신학자들은 그 점에 대해서 언급을 하지

---

7) E. de Stricker, 『야고보서의 가장 오래된 형태』(*La forme la plus ancienne du Protoévangile du Jacques*, 1961). Hilda Graef, 『성모 신학과 역사 속의 마리아 숭배』(*La mariología y el culto mariano a través de la historia*), 45쪽에서 재인용.

않았다. 테르툴리아누스Tertuliano는 마리아가 "남성에 대해서는 처녀였지만, 출산과 관련해서는 처녀가 아니었다"라고 말하면서, 마리아가 예수를 낳은 뒤 부부의 생활을 유지했고, 죄를 통해서 예수의 형제들을 임신했다는 것을 수용했다. 그리스도는 맏아들이었던 셈이다. 엘비디오 Helvidio는 마리아를 부부간의 사랑과 모성(그리스도의 출산 이후)의 모범으로 제시했다. 성 아우구스티누스는 (다른 많은 로마 가톨릭 교회의 신부님들처럼) "신성한 어머니"라는 명칭을 피하곤 했는데, 이교도적인 여운이 명백하였기 때문이다. 그리스어 세오토코스Theotokos 그리고 라틴어 데이 제니트릭스Dei genitrix는 사용이 기피되었는데, 시벨레스 여신에 대한 숭배와 혼동되지 않도록 하기 위해서다.[8] 마찬가지로 토난친-과 달루페도 시우아코아틀과 혼동을 일으켰다. 성 아우구스티누스는 성모 마리아가 죄를 통해 임신을 했다고 생각했다. 그래서 자신의 원초적 죄의 보편성이론을 뒷받침했다. 그와 대조적으로 펠리히오Pelagio는 인간은 자신의 자유의지를 통해서 죄를 짓지 않고 살 수 있다는 사고를 옹호했다. 그것에 대한 증거는 바로 마리아였다. 어느 펠리히오 지지자는(홀리안 데 에클라나Julián de Eclana) 성 아우구스티누스를 이렇게 비난했다. "너는 그의 탄생 방식 때문에 마리아를 악마에게 갖다 바친다." 그 악마는 (혹은 정확히 말해, 마녀는) 항상 주님의 어머니의 주위를 맴돌았기 때문이다. 동정녀 어머니인 마리아에 관한 전설은 다산성과 에로티즘에 관하여 항상 대단히 다양한 (대부분의 경우 은폐되고 탄압받은) 표현들을 유발시켰다.

　　동정녀-어머니에 대한 숭배는 순결성의 요소들과 이교도들의 에로

---

8) Graef, 『성모 신학과 역사 속의 마리아 숭배』, 104쪽.

틱한 특징들을 하나로 합치는 복잡한 측면이 있는데, 마리아에게 주님의 어머니$^{Dei\ genitrix}$라는 명칭을 결정적으로 부여한 431년에 있었던 에페소스 공의회에서는 동정녀-어머니는 명백한 것이었다. 예수의 인간적인 측면들을 강조한 (따라서 마리아의 인간적 측면 역시 강조한) 신학자들은 단순한 유대인 아가씨가 신성의 어머니라는 것을 받아들이지 않았는데, 논쟁에서 진 후 추방당했고, 나중에는 박해를 받았다. 마리아에 대한 격렬한 논쟁은 프로클로스^{Proclo}에 의해 시작되었다. 프로클로스는 신플라톤학파의 대 신학자로, 428년 콘스탄티노플에서 행한 설교에서 나타난 그의 사상은 스콜라신학의 도래를 이미 알리고 있다. 프로클로스는 알렉산드리아의 키릴로스$^{Cirilo\ de\ Alejandría}$에 의해서 열렬한 지지를 받았고, 키릴로스는 에페소스 공의회에서 그의 사상을 받아들이도록 조작하는 책임을 자임하여 결국 마리아를 주님의 어머니로서 정의하는 안을 통과시키는 데 성공했다. 그 안에 반대하는 동방의 주교들이 도착하기 전이었다.

에페소스의 주민들은 공의회가 열리는 동안 결과를 기다리고 있었다. 그리고 마리아를 주님의 어머니로 받아들였다는 소식이 전해지자 공의회가 열리던 교회 가까이서 기다리던 군중들은 기쁨의 환호성을 질렀다. "찬양합니다, 세오토코스여!" 군중은 마리아를 주님의 어머니로 신성화시키는 데 성공한 키릴로스와 주교들을 환호로 맞이했다. 바로 이 군중들이 400년 전에 성 바울이 인간의 손으로 만든 신들은 진정한 신이 아니라고 설명하자 바울에 반대하여, "에페소스인들의 아르테미스 여신은 위대하다"$^{9)}$라고 외치며 격렬하게 반기를 들었던 그 사람

---

9) 『사도행전』(*Hechos de los apóstoles*), 19, 23~40.

들이었다. 마리아와 아르테미스의 연결고리는 감출 수 없다. 자웅동체로 태어난 그리스의 위대한 신 아르테미스는 영원히 순결한 처녀로 여겨졌는데, 탄생을 관장하고 남성들에게 다산성을 부여했다. 아르테미스는 잔인하고, 참을성 없고, 복수심에 불타는 여신이었다. 밀림의 여신이자, 사냥하는 처녀였는데(로마인들의 신들 가운데서는 디아나^{Diana}와 같은 존재였다), 사랑의 여신인 아프로디테^{Afrodita}와 대립하는 여신이었다. 이와 같은 대립은 에우리피데스의 비극 『히폴리토스』^{Hipolito}에서 잘 드러난다. 이 작품에서 사랑의 여신은 히폴리토스에 대해서 불만을 토로한다. 히폴리토스는 아프로디테를 우롱하는데, "부부의 침상을 증오하고, 결혼하길 싫어하고, 아폴로의 누이이자 제우스의 딸인 아르테미스를 숭배한다. 히폴리토스는 아르테미스가 가장 힘센 여신이라고 믿으며 항상 그녀의 순결성을 유지한 채 푸른 밀림에서 그녀와 함께 지내고 그녀의 민첩한 개들과 함께 동물들을 사냥한다."[10] 에페소스 지방의 아르테미스는 아르카디아 지방에서 믿는 아르테미스에 비해 덜 냉혹했는데, 에페소스 사람들은 아르테미스가 모든 자연을 변형시킬 수 있다고 믿었다. 젖가슴이 여러 개 있는 여인으로 그려지곤 했다.

기독교가 박해를 받는 동안에는 순교와 관련된 신화들에 관심을 많이 보였다. 하지만 콘스탄티누스 황제와 리치니우스 황제가 공식적으로 기독교인들에게 관용을 베풀면서 4세기부터는 순교가 기독교인들의 삶에서 중심축이 아니게 되었고, 그 자리를 금욕주의가 차지했다. 그 금욕주의는 그리스의 원천에서 자양분을 얻었고, 처녀성을 독특한 용도와

---

10) Agustí Bartra, 『신화 사전』(*Diccionario de mitología*).

규정을 지닌 특별한 기독교적 상태로 탈바꿈시켰다.[11] 에페소스 공의회에서 자신의 의견을 강요했던 키릴로스 자신도, 처녀성에 대한 금욕주의적 숭배를 강요하는 것은 고대의 과학과 문명의 기반을 파괴한 중세 야만성의 일부에 해당된다는 사실을 암시적으로 드러내는 사건과 관련되어 있다. 알렉산드리아의 대주교인 키릴로스는 거대한 도서관에서 연구할 수 있는 마지막 과학자를 심하게 멸시하고 있었다. 왜냐하면 그 과학자는 고급문화의 상징으로서 로마 통치자와 친밀한 교분을 맺고 있었기 때문이다. 이 과학자는 바로 히파티아라는 한 여인이었다. 그녀는 뛰어난 수학자이자, 천문학자, 철학자였다. 히파티아는 엄청난 미인이었고, 자신을 바쳐 연구에 헌신하여(결혼을 거부하면서), 탁월한 수준에 이르렀는데, 그 당시 사회가 여성들에게 자유를 거의 부여하지 않았다는 점을 생각하면 더욱 거룩한 것이었다. 하지만 그것은 퇴락과 위기의 시대에는 지나친 성공이었다. 415년 키릴로스를 추종하는 광신도의 무리가 연구실로 향하는 그녀를 포위하고서는 마차에서 끌어내렸다. 그러고는 그녀의 옷을 찢어 벗기고, 날카로운 바다조개 껍질로 가죽을 벗기고 뼈에서 살점을 발라냈다. 그녀의 저작들은 파괴되고 잊혀졌다. 그녀의 육신도 불태워졌다. 고대 사상의 가장 뛰어난 것들을 보존하고 품어 왔던 알렉산드리아의 위대한 도서관은 이렇게 파괴되기 시작했다.[12]

그리스도의 동정녀 어머니에 대한 숭배의 역사는 의심의 여지없이 각 시대가 여성에 대해 가졌던 상이한 개념들을 반영하고 있다. 어떤 점

---

11) Graef, 『성모 신학과 역사 속의 마리아 숭배』, 56쪽.
12) 과학에게는 아주 비극적인 이러한 국면에 대한 평가는 Carl Sagan, 『코스모스』(*Cosmos*), p. 335를 참조할 것.

에서는 서구 여성의 스테레오타입들이 어떻게 변해 왔는지에 대한 역사이다. 하지만 이 글은 여성의 스테레오타입이 어떻게 진화해 왔는지 그 연대기를 작성하고자 하는 자리는 아니다. 초기 기독교인들이 마리아에 대해서 어떤 생각을 가지고 있었는지를 밝히는 것으로 충분하다. 마리아는 결혼하고 아이를 여럿 둔 젊은 유대인이었다. 12세기에 대중들이 가지고 있던 이미지로서 히스테릭하고, 자신의 고통을 무식한 한탄으로 표현하고, 자기 아들이 십자가를 지고 가는 것을 보자 머리를 쥐어뜯고 얼굴을 손톱으로 상처내고 기절하는 어머니의 이미지였다. 십자가 아래서 옷을 쥐어뜯고, 자기 아들이 죽자 피눈물을 흘리는 어머니였다. 이 이미지는 경건한 성모의 이미지들, 고통 속에서도 품위 가득한 어머니의 이미지들과는 너무 거리가 있다. 르네상스 화가들이 그린 성모의 이미지와는 너무 거리가 있는 것이다. 르네상스 시기의 이미지는 "그 시대의 아름다운 여인이자 이 세상의 어머니이고, 육체적 쾌락으로 가득한 여인이다". 아주 일반적으로 인정되는 역사 연구는 이러한 점을 못마땅하지만 인정하고 있다.[13]

성모의 이미지는 각 시대가 여성에 대해 갖게 되는 사고의 표현이다. 마찬가지로 과달루페 성모에 대한 숭배의 역사가 여성의 성에 대해서 멕시코 문화가 만들어 가는 인식들의 전개과정을 드러내고 있다는 것에 대해 우리는 이상하게 생각할 필요가 없다. 이 역사는 아직 쓰여지지 않았지만, 과달루페의 처녀 이미지는 그녀의 쌍둥이 자매라고 할 수 있는 시우아코아틀에 의해 항상 측면 공격을 받고 있고, 성가신 간섭을 받고 있다. 마찬가지로 이브가 길게 드리우는 죄의 그림자도 언제나 마

---

13) Graef, 『성모 신학과 역사 속의 마리아 숭배』, 342쪽.

리아를 덮고 있는 것과 마찬가지로 옛날 토난친 여신도 마찬가지로 과달루페에서 떨어지지 않는다. 고대의 신들과 인간들의 어머니들은 기독교가 원죄와 죄악의 유령으로 바라보는 원초적 육욕을 지닌 채 멕시코 여성들과 그의 연장선상에 있는 과달루페 성모 주위를 늘 배회한다. 그래서 정복자들이 코르테스가 정부情婦이자 조언자, 통역자로 삼은 토착 여성을 주님의 어머니의 이름인 마리아로 세례를 해준 사실은 지극히 상징적인 일이 되고 말았다.[14] 그녀는 도냐 마리나 혹은 그녀의 토착어 이름의 왜곡된 형태인 말린체라는 이름으로 신화의 세계로 들어갔다. 기독교 전통에서도 역시 두 명의 마리아, 즉 주님의 어머니 마리아와 막달레나 사이에는 의미심장한 상관관계가 있다. 성모와 막달레나는 여성에 대한 기독교적이고 가부장적인 시각을 드러내는 동전의 양면과 같은 것이라고 마리나 워너Marina Warner는 적확하게 지적했다. "기독교 사회의 개념 구조 속에서, 처녀나 창녀가 아닌 여자는 단 한 사람도 없다".[15]

이러한 이분법적 시각이 남성의 영역으로도 옮겨졌다는 점은 흥미롭다. 바로 마리아의 축약형(마리카Marica)은 남성 동성애자들을 경멸적으로 매도할 때 사용된다. 이런 식으로 멕시코의 신화에서 '마초'macho[16]나 '마리콘'maricón[17]이 아닌 남자는 하나도 없다. 다 알다시피, 바로 그 신화는 (심리분석학적인 논거의 도움을 받아) 수컷우월주의machismo와 '동

---

14) "목테수마에게 스페인 사람들이 어떻게 마리아라고 불리는, 북쪽 바닷가에 있는 테틱팍 (Teticpac) 마을의 주민을 데리고 왔는지 말했고, 이 마리아를 통역으로 데리고 왔다고도 말했다…"(Sahagún, 위의 책, 4권 12책, IX장, 43쪽). 이 이야기와 사아군의 정보제공자들에 관한 나우아틀어로 된 원본에서는 그녀를 말린친(Malintzin)이라고 언급한다.

15) M. Warner, 『그녀의 성만으로』(Alone of all her sex), 235쪽.

16) 남성성이 강한 남자—옮긴이.

17) 여자 같은 남자—옮긴이.

성애자 같은 행위'는 동일한 하나의 스테레오타입 안으로 녹아든다. 널리 유포된 이야기가 있는데, 어느 멕시코 남자가 자기는 여전히 아주 남자답고 동성애의 쾌락을 취하지 않는다는 것을 스스로 확신하기 위해 아주 자주 정기적으로 동성애자에게 자신을 내맡겨 본다는 것이다. 아주 다양하고 널리 유포된 동성애의 형태들이 여자 같은 남자인 마리콘의 스테레오타입과 맺고 있는 연결고리는 프롤레타리아와 '펠라도' 사이에서 보이는 연결고리와 동일한 것이다. 다시 말해, 그 관계는 신화적인 관계로서, '합법적'이고 '일반적'인 멕시코인의 형태들을 정의하고 방어하는 데 기여한다.

말린체는 (멕시코의 전설에서) 이교도로서 위대한 창녀이다. 그녀는 에르난 코르테스의 정부였고, 여성의 배신을 상징하는 인물로 되었다. 말린친[Malintzin][18]은 파이날라[Painala] 지역 족장의 딸이었다. 어려서 자기 아버지가 죽고, 어머니는 다른 족장과 결혼했고, 그 사이에서 아들이 하나 태어났다. 이렇게 여성들의 배신의 역사가 시작된다. 말린친의 어머니는 그녀를 떼어 놓기 위해, 그리고 자신의 새 아들에게 족장자리를 확실하게 물려주기 위해 사람들에게 딸이 죽었다고 알리고는 시칼랑고[Xicalango]의 토착인들에게 그녀를 넘겨주었다. 그 시칼랑고 사람들은 나중에 말린친을 타바스코 사람들에게 주었고, 타바스코 사람들은 나중에 코르테스에게 주었다. 이렇게 말린친은 청소년기에 들어서기도 전에, (시인 라파엘 로페스[Rafael López]가 말했던 것처럼) "정복자의 초콜릿 안에 든 연약하고 냄새 진한 계피 조각"으로 변했다.[19]

---

18) 말린체의 원래 이름—옮긴이.

19) Rafael López의 시 「말린체의 입맞춤」(El beso de la Malinche), Gustavo A. Rodríguez, "La

초콜릿 안에 든 이것에서부터 마르틴 코르테스^{Martín Cortés}가 태어났다. 초기 메스티소들 중 가장 상징적인 인물이다. "멕시코의 정체성을 지닌 첫번째 인물"로 여겨지지만, 역설적이게도 그는 1569년 스페인으로 갔고, 얼마 지나지 않아 돈 후안 데 아우스트리아^{don Juan de Austria}를 보좌하면서 그라나다에서 무어인들과 싸우다 죽었다.[20] 코르테스와 말린친의 사랑은 단지 4, 5년 지속되었다. 이 기간이 지나고 나자 정복자에겐 원주민 애인이 방해가 되었다. 그래서 그녀를 후안 하라미요^{Juan Jaramillo}와 결혼시켰다. 그는 가장 존경받은 지휘관 중 하나였고, 멕시코시^{ayuntamiento de México}의 통치자^{regidor}였다. 어쩌면 하라미요는 그 결혼이 마음에 들지 않았을지도 모른다. 로페스 고마라^{López Gómara}의 험구에 의하면, 말린체와 결혼할 때 취한 상태에서 했다는 것이다. 하지만 에르난 코르테스의 첩과 결혼한 것은 그에게 큰 보탬이 되었다. 도냐 마리나는 부자였고, 권력이 있었기 때문이다. 게다가 젊고 아름다웠던 것이다. 하라미요와 말린체 사이에서는 딸이 하나 (이름도 마리아였다!) 태어났는데, 그 딸에게 아버지가 잘해 준 것 같지는 않다. 말린체는 얼마 지나지 않아 죽었고 (아마도 3년 내지 6년 뒤쯤), 홀아비가 된 하라미요는 말린체를 묻은 지 며칠 지나지 않아 스페인 여자와 결혼했다.

도냐 마리나는 의심의 여지없이 대단한 여인이었다. 만약 그녀의 지혜와 조언이 없었더라면 멕시코 정복은 코르테스의 포위로 테노치티틀란이 급격하게 함락된 과정과는 다른 경로로 진행되었을 것이다. 하지만 여기서 강조하고 싶은 것은 국가라는 개념을 확립하는 것과 직접

Malinche", 『도냐 마리나』(*Doña Marina*), 66쪽에서 재인용.
20) Mariano G. Somonte, "La Malinche", 『도냐 마리나』(*Doña Marina*), 75, 95쪽에서 재인용.

관련되어 말린체에 대한 악의적 전설이 어떤 방식으로 만들어져 갔는지
에 대한 것이다. 말린체가 테노치티틀란 사람들의 전제적 통치에 대한
반발로서 스페인 사람들을 도왔다는 사실은 점점 뇌리에서 사라지고 대
신 말린체가 '자기 조국을 배신했다'는 생각이 그 자리를 차지하게 되었
다. 조국과 관련된 개념이나 현실은 토착 부족들에게는 적용되기 어려
울 수도 있었다는 것도 중요하지 않았다. 19세기의 멕시코 국가주의는
(오늘의 국가주의와 마찬가지로, 비록 다른 뉘앙스가 있지만) 원래의 조국
을 하나 만들 필요성을 느끼고 있었다. 이 애초의 조국은 그에 해당되는
영웅과 배신자들을 가지고 있어야 했다. 말린친에게는 부정不眞과 배신
을 체현하는 의무가 부여되었다. 호세 마리아 마로키José María Marroqui는
요로나Llorona[21]라는 인물의 전설에 관한 이야기를 하면서 '말린체의 저
주'에 대해 낭만적이면서도 처절하게 묘사한다. 그에 따르면, 정복자의
애첩은 회한으로 괴로워하면서 죽는다. 왜냐하면 자신은 '자기 조국의
배신자'였기 때문이다. 따라서 죽어서조차도 평화를 얻을 수 없었다. 이
처럼 말린체의 영혼은 쉬지도 못하고 배회하는 벌을 받았다. 마로키에
따르면 말린친이 죽을 때 천사가 그녀에게 나타나서, 300년 동안 고통
을 받게 될 거라고 알렸다. 그리고 낮 동안에는 텍스코코Texcoco 호수의
물을 무덤 삼아 그곳에 있게 될 것이고, 밤이면 그 무덤을 벗어나 신음소
리를 내면서 도시를 배회하게 될 것이라고 알렸다.[22]

　　요로나 전설에서 시우아코아틀에 대한 옛날의 숭배 흔적을 발견하

---

21) 울보 여자라는 뜻―옮긴이.

22) J. M. Marroqui, 『요로나, 멕시코 역사와 관련된 이야기』(*La Llorona, cuento histórico
mexicano*) 또 De Aragón, 『요로나의 전설』(*The Legend of La Llorona*)도 참고할 것.

는 것은 쉽다. 테페약의 성소에서 모시던 그 뱀-여신은 (과달루페 성모의 전임자) 사아군의 말에 따르면 "밤에는 큰 소리로 말하고 허공을 향해 포효했다."[23] 말린친은 살아 있을 때 마치 여신처럼 많은 토착민들로부터 존경을 받았다. 그리고 정복자들로부터도 대단히 존경을 받았다. 그럼에도 불구하고, 결국은 불명예의 상징으로 변해 버렸다. 그렇게 비범한 여인에게는 너무나 공정하지 못한 운명이 아닌가!

분명 이 운명은 19세기 자유주의에 의해 후원을 받았다. 19세기 자유주의는 가톨릭의 숭배와 대응되는 세속적인 숭배를 만들어 낼 필요성을 느끼고 있었다. 그렇기 때문에 우리는 이그나시오 라미레스[Ignacio Ramírez]가 멕시코시티의 아라메다[Alameda]에서 행한 열정적인 연설에서 한 평가 내용을 이해할 수 있다. 물론 실소를 금할 수는 없지만 말이다.

우리 모든 국민들의 패배와 치욕이 한 여자 때문이고, 구원과 영광이 다른 여성 덕분이라는 것은 하나의 운명의 신비라고 할 수 있다. 모든 부분에서 이브와 마리아의 신화가 다시 만들어지고 있다. 우리들은 코르테스의 첩을 분개하며 기억하고 있다. 그러나 도냐 마리아 호세파 오르티스[Doña María Josefa Ortiz]는 우리가 늘 감사하는 마음에서 결코 잊을 수 없다. 오르티스는 조국애의 화신들이 독립을 성취할 수 있도록 독립 '허가'를 발설한 다른 시대에 살았던 순결한 말린친이라고 할 수 있다.[24]

---

23) Sahagún, 『누에바 에스파냐의 일반사』, 1권, VI장, 3, 4.
24) 「1861년 9월 16일, 멕시코 알라메다(Alameda)에서 독립선언을 기념하여 낭독된 연설문」, Ignacio Ramírez, 『작품집』(Obras), 1권, 134쪽.

이런 사고 속에서 우리는 산 후안 크리소스토모^{San Juan Crisóstomo}의 옛말들의 반향을 들을 수 있다. 15세기 이전에 그는 이렇게 적었다. "한 처녀가 우리를 천국에서 내던졌고, 다른 처녀를 통해서 우리는 영원한 삶을 발견했다." 죄인 이브와 성스러운 이브, 이 두 이브에 대한 생각은 멕시코 문화에서 오래된 생각이다. 17세기부터 스페인적 영역과는 다른 멕시코적인 영역을 구성하는 것과 연관된 변증법적 모태들 중 하나였다. 누에바 에스파냐²⁵⁾는 새로운 천국이어야 했고, 그곳에서는 새로운 이브가 죄를 범하지 않고 식민지 나라를 탄생시켜야만 했다. 그 여성은 그러니까 식민지 태생 백인으로 출발했다. 어쩌면 자신의 원주민 전임자의 죄들을 씻기 위해서였을 것이다. 이렇게 해서, 고등교육을 받은 미겔 산체스는 1648년 다음과 같이 말했다. "너, 멕시코여! 나의 조국이여, 경이로운 여인이여…"²⁶⁾ 물론 과달루페 성모를 언급한다. 그 식민지 태생의 성녀는 용에 의해서 쫓기는 묵시록의 여인과 비교된다. 식민지에서 과달루페 성모를 숭배하는 것에 관해 진정한 창의력을 가진 미겔 산체스는 테페약 성당의 대리 신부인 친구(루이스 라소 데 라 베가^{Luis Lasso de la Vega})로부터 편지를 하나 받았다. 그 친구는 과달루페 성모에 대한 자신의 불타는 사랑을 고백할 때는 숨어 있는 성적인 욕망을 느낀다고 토로했다. "나와 모든 전임자들은 멕시코 과달루페의 천국에서 제2의 이브를 소유한 채 잠들어 있는 아담이었다"고 고백했다. 그러고나서, 그

---

25) 신스페인이라는 뜻으로 멕시코 부왕령의 이름—옮긴이.

26) *Imagen de la Virgen María de Dios de Guadalupe … Celebrada en su historia con la profesía del capítuo doze de Apocalipsis*, México, 1648(Francisco de la Maza, 『멕시코의 과달루페신앙』[*El guadalupanismo mexicano*], 50쪽에서 재인용). 메시아적 측면에 관해서는 J. Gabayet의 「유대인의 스테레오타입적 메시아와 국가 정체성의 연결」("Arquetipo mesiánico judío y articulación de identidades nacionales")을 볼 것.

같은 편지에서 멕시코의 이브가 새롭게 나타난 그 새로운 천국에서 경건한 연인으로서의 자신의 역할에 대해 강조했다. "**과달루페 성모가 나를 깨워 아담처럼 그녀를 보도록 했다는 것이 이제는 더욱 당연하게 여겨진다.**"[27) 프란시스코 데 라 마사는 과달루페에 대한 신앙심으로 쓴 자신의 흥미로운 수필에서, 그 두 바로크 시대의 지식인들이 보여 준 그 모든 것들이 신학적 섬망상태를 보여 주는 것이 아닌가 하고 자문한다. 그러면서 그것은 아니라고 답하면서, 반대로 "그런 사이비 신학 속에는 독립적이고 급진적인 공동의 관심에 대한 기대를 처음으로 갖게 하는 대단한 직관이 숨어 있다. 우리는 그것을 바로 국가주의라고 부른다."[28) 사실 미겔 산체스는, 자신이 과달루페 성모에서 발견하는 묵시록의 여인은 "비상하기 위해 독수리의 날개와 깃털을 가졌는데, 멕시코 독수리의 모든 깃털과 능력은 식민지에서 태어난 그 경이롭고 신성한 여인이 날 수 있도록 그녀의 날개를 만드는 데 동원되어야 했다"고 말한다. 산체스의 책 표지 그림에는 선인장 위에 자리한 성모가 나오는데, 그 뒤에는 독수리 두 마리가 등장하고, 그 날개들은 성모의 날개처럼 보인다. 얼핏보기에는 멕시코의 국가 문장을 사용한 것처럼 보인다(그 그림 속에서 뱀은 배제되었다. 용은 과달루페에 의해서 이미 제압당한 것인가?)[29)

이와 같이 베르나르디노 데 사아군과 초기 프란시스코파 사제들의 두려움은 확증되었다. 마리아 성모는 이미 17세기부터 멕시코의 새로운 이브로 탈바꿈하였고, 멕시코 국민의 뜨겁게 요동치는 사랑을 일깨워야

---

27) Luis Lasso de la Vega, 「저자에게 보내는 편지」. Francisco de la Maza, *El guadalupa-nismo*, 38쪽에서 재인용.

28) de la Maza, *El guadalupanismo mexicano*, 60쪽.

29) de la Maza, *El guadalupanismo mexicano*, 69쪽.

만 했다. 하지만 식민지 태생의 이브만으로는 대중들의 숭배를 해소하기에는 충분하지 못했다. 원주민 이브가 필요했다. 옛날의 죄악을 씻어내고 점증하는 죄의식을 위무하기 위해서 말이다. 1672년에 이미 성모는 식민지 태생이 아니라 아예 원주민으로 묘사된다. 바로 프란시스코파 사제인 후안 데 멘도사^{Juan de Mendoza}는 다음과 같이 말한다.

> 과달루페 성모의 이 성스런 이미지는 이 땅에서 태어난 온순한 사람들과 유사하게 형성되었다. 성모의 얼굴은 밝지 않은 그을린 빛으로 그 땅의 사람들의 얼굴빛을 닮았고, 그 옷차림도 평소에 그들이 입는 옷을 입었는데, 자신들과 유사한 모습에, 자신들과 같은 옷을 입은 성모를 보고 좋아하고, 개종하도록 하기 위함이었다.[30]

어쨌든 실제 원주민 여성들의 배신은 (정복자에게 자신들의 성기를 개방한 말린체 같은 여인들) 다른 이상적인 원주민 여인의 눈물로 그 죄가 씻어졌다. 그 성모는 요로나(울보 여인―옮긴이) 신화와 뒤섞여 노래 가사로 오늘날 우리에게까지 전해진다.

> 어느 날, 그대는 성전을 나서고 있었지, 울보 여인이여,
> 난 지나가면서 그대를 보았다네.
> 그대는 아름다운 전통의상 입고 있었지, 울보 여인이여,
> 난 그대를 성모로 믿었다네.

---

30) de la Maza, *El guadalupanismo mexicano*, 132쪽.

파괴된 우리의 에덴동산에는 (이미 고개 숙인 아담이 살고 있었는데) 멕시코의 이브가 필요했다. 그 이브를 만들 원재료들은 이미 16세기부터 존재하고 있었다. 하지만 일종의 문화적 촉매작용이 시작된 것은 독립 이후부터였다. 그리고 멕시코의 이브에 관한 복잡한 신화가 체계적으로 만들어진다. 추상적 실체로서 온화하고 겁탈당했고, 보호자이자 음탕한 자이고, 부드러우면서도 배신자이고, 어머니 같은 동정녀이고 화려한 암컷으로 만들어져 왔다. 그녀는 예속당하고 유순한 토착세계의 과거이지만, 그 깊은 곳에서는 알 수 없는 음란한 우상숭배가 자리 잡고 있다. 과달루페와 말린체는 같은 인물의 두 얼굴이다. 이 여인이 바로 국가문화에 의해 창조된 멕시코인에게 어울리는 여인이다. 그리고 에덴동산으로부터 추방되는 과정에서 동반자가 있도록 멕시코인을 위해 창조된 여인이다. 기이한 이중성을 지닌 이 여성에 대한 근대적 해석은 심리분석의 영향을 아주 많이 받은 용어들로 그 여성에 대해 해부학적 설명을 한다. 과달루페 성모에 대한 숭배를 남성의 깊은 죄책감으로 묘사하는데, 그 남성은 자신에게 버림받고 배신당한 여인의 상징인물에게 용서를 애원한다. 그 성모에 대한 사랑은 어머니에 대한 숭배와 평행하게 간다. 제도화되었지만 오직 특정한 상황과 특별한 경우에만 실행된다. 하지만 멕시코 남자는 그 여인이 (자기 어머니, 자기 애인, 자기 부인이) 거친 정복자에 의해 겁탈당했다는 것을 알고 있으며, 혹시 그 여인이 그 겁탈을 원하고 즐기지는 않았는지 의심한다. 이러한 이유로 자기 부인에게 복수하듯 군림한다. 그리고 그녀에게 완전한 자기희생을 요구한다. 이렇게 해서 일종의 스테레오타입적인 가학피학성 변태성욕 관계가 등장하는데, 그 관계 속에서 여성은 자신의 깊은 곳에 있는 죄악을 씻어내기 위해서 상냥하고 헌신적으로 행동해야 한다. 그녀 속에는 몹시 음란하고 옛날 배신한 여인의 유산을 물려받은 말린체가 자리 잡고 있다. 멕시코 노래에서 이러한 이중성의 흔적을 발견하는 것은 어려운 일이 아니다. 사랑하는 여인에 대한 전적인 흠모와 배신하는 여자에 대한 깊은 분노와 원한이 뒤섞이는 일은 흔하다.[31]

20세기 중반에 출판된 한 소설에서는, 비록 소설의 사건은 포르피리오 대통령 집권 시기에 일어나지만, 지금까지 묘사해 온 멕시코 여인에 대한 날조과정이 잘 드러나고 있다.

자기의 양심에 가책을 느끼지 않기 위해서는, 비록 원주민 여인이 기꺼이 죄를 지을 자세가 되어 있더라도, 그녀는 굴복당하는 존재이어야만 한다. 그녀에게 물어본다면 그녀는 안 된다고 대답할 것이다. 거친 힘 앞에 굴복당할 것이다. 비록 그 힘이 대단하지 않고 거칠지도 않더라도 말이다. 하지만 결코 된다고는 말하지 않을 것이다. 용인한다고? 결코 그런 일은 없다. 적어도 처음 몇 차례는 그렇다. 스페인의 시골 여인네처럼 드러내 놓고, 혹은 암묵적으로 용인하는 것은 원주민 여인에게는 정숙하지 않게 보인다.[32]

보는 바와 같이, 원주민 여성들과 정복자들 사이에, 말린체와 코르테스 사이에서 일어났을 것으로 가정되는 것을 근대로 옮겨 놓은 것이

---

31) Santiago Ramírez, 『멕시코인의 동기부여에 관련된 심리』(*El mexicano, psicología de sus motivaciones*) ; Rogelio Díaz-Guerrero, 『멕시코인의 심리』(*Psicología del mexicano*) ; Dolores M. de Sadoval, 『멕시코인: 가족관계에 관련된 정신역학』(*El mexicano: psicodinámica de sus relaciones familiares*).
32) Luis Enrique Erro, 『맨발들』(*Los pies descalzos*), 155쪽.

다. 그럼에도 불구하고 하나의 차이는 있다. 말린친은 좋다고 했지만, 근대 여성은 숫처녀처럼 행동해야 한다. 동의한다고 대답하지 않는 한 그녀의 양심은 순결성을 유지할 것이다. 하지만 마초는, 그 여인을 날조해낸 남성은, 어떻게 그녀를 다루어야 할지 알고 있다.

> … 원주민 여자애들을 취하려면 땅바닥에 넘어뜨려야 해. 하겠다고 마음만 먹으면 별로 힘들지 않게 할 수 있지, 그리고는 얼굴을 가려야 해. 그러면 모든 준비가 다 된 거지. 그 걸 한 다음에는 그 애가 부끄러워서 뛰어 달아나게 내버려둬야지. 돈은 전혀 줄 필요 없어. 훔친 물건에 대해서 돈을 주진 않으니까.[33]

이와 같이 겁탈당한 원주민 어머니의 이미지로 원한을 가진 수컷에 대한 관념이 더 자극을 받게 되고, 그 수컷은 자기와 어머니를 버린 잔인한 아버지를 증오한다. "메스티소는 자기 아버지를 모르고 현재 같이 있지 않기 때문에, 어머니와 그 아들의 결합은 병적으로 강화된다"라고 어느 심리 연구는 말한다. 그 연구는 정복 때부터 "멕시코 국민은 아버지 없는 국민"이라고 하면서, "멕시코인의 운명은 아버지 없이 자라는 것인데, 역사적으로, 그리고 정복의 결과, 아이의 역사적 지평에는 거의 전적으로 어머니만 등장하기 때문이다"[34]라고 덧붙인다. 이와 같은 무모한 일반화는 멕시코의 국가문화에서 흔한 일이다. 모계 친밀성을 이처럼 신화화하는 한 작가는 다음과 같이 말한다. "멕시코 문화는 아버지

---

33) Erro, 『맨발들』, 156쪽.
34) Sadoval, 『멕시코인: 가족관계에 관련된 정신역학』, 32, 90, 91쪽.

를 가지지 않았다. 마치 순결한 처녀의 아들인 어린 아기 주님처럼, 혹은 환영 같은 아버지를 둔 고아들로서 이 세상에 온 멕시코인들처럼 말이다.[35] 예외적으로, 멕시코인의 어머니는 오직 축제일인 5월 10일과 12월 12일에만 순결하다. 일년 중 나머지 기간에는 심각한 의혹이 그 어머니를 짓누른다. 어머니는 최대한의 순종과 정숙함으로 행동하면서 그 의혹을 지워야 한다. 하지만 축제의 열기 속에 우리들의 기원을 들추어내는 고함소리가 들린다. "멕시코 만세, 칭가다[36] 자손들 만세!"[37] 눈 깜짝할 사이에 놀라운 공중제비 넘기를 하면서 우리는 순결한 어머니에서 겁탈당한 암컷으로 넘어갔다. 그 놀라운 재주는 그 두 양극단적인 표현은 동일한 스테레오타입의 일부라는 것을 보여 준다.

멕시코 여인에 대한 이 스테레오타입은 말린친-과달루페라는 이원

---

35) Gabriel Zaid, 「모성 우상화 문화의 문제」("Problema de una cultura matriotera").
36) 농락당한 여자—옮긴이.
37) 이러한 고함소리를 분석하면서 옥타비오 파스는 혼선을 불러일으킨다. 그는 이 애국적인 선언인 고함소리는 나머지 사람들, 다른 사람들, 외국인들은 칭가다의 자손들임을 알린다고 해석하려고 한다. 하지만 "칭가다의 자손들"은 바로 멕시코 사람들이라는 것은 명백하다. 그 외침은 듣는 사람들에게 대한 하나의 도전이다. 그 고함소리에 들어 있는 모욕은 (수많은 멕시코식 표현에서처럼) 애정 요소를 포함하고 있고, 그것은 공격성과 뒤섞여 있다. 파스 자신도 나중에는 스스로 모순되게도 칭가다가 요로나의 재현, 고통 받는 멕시코 어머니의 재현이라고 지적한다. 그렇다면 어떻게 그녀의 자식들이 외국인이 될 수 있는가? 게다가 파스는 'chingar' 동사의 독특한 성격들을 과장해서 말한다. 'chingar'는 성적이고 공격적인 함의에서뿐만 아니라, 어머니에 대한 폭행과 관련되어 사용되는 점에서 foutre, fuck, joder와 대단히 유사하다. 칭가다에 대해서는 카를로스 푸엔테스가 『아르테미오 크루스의 죽음』(La muerte de Artemio Cruz)의 한 장(章)에서 의미심장하게 무아지경에서 이야기를 전개하고 있다. 거기에서 황금시대(Edad de Oro)로 인해서 사용되는 우울증에 대한 신화가 뚜렷하게 드러난다. "그대는 그 칭가다와 어디로 가는가? 오, 미스터리여, 오, 기만이여, 오, 향수여. 그대는 그녀와 함께라면 기원(起源)으로 돌아갈 것으로 믿는가? 어떤 기원들을 말하는가? 넌 그렇지 않아. 아무도 사기 같은 황금시대로, 불길한 기원으로, 으르렁거리는 짐승소리로 돌아가길 원하지 않아."(145쪽)

성으로 이루어졌다. 그것은 칭가달루페^{Chingadalupe}이다. 이 관념적 이미지는 수컷중심주의에 사로잡힌 멕시코 남자가 자신의 동반여성의 이미지로서 만들어 가지고 있다. 그런 여자는 거리낌 없이 즐겁게 성행위를 하면서도 동시에 동정녀이면서 얌전한 여자여야 한다.[38] 이런 의미에서 모든 멕시코의 남성들은 후안 디에고^{Juan Diego} 같은 남자들이다. 그들은 자기 심리 내면 깊숙한 곳에 자리한 테페약에다 자기 여자들의 이미지를 투사한다. 마치 과달루페 신화에 나오는 원주민 후안 디에고가 그렇게 했을지도 모르는 것처럼. 디에고의 아내의 이름도 (마치 우리들의 신화적 상상력을 자극하려는 듯) 역시 마리아였다(3세기 전에 베세라 탕코 ^{Becerra Tanco}가 신학적 엄밀함으로 연구, 확립한 바에 따르면).

우상화된 성모는 숭배행위의 대상이 되는 대신, 그 원주민의 망토 속으로 몸을 웅크렸다. 그녀의 이미지는 그곳에 박혀 버렸다. 마찬가지 방식으로 가무잡잡한 살색을 지닌 여인들은 멕시코 마초들의 침대 속으로 받아들여졌다. 그리고 이불 속에 자신들의 고통의 자국을 남긴다. 민요가 전하는 것처럼 말이다.

난 가무잡잡한 여자를 좋아한다.
과달루페 성모도

---

38) 간단한 묘사이지만, 그래서 멕시코 여성에 대한 공통적 인식들을 잘 드러내고 있다. "멕시코 여성을 말린체와 비교할 때는 과달루페 성모가 말린체를 보완한다고 생각하고 싶어 한다. 마치 동일한 이미지의 다른 한 면처럼 말이다." Juana Armanda Alegría, 『멕시코 여성들의 심리』(*Psicología de las mexicanas*), 103쪽. 이 주제와 관련해서는 다음 글들을 참조할 것. Shirlene Soto, 「세 개의 문화적 모델: 과달루페 성모, 말린체, 요로나」("Tres modelos culturales: la Virgen de Guadalupe, la Malinche y la Llorona"). Rachel Phillips, 「마리나/말린체: 가면들과 그림자들」("Marina/Malinche: Masks and Shadows").

가무잡잡하다는 사실을

내가 알고서부터.

아마도 이런 스테레오타입이 압도적으로 존재하기 때문에 멕시코 문학에서는 복잡하고 유기적인 여성인물이 만들어지는 것이 억압을 받았는지도 모른다. 멕시코에서는 문학에서 여성 인물들이 마치 신화처럼 마치 사전에 설계된 인물처럼 등장한다는 말이 있다.[39] 이처럼 미리 정해진 유형들은 말린체에서 과달루페에 이르는 하나의 축에서 가져온다. 다시 말해, 한쪽 극단에서는 남자들을 잡아먹는 정열적인 여성들이 있다(영화에서는 마리아 펠릭스María Félix가 이 역할을 체현했다). 다른 한쪽 극단에는 순결한 약혼녀와 이해심 많은 어머니들이 있다. 한편에는 낭만적이고 격정적인 열정이 있고, 반대쪽에는 기독교적이고 우상숭배적인 사랑이 있다. 이 마지막 형태의 사랑은 로페스 벨라르데López Velarde의 유명한 싯구들이 발산하고 있는 사랑의 형태이다. 하지만 바로 그 시인은 태초의 이브를 불러내기도 한다.

39) 카를로스 몬시바이스, 「멕시코 문화에 나타난 성차별주의」("Sexismo en la literatura mexicana"), 109쪽. 화가 프리다 칼로의 삶은 여성의 유형과 관련해서, 현실은 문학보다 신화들이 더 풍부하다는 사실을 보여 주는 하나의 예가 된다. 어떤 의미에서 프리다 칼로는 국가문화에 의해서 창조된 신화적인 여성 존재가 지닌 모순들을 (지성적으로) 요약한 인물이다. 게다가 프리다 칼로의 작품은 바로 멕시코의 국가적 신화들을 풍요롭게 하는 암시들로 (죽음, 폭력, 수컷우월주의, 멕시코인의 지구적 기원 등과 관련지어) 가득하다. 그의 남편 디에고 리베라의 작품도 마찬가지이다. Hayden Herrera, 『프리다』(Frida)를 참조할 것. 동일한 얘기를 소르 후아나 이네스 데 라 크루스와 관련지어 할 수 있다. 에세키엘 차베스는 소르 후아나에게서 모든 멕시코 민중의 영혼을 발견했다. 스페인 사람, 크리오요, 메스티소, 흑인, 인디오를 포함해서 말이다. Chávez, 「소르 후아나 이네스 데 라 크루스의 심리에 대한 소고」("Ensayo de psicología de Sor Juana Inés de la Cruz"), 356쪽.

나의 사랑은 당신을 그런 식으로 감싸고 있으니, 당신의 몸이 발가벗었다고 느낄 때에는 삶의 나뭇잎 가리개를 구하는 대신, 당신의 팔을 수천 년의 세월 위로 감아 나의 심장을 낚아 보려 했었더라면. 그대가 추방되어 있는 노천으로부터 내게 와서 그대 이상적인 육신으로 나의 순진한 두 눈을 즐겁게 해주길 애원합니다.[40)]

여성의 스테레오타입에 관련된 변증법은 이렇게 작동한다. 다시 말해, 남성이 순진할 때 여성은 자신의 육체로 남성을 유혹한다. 하지만 남자의 색욕이 발동되면 여자는 온화하고 인내심이 있는 여성이어야 한다. 성욕의 불길이 마초를 삼켜 버릴 때 그곳에 그 마초를 진정시키기 위해 동정녀가 있는 것이다. 하지만 차가운 우수가 그 남성을 무기력하게 만들 때 정열적인 암컷이 그를 깨워 일으켜야 한다. 이것이 바로 멕시코의 낙원에서 존재하는 에로티즘의 논리이다. 그래서 멕시코의 아담은 자신이 만드는 여자들은 싫어하면서도, 자신들이 원하는 여자들을 만들어 갈 능력도 없다. 여성들이 이해심 많고 순결할 때 그녀들을 겁탈한다. 하지만 그녀들이 음란해지면 겁먹고 도망가고, 동정녀-어머니 치마 속으로 피한다. 멕시코의 아담은 항상 죄의식을 가지는 것이 필요하다. 마치 파스칼처럼 생각하기 때문이다. "죄를 진 채 태어나는 것이 필요하다, 그렇지 않으면 신은 정당하지 못할 것이기 때문이다."[41)]

---

40) López Velarde, 「에바」("Eva"), 『전집』(Obras Completas).
41) B. Pascal, 『팡세』(Pensées). Ed. Brunschvig, 439, 555쪽. Louis Rougier, 『파라다이스에서 유토피아로』(Del paraíso a la utopía), 46쪽에서 재인용.

추방

정치권력이라는 것을 단지 지배자와 피지배자들의 대립에서 흘러나오는 차가운 이데올로기적 이성의 표현으로만 이해할 수는 없다는 것은 명백하다. 정치사상들과 프로그램들은 다 따져보면 결국은 자본주의 국가체제들을 떠받치는 주요 기둥들이 아니다. 이와 같이 정치적 이데올로기가 고유한 정치적 제도들의 근본적인 기능들에 비해서 상대적으로 소외되고 있는 현실을 인식하기 시작했고, 그에 대한 다양한 설명들이 나오게 되었다. 한 국가의 정치적 모습이 변화되어 가는 데 있어 대중매체의 권력이 엄청나다는 것이 지적되었다. 대중사회의 복잡한 심리적 메커니즘이 강조되기도 했다. 기술 발달에 따른 구조변화와 거대한 독점기업들이 가진 탈정치화 능력에 대해서도 언급되었다. 종족과 인종의 분리가 지닌 중요성도 강조되었다. 성적 관습, 삶의 방식, 종교적 믿음에 기반한 새로운 하위문화의 영향력이 점증하고 있다는 것도 관찰되었다. 그래서 포스트모던 시대에 있어 '이데올로기의 종말'에 관한 이론도 만들어졌다. 내가 보기에 근대 국가체제의 정당성을 설명하는 핵심적인 부분은, 내가 앞에서 언급했듯이 정치권력의 상상적 그물망을 기반으로

하고 있다. 신화와 국가문화는 이러한 상상적 그물망의 가장 중요한 측면들이다. 다른 한편, 오늘날 현대 멕시코는 정치권력의 상상적 그물망을 연구하기에 특히 흥미로운 상황을 제공하고 있다. 왜냐하면 1910년의 혁명이 거대한 이데올로기적 진공상태를 초래하고 있음에도 불구하고 국가체제가 확장되어 왔다는 사실 때문이다. 비록 혁명 이후 정부들의 이데올로기가 멕시코식 자유주의의 연장이라는 것을 애매하나마 일반적으로 받아들일 수는 있지만, 확실한 것은 근대 국가체제를 구성하는 일관성 있는 프로그램이나 발전모델과 관련해서는 그렇지 못하다는 것이다. 정리하자면, 멕시코 사람들을 국가체제를 중심으로 하나로 모으는 일의 중심에 헌법이 있는 것도 아니고, 권위주의가 지배하는 거대한 정치기구의 확대에 따른 고통을 국민들이 느끼지 못한 것도 혁명이 낳은 국가주의의 분위기에 마취되었기 때문이 아니라는 것이다.

중심 뼈대가 있는 이데올로기가 없고, 발전의 프로젝트나 모델들이 거의 없는 상태에서 (이것들은 자본주의적 축적에 이어지는 과정을 사후 정당화하는 것에 지나지 않는 경우가 허다하다) 정치적 시스템의 정당성은 두드러진 문화적 함의를 획득한다. 국민들의 독특한 특성과 그들 정부의 형태 사이에 있어야만 하는 상응관계를 확립할 필요가 있다. 그래서 국민성에 대한 정의가 단순히 심리를 묘사하는 문제가 아니다. 이것은 정치적으로 가장 먼저 필요한 것이다. 그것은 국가적 단일성의 토대를 마련하는 데 기여하고, 멕시코 국가체제의 단단한 주권은 그 국가적 단일성에 상응해야 하는 것이다.

1910년 멕시코혁명에서 유래하는 이데올로기가 한계들을 가진 데다 멕시코 근대 역사에서 등장한 신화적 영웅들 또한 평범하다. 이미 지적되었듯이,[1] 마데로, 카란사, 오브레곤, 카예스 같은 인물들을 중심으로 짜여진 신화들은 너무나 진부하다. 예를 들어, 에밀리아노 사파타의 신화적 잠재력은 국가체제에 의해 활용되지 못했다. 그는 길들여진 혁명을 주도하는 정부를 세운 자들의 철천지원수였기 때문이다. 그럼에도 불구하고, 멕시코혁명은 신화들이 폭발한 것이고, 그 중에서 가장 중요한 신화는 바로 멕시코혁명 그 자체에 관한 신화이다. 멕시코혁명과 관련된 신화들은 다른 나라들에서처럼 영웅들이나 폭군들의 일대기傳記를 근거로 만들어진 것들이 아니라 대중과 국가체제 사이의 융합, 멕시코 **민중과 혁명적 정부** 사이의 융합이라는 사고 위에 만들어진 것들이다.[2] 멕시코혁명 신화는 하나의 통합된 거대한 영역으로서, 서로 충돌하고

---

1) John Rutherford, 『혁명 동안의 멕시코 사회』(*Mexican Society During the Revolution*). A Literary Approach. 만약 멕시코혁명의 이데올로기에 문화적 차원들이 결여되어 있다면 회색빛의 사회경제적 국가주의라는 허약하고 앙상한 골격으로 축소되고 말았을 것이다. 다니엘 카세스(Daniel Cazés)는 1910년에 시작된 투쟁은 너무나 시대에 뒤진 성격을 가지고 있었기에 (무엇보다도 이데올로기적 차원이 약했기 때문에) 하급혁명(sub-revolución)이라고 말할 수 있다는 것을 처음으로 지적한 사람들에 속한다. 또한 그는 멕시코혁명의 가장 중요한 선지자들 중 하나인 안드레스 몰리나 엔리케스(Andrés Molina Enríquez)가 얼마나 이데올로기적으로 허약했는지를 날카롭게 비판적으로 분석하기도 했다. 몰리나 엔리케스의 주장들은 사회경제적인 논의들인데, 사회적 다윈주의와 스펜서의 유기체설의 도움 없이는 지탱될 수 없다. 이 유기체설은 인종적·문화적 메스티소화에서 발생되는 애국적인 가치들을 찬미한다. Daniel Cazés, 『혁명가들』(*Los revolucionarios*), 35쪽. 마찬가지로 비판적인 시각에서 라몬 에두아르도 루이스(Ramón Eduardo Ruiz)는 『멕시코: 위대한 반란』(*México: la gran rebelión*)이라는 책에서 흥미로운 연구를 수행한다. 이 책 제목은 이미 저자의 의도를 명확하게 드러내고 있다.

2) 카란사, 마데로, 오브레곤, 카예스에 대해서 엔리케 크라우제(Enrique Krauze)가 쓴 전기들은 이러한 견해를 재확인시켜 준다(『권력의 일대기』[*Biografía del poder*]). 권력 구조에 대한 분석도구로서 정치적 신화의 중요성에 대해서는 Bobbio y Matteucci, 『정치 사전』(*Diccionario de política*), Siglo XXI, México, 1982.에 나오는 T. Borazzi의 글 「정치적 신화」("Mito político")를 참고할 것. 또한 정리가 잘 안 되어 있고 오류도 있지만 아주 흥미로운 글인 André Rezler, 『근대의 정치적 신화들』(*Mitos políticos modernos*)을 볼 것.

외견상 서로 모순적인 상징들로 가득하다. 하지만 결국에는 국가문화의 획일성에 의해 동일한 것으로 입증된다. 멕시코인이라는 존재는 국가적 단일성의 영역에 갇혀 버렸고, 손발이 묶여 버렸다. 지배 시스템 내부에서만 의미가 있는 한 줌의 심리·문화적 특성들로서 이루어진 존재처럼 되었다. 국가문화는 정치권력과 동일시되고, 그래서 누구든 권위주의의 규칙을 깨뜨리려는 자는 즉각 국가문화를 포기하려는 자로 비난받거나, 더 심한 경우 국가문화를 배신하려는 자로 비난 받는다.

이러한 상황 앞에서 많은 사람들이 계급적 지위나 미국과 유럽의 문화적 영향에 따라서 관심 영역과 방향을 명확하게 구분 지으려 했다는 사실은 이상할 것도 없다. 이러한 관점에서 보면, 민중적인 국가문화와는 구별되는 하나의 헤게모니 문화가 있을 것이다(그 문화에서는 부르주아적이고 외국적인 가치들이 지배할 것이다). 비록 두 문화는 긴밀하게 겹쳐 있겠지만 말이다. 가끔 대중문화와 민중문화는 구별된다. 그러니까 대중문화에는 외국문화의 침투에 따른 해로운 결과들, 대중매체가 초래하는 동질화, 산업화와 도시화에 따른 새로운 야만성의 확산 등이 포함된다. 이러한 문화적 몰개성화에 대항해서 '진정한' 국가문화를 살려내야 한다는 것이다. 그 국가문화의 뿌리는 그 민중의 영혼에 깊이 뿌리내리고 있을 테니까 말이다. 그 상상 속의 민중은 텔레비전, 라디오, 영화의 진흙탕으로 더러워지지 않았다.[3] 논쟁을 벌일 의도는 없지만, 내가 보기에 두 개의 국가문화, 즉 하나의 지배적인 문화와 그와 다른 민중적인 문화라는 두 개의 문화를 발견하기는 불가능하다는 점을 지적하

---

3) 이 주제에 대해서는 호세 마르틴 바르베로(José Martín Barbero)의 「무엇이 민중문화인가?」라는 글에서 날카로운 비판적 사고를 읽을 수 있다.

지 않을 수 없다. 국가적이라는 그 사실 때문에 하나의 문화는 반드시 **지배적이면서 동시에 민중적인** 것이다. 문화적인 현상들을 이데올로기화했을 때만이 사회계급의 경계선에 따라서 (지배계급 대 민중계급) 국가문화를 해부하는 것이 가능해진다.[4] 물론 지배적이고 헤게모니적인 문화의 모든 측면들이 국민성을 띠고 있다고 말하려는 것은 아니다. 마찬가지로 많은 민중적 문화표현들도 국가적 차원을 획득하지 못하기도 한다. 지배계급의 중요한 부류들이 엘리트주의에 젖어 채택한 문화적 가치들의 경우를 들 수 있는데, 그 가치들에 근거해서 일상적으로 지배 행위가 이루어지고 있다(예를 들어, 모든 종류의 유행, 돌려서 말하기, 토론 방식 등등). 다른 한편으로, 이국적인 문화표현 혹은 노골적인 외국풍의 문화표현들은 엄청난 대중성을 획득하기도 한다(음악, 문학, 언어 등등). 두 가지 경우에서 확실한 것은 (그것들이 빨리 사라지지 않는다면) 지극히 엘리트주의적이고 외국풍인 문화적 가치들은 국가문화에 합쳐질 수도 있고, 종종 합쳐지기도 한다. 이런 일은 문화적 가치들에 대한 **동질화**homogeneización가 이루어질 때 발생한다. 이 동질화를 통해서 상이한 사회 계급들의 구성원들은 그런 문화적 가치들을 이해하게 된다. 다시 말해, 그것이 **동일한 정체성**을 확인할 수 있는 형식을 획득하게 되었을 때

---

4) 호르헤 아길라르 모라(Jorge Aguilar Mora)는 피지배자들은 지배자들의 눈 속에서 자신의 모습을 보도록 강요받고 있고, 그래서 착취 시스템의 헤게모니가 공고해진다고 믿는 사람들을 비판하는데, 흥미롭다. "지배자들의 이데올로기는 … 피지배자들뿐만 아니라 지배자들 또한 포함하고 있다." 하지만 진정으로 헤게모니를 확고하게 해주는 것은 이데올로기의 단일성이 아니라 국민 문화라는 것이 피지배자와 지배자 공통의 표현이라는 것이다. 이것은 몇몇 나라의 사회 안에서 (예를 들어 프랑스와 이탈리아에서) 이데올로기적 차이가 심각하게 존재함에도 불구하고 착취 시스템이 합법성을 가지고 있는 현실을 설명해 준다. J. Aguilar Mora, 『신성한 짝』(La divina pareja), 55쪽.

가능한데, 잦은 조작을 통해서 멕시코 사용자들의 흔적들이 깊이 각인 되고야 말기 때문이다.[5] 문화적 가치들이 갖는 이러한 정체성은 이 가치들이 주체와 외연referencias들로 이루어진 구조 속에서 하나의 '의미'를 획득했다는 것을 말해 준다. 혁명 이후 멕시코에 존재하는 문화적 영역들의 상당 부분을 하나로 묶어 주고 있는 구조 속에서 의미를 획득했다는 말이다.

우리는 멕시코와 관련해서 그람시가 우려했던 것과 비슷한 문제를 제기해 볼 수 있다. 과연 멕시코에 민중적인 민족문학이 존재하는가? 이탈리아에는 그런 문학이 없었는데, 그람시에 따르면,

> '민중'과 '작가들' 사이에는 세계를 인식하는 데 있어 동일성이 없었기 때문이다. 작가들이 민중의 감정들을 자기 고유의 것으로 느끼면서 살지도 않았고, '민족 교육'의 기능을 수행하지도 않는다는 말이다. 다시 말해, 작가들이 민중의 감정들을 되살리고, 자기 고유의 것으로 바꾼 뒤에도 그 감정들에 형식을 부여하는 문제를 스스로 제기한 적도 없고, 하지도 않는다는 것이다.[6]

우리는 그람시가 제기했던 문제를 문학과 작가들에게만 적용하지

---

5) 하나의 좋은 예가 록인데, 록은 명백하게 그 기원이 낯설지만 국가문화의 표현 방식으로 변신 했다.
6) 『옥중수고』(Cuadernos de la cárcel), 「이탈리아 국가문화의 문제들」, 노트 21 (XVII), 1934~1935, 6권. 많은 멕시코 작가들이 이 문제를 고민해 왔다. 예컨대, 호세 아구스틴(José Agustín)은 멕시코문학을 창조하는 데 대단한 관심을 보인다. 동시에 아홀로테에 관련된 규범적 모델들(죽음과 인디오 등을 언급하는)에 응축해 온 스테레오타입들에 커다란 혐오감을 느끼고 있다. 엑토르 고메스 바스케스(Hector Gómez Vázquez), 「호세 아구스틴과의 대담」.

않고, 넓은 의미에서 문화적 표현들 전체에 적용해 생각해 볼 수 있다. 멕시코에서는 독특하게도 내가 서술해 온 대로 우울과 변태에 관해서 지성인들이 민중들의 감정을 되살리고 그것들에 형식을 부여했다. 이러한 가공과정은 엘리트와 민중 사이에 상상의 교량 역할을 하는 중재구조를 촉진시킨다. 하지만 이러한 가공과정의 결과가 민중적 감정들을 정확하게 반영하지 못한다는 것은 명백하다. 그 가공과정은 통합과정 혹은 동일시과정인데, 광범위한 영역의 민중들은 그것을 국가적 형식으로 받아들여야 한다. 지식인들이 민중들의 감정을 '되살리고' '자기 것으로 만들면서' 증류해 낸 국가적 형식으로 받아들여야 하는 것이다.

현대 멕시코 문학의 국가적-민중적 특성은 심각한 궁핍현상에 시달리고 있다는 인상을 나는 가지고 있다. '멕시코적인 것'에 관한 메타포, 참고자료, 중재와 관련된 시스템이 존재함에도 불구하고 말이다. 반대로, 영화, 라디오, 만화, 사진소설, 텔레비전은 구체적으로 멕시코인을 규정하는 국가문화의 가능성들을 더 잘 탐색해 온 것으로 보인다. 이러한 매체들은 동시에 소위 '문화적 제국주의'를 전파하는 주된 매체들이고, 그 본질적 성격이 대부분의 경우 대놓고 외국취향임에도 불구하고 그러한 일을 해낸다는 것은 대단한 역설이다. 결국, 외국적인 것에 호감을 보인다는 의미를 지닌 말린치스모malinchismo는 아주 멕시코적인 신화이다. 하지만 내가 여기서 강조하고자 하는 것은, 문학 혹은 예술에서 국가적·민중적 공간이 (혹은 민중과 관련된 것이라고 여겨지는 것이) 존재하기 위해서는, 그람시가 지적하듯이 지식인이 민중적 감정들을 재경험하고 자기 것으로 만들어야 한다는 점이다. 이 가공과정은, 내가 지금까지 앞 페이지들에서 논평한, '멕시코적인 것'에 관한 메타담론 장르를 만들어 온 작업이기도 하다. 이 메타담론의 구조는 특별히 멕시코적인 것은 아무것도 가지고 있지 않다. 자본주의의 발달이나 국가주의적 국가체제의 공고화와 긴밀하게 관련된 규범적 모델들을 변용한 것이다. 다시 말해, 우리가 근대 서구라고 부르는 것과 긴밀하게 관련된 규범적 모델들을 변용한 것이다.

계속하기에 앞서, 나는 이 중재구조와, 서구에서 오랜 역사를 가진 문화관련 규범적 모델들과 연결되는 지점의 특성에 대해 잠시 설명하는 것이 필요하다고 본다. 중재와 관련된 모든 정치적 구조가 해결하는 주요한 문제는 사회적 대립들을 계급투쟁이 온순하게 길들여지는 공간으로 옮겨 놓는 일이다. 그렇게 함으로써 체제의 지속성이 보장되는 것이다. 멕시코인을 역사와 정치의 주체로서 (다시 말해, 멕시코적인 독특한 지배방식에 결부된 주체로서) 규정하는 **상상체계**^{imagineria}는 근대 국가체제의 바탕을 이루는 두 개의 거대한 사회계급인 농민과 노동자를 국가문화의 영역으로 옮겨놓는 데 성공했다. 이 두 거대한 사회계급에 속하는 대중들의 이미지들은 지극히 주관적인 행위자들로 변형되었을 뿐 아니라, 우울과 변태라고 하는 두 개의 근본적인 정신 상태, 국민의 영혼을 지탱하는 이 두 가지 본질적인 정신 상태에 잠겨 녹아들었다. 이 점은 멕시코 국가문화의 구성에 있어 서구문화와의 긴밀한 연결고리가 드러나는 핵심적인 지점들 중 하나이다.

근대적 문학형식 내에서 우울과 변태라고 하는 이중 목록을 더 강력하게 대중화시킨 사람은 빅토르 위고일 것이다. 위고가 1827년 『크롬웰』^{Cromwell}의 유명한 서문에 쓴 말에 따르면, 기독교는 "민중의 정신에 옛날 사람들이 몰랐던 새로운 감정을 주입했는데, 그 감정은 특히 근대인들 사이에 발전되어 갔다. 그 감정은 심리적으로 가라앉은 상태보다는 더 심한 상태이고, 슬픔보다는 덜한 상태인 우울증이다."[7] 이러한 생각은 원래 샤토브리앙에 의해서 공식화되었는데,[8] 사회적이고 정치적인 삶에 관한 쓰디쓴 환멸 앞에서 인간이 자기 내부로 침잠해 숙고하는 상태를 의미한다. 이 사고에 따르면, 기독교가 도래할 때까지는 거대한 변동들은 높은 계급에서만 일어났다. 일반 개인들은 너무나 낮은 곳에 위치해 있었기 때문에, 집안에서 일어나는 불행을 벗어나, 국가체제에게 일어나는 불행들이 그 개인들에게 영향을 미치는 것이 거의 불가능했다. 빅토르 위고의 주장에 따르면, 사건들은 서사시 같은 장엄함 속에서 전개되었다. 하지만 기독교의 도래와 함께 고대 유럽은 파멸하고, 나라들은 혼란 속에 빠지고 뒤집어졌다. "지상은 너무나 소란스러웠기 때문에 그 혼돈의 일부가 민중들의 마음속까지 전달되지 않을 수 없었다." 그렇게 해서 근대적 우울증이 탄생한다.

그 우울증 앞에서 호기심과 분석 정신이 일어난다. 엄청난 재앙들이 오래된 세상을 제거하는 모습은 장관이었다. 그 세상이 죽고 나자 "수사학자, 문법학자, 궤변가 무리들이 마치 파리떼처럼 거대한 시체 위로 날아들었다. 그들이 부패가 한창인 지점에 우글거리는 모습이 보이고, 윙윙거리는 소리가 들린다." 마찬가지 방식으로, 멕시코혁명이라는 천지 이변 이후에 멕시코에서는 철학자, 시인, 인류학자, 소설가 무리들이 우울증과 파우스트적인 흥분이 뒤섞인 상태에 영감을 받고서 농민과 인디오의 시체 주변을 얼찐거리지는 않았던가?

---

7) Victor Hugo, 『크롬웰 서문』(La préface de Cromwell), 186~191쪽.
8) François-René Chateaubriand, 『기독교 사상의 기원』(La genèse du Christianisme), 2부, I, III, IX장.

(위고는 계속한다) 각각의 사지, 각각의 근육, 누워 있는 거대한 신체의 각 섬유를 뒤집어 보고 똑바로 보고 한다. 분명 생각을 해부하는 이 사람들에게는 자기의 노력으로 대단한 경험을 한다는 것, 박제할 수 있는 죽어 있는 사회를 주된 테마로 가지고 있다는 것이 즐거운 일임에 틀림없으리라. 이렇게 우리는 우울증과 명상의 기질을 지닌 존재와 분석과 논쟁을 하는 악마가 마치 서로 악수를 하듯이 동시에 등장하는 것을 보게 된다.

빅토르 위고는 변태에 대해서는 언급하지 않는다. 하지만 과학의 악마 뒤에서 망보고 있는 것은 바로 변태이다. 모든 것은 바뀌고, 모든 것은 변형되고, 모든 것은 끝나고, 모든 것은 죽는다. 진보의 바퀴들은 매일 더 빨리 돌아가고 갈수록 더 빨리 과학자들의 박제테이블 위로 옛것의 시체들을 던져 놓는다. 어제만 해도 신선해서 우리의 주의를 끌던 것이 오늘 벌써 거의 죽어가는 모습이다. 이 진보로 인해 들뜬 상태에서 사람들은 뭔가 즐길 시간을 채 갖기도 전에 죽음이 문 앞에 찾아온다. 토크빌은 『아메리카의 민주주의』*La democracia en América*에서 민주적인 나라들에 있는 이 새로운 병에 대해서 언급한다. 이 나라들에서 사람들은 그들이 원하는 완전한 평등에 이르지 못한다. 비록 상대적으로 공정한 조건들은 쉽게 획득하지만 말이다. 그들이 원하는 평등은 항상 시야 안에 있다. 하지만 그들이 평등을 향해 나가면, 평등은 뒤로 물러선다.

매 순간 그들은 평등을 막 성취할 순간에 있다고 믿지만, 평등은 계속 그들로부터 벗어난다. 그들은 평등이 지닌 매력들을 볼 수 있을 만큼 아주 가까이 다가가 있다. 하지만 그 매력적인 것들을 누리기에는 너무나 멀리 있다. 그리고 그것들이 주는 달콤함을 맘껏 음미하기도 전에 죽는다. 이런 것들이 원인이 되어 민주적인 나라들에서 주민들이 풍요 속에서도 자주 이상한 우울증에 시달리게 되고, 안락하고 조용한 삶을 누리면서도 인생에 대해 불만을 갖게 되는 것이다.[9]

또한 토크빌은 언급하지 않지만, 민주적인 나라들을 괴롭히는 것은 변태에 대한 의욕이다. 단순히 시간이 흐르고, 죽음의 순간에 도달하는 것만이 아니다. 끔찍하고 놀라운 것은 시간이 고집스럽게도 진보적으로, 근대적으로 미끄러져 간다는 것이다. 모든 것의 형태를 바꾸면서 항상 앞으로 흘러간다는 것이다. 과거의 모습은 결코 다시 돌아오지 않으리라. 이 끝 모를 변태 앞에서 우울증의 핑계거리가 생긴다. 동일한 축의 두 극단인 셈이다.

변태에 대한 사고와 파우스트적인 인간에 대한 사고가 합류하는 것은 우울증과 야만적 인간 사이의 평행관계처럼 아주 자연스런 것이다. 괴테의 작품은 어쩌면 가장 좋은 예이다. 『식물의 변태』*La metamorfosis de las plantas*라는 책에 잘 드러난 그의 과학적 탐구들과 파우스트와 메피스토텔레스의 옛 전설에서부터 재창조한 그의 드라마 사이에는 확실한 연결선이 있다.[10] 빅토르 위고의 말을 패러디한다면, 변태에 대한 의욕을

---

9) *La democracia en América*, 2권, XIII장, 497쪽. 우울증의 다른 근대적 형태들은 발터 벤야민과 관련되어 수전 손택의 책 『토성의 영향 아래』(*Under the Sign of Saturn*)에 제시되어 있다. 또 데이비드 그로스(David Gross)의 「좌파의 우울」("La melancolía de la izquierda")도 참조할 것.

10) 뛰어난 프랑스어 판 『식물의 변태』(*La métamorphose des plantes*)를 볼 것. 앙드레 마송(André Masson)은 이 책의 상징과 관련된 잠재력에 기반하여 괴테의 초상화를 그린다(1940). 그 그림에서 식물들의 변태는 내면세계로의 환각 상태의 여행인데, 강렬하고도 색이 화려한

(그것은 지속적인 부정否定으로서 메피스토가 몸소 구현하는 것인데) 파우스트 식으로 불러내자 지식인, 시인, 철학자들이 마치 파리떼처럼 몰려든다고 말할 수 있을 것이다. 이들은 매일같이 탄생하는 새로운 세상의 산파가 될 준비가 되어 있다. 하지만 동시에 매 순간 효력을 상실하는 그 많은 것들을 매장하는 사람이 스스로 되어야 한다는 것을 알게 된다.

우울/변태라고 하는 고전적인 이중적 용어의 전개에 있어 나는 여러 가지 사실을 강조하고자 한다. 우선, 그것은 고급문화에서든 민중문화에서든, 소설과 시에서든, 텔레비전이나 라디오의 드라마 그리고 만화에서든, 자신을 드러낼 수 있는 상상체계이다. 숭고하고 진귀한 것에서 상스럽고 천박한 것으로 이동할 수 있는 것이다. 그것은 자신의 본질적인 속성들을 잃어버리지 않은 상태에서 사회적 계급들을 갈라놓는 경계선들을 넘나들 수 있는 상상적 그물망이다. 그것은 다른 길을 통해서 확인될 수도 있다. 그 이중적 스테레오타입은 서로 상이하고 자주 모순적인 이데올로기의 덮개들 아래서 표현되기도 한다. 이와 같은 방식으로 해서 다양한 담론에 속하는 연속적 대립항 속에서 다시 등장한다. 야만 대 문명, 농촌 대 도시, 봉건주의와 대 자본주의, 정체 대 진보, 야만적 인간 대 파우스트적 인간, 종교 대 과학, 아리엘 대 칼리반, 공동체 대 사회, 저개발 대 개발.[11] 이것들은 계급투쟁의 수천 가지 얼굴이다.

여행이다. 『파우스트』의 스페인어 번역은 여러 가지가 있는데, 호세 바스콘셀로스가 1924년 국립대학에서 펴낸 것(J. Roviralta Borrell 번역)은 흥미롭다. Ernest G. Schachtel, 『변태』(*Metamorphosis*)에서 보듯, 자궁 속 태아의 삶이 자연스런 인간 세상의 존재로 변하는 과정으로 변태를 이해하는 근대 심리학의 견해들과 비교해 볼 것.

11) 라틴아메리카 문화에 있는 이러한 '이원성에 대해 뛰어나게 표현한 글로는 Carlos Monsiváis, 「문명과 코카콜라」("Civilización y Coca-Cola")가 있다. 그리고 Sara Sefchovich, 「멕시코 문화의 지속되는 강박관념」("La continua obsesión de la cultura mexicana"), 특히

또 다른 근본적인 사실은 이 이중적 용어는 역사적 깊이가 대단하다는 것이다. 그것은 이데올로기적·계급적 경계를 넘나들 수 있을 뿐만 아니라 수천 년 서구문화를 관통할 수도 있다. 그런 의미에서 (다양한 시대에 걸쳐 생존하는 그 능력) 그것은 원형으로 정의될 수 있다.

이와 같은 사실들을 통해 우리는, 합법화시키는 강력한 중재망을 어떻게 이 상상체계가 구성할 수 있는지를 이해하게 된다. 이 이중적 용어는 사회적 모순들에 대한 강력한 용해제이고, 고도의 결합력으로 단결시키는 힘이라는 것은 명백하다. 그래서 국가문화의 형성에 있어, 근대 국가체제들을 통일시키는 데 있어 그것의 존재는 결정적인데, 단순히 낭만주의와 모더니즘의 일시적인 영향이 아니라, 정치 시스템과 부르주아 사회의 깊은 필요성에 의해서 생겨난 것이다. 멕시코 국가문화는 우울/변태라는 원형을 광범위하게 사용해 왔고, 그것이 잠재적으로 지닌 중재력을 광범위하게 활용했다. 그리고 아홀로테라는 규범적 모델 속에 형상화시켰다. 하지만 나는 아홀로테라는 규범적 모델 (다시 말해, 인디오-펠라도에 대한 메타포적 축)이 멕시코 정치의 주체들을 정의하는 유일한 상상체계라고 말하려는 것은 아니다. 그것의 영향에서 벗어날 수 있는 것은 아무것도 없다고 주장하려는 것도 아니다. 그것은 아주 중요한 구상의 틀일 뿐 배타적인 것도 아니고, 어디에나 항상 존재하는 것도 아니다. 내가 말하려는 것은 아홀로테라는 규범적 모델이 멕시코의 다양한 문화적 표현에 나타나는데, 그렇다고 그것이 『페드로 파라모』*Pedro Páramo* 같은 소설들이나, 「포근한 조국」 같은 시들이나, 『잊혀

Saúl Yurkievich ed., 『이베로아메리카 문학에 나타난 문화 정체성』(*Identidad cultural de Iberoamérica en su literatura*)에 수록된 여러 글도 참고할 것.

진 자들』*Los olvidados* 같은 영화들을 설명해 주는 열쇠라고 우리가 믿도록 권위를 부여해 주는 것도 아니다. 정치문화라는 연극 속의 배우들은 아주 다양한 구성요소들로 형상화된다. 페드로 파라모, 인디오 페르난데스*Indio Fernández*, 엘 파요*El Payo*, 후안 페레스 홀로테*Juan Pérez Jolote*, 차녹*Chanoc*은 야만적이고 시골풍의 멕시코인의 신화 속에 집결한다. 다른 한편으로, 칸틴플라스, 피토 페레스*Pito Pérez*, 차베스의 『프롤레타리아 심포니』*Sinfonía proletaria*, 푸아스*Púas*, 하이메 로페스*Jaime López*의 록은 도시의 멕시코인 신화에 자양분을 공급한다. 수많은 텔레비전 드라마와 사진소설*fotonovelas*들이 증류해 내는 우울은 후안 호세 아레올라 같은 작가들을 괴롭히는 우울증과 유사한 것이다. 변태에 대한 갈망은 아레나 콜리세오*Arena Coliseo* 같은 체육관의 링에 서는 애송이 복서에게서뿐 아니라 카를로스 푸엔테스의 『아르테미오 크루스의 죽음』 같은 소설에서도 발견된다. 그럼에도 불구하고 아홀로테라는 규범적 모델은 문학 텍스트를 해석하기 위한 분석 도구도 아니고 복싱 경기를 설명할 수 있는 분석 도구도 아니다. 그것의 기능은 정치 시스템이 합법화시키는 과정들이 국가문화 속에서 어디에 있는지 우리가 찾아 낼 수 있게 해주고, 이질적이고 잡다한 맥락들 속에서 그러한 과정들을 식별해 낼 수 있게 해주는 기능이다. 만약 우리가 멕시코 정치 시스템의 성격을 이해하고자 한다면 그 합법화시키는 과정들은 구덩이에서 꺼내 햇빛 속에 드러내는 일은 꼭 필요한 것으로 보인다.

그람시의 용어들을 가지고 탐색했던 문제로 돌아가기 위해 나는 다음 사항을 지적할 수 있다. 멕시코 근대문화에서 중재구조가 효과적으로 존재(무엇보다도 아홀로테 같은 규범적 모델이 존재)하기에 멕시코 문화가 국가적·민중적 색깔을 띠게 된다는 것이다. 작가들이 (가장 포괄적 의미에서 담론을 생산하는 사람들)이 민중적인 감정들을 있는 그대로 되살리고 다시 창조하면서 그 감정들에 형식을 부여할 때 그것이 바로 민족을 '교육하는' 기능을 수행하는 것이 되게 해주는 것은 바로 중재구조들이다. 그럼 무엇이 이 중재구조들을 그렇게 효과적으로 만들어 주는가? 무엇이 아홀로테라는 규범적 모델에 합법화시키는 힘을 부여하는가? 가장 흔한 대답은, 그렇다고 오류가 덜한 것은 아니지만, 국가문화가 효과적인 것은 그저 멕시코적이기 때문이라고 주장하는 대답이다. 그럼에도 불구하고, 우리가 이 대답에 대해 좀 곰곰이 생각해 보면, 이 대답은 통속적인 중복표현에 불과하다는 것을 알게 된다.

민중계급의 투쟁과 감정에서 선별된 몇몇 측면들을 국가문화의 영역으로 독특하게 옮겨놓기^{transposición peculiar}에서 중재구조들의 효과가 생겨난다. 이러한 전위^{傳位} 때문에 민중의 대부분이 국가문화를 알아보게 되는 것이다. 그렇다고 이 말이, 국가문화가 민중계급들의 상황이 객관적으로 반영된 것이라는 말은 아니다. 이 전위의 색다른 점은, 멕시코적 특성뿐만 아니라, 인간 사회의 심오한 성격 그리고 그 사회에 상처를 내는 대립을 저지시킬 필요성에 뿌리를 내리고 있는 일종의 규범적 모델이나 구조에 맞추어 이 전위가 실현된다는 사실에 근거하고 있다. 개인들이 자기 사회와 국가문화 사이에 구조들이 일치하는 것을 감지하기 때문에 이 국가문화를 알아볼 수 있게 되고, 그래서 자신의 고유한 문화로 여기는 것이다. 하지만 그 문화의 '구성요소들'이 하나의 전통을 형성한다거나, 혹은 적어도 그 구성요소들이 멕시코인들이 사는 거주환경에서 나온 것들이라고 해서 충분한 것은 아니다. 그래도 부족한 것은, 일종의 '공식'이 그 구성요소들을 어떤 적확한 규범적 모델들에 맞게 섞어야 한다는 점이다. 이러한 상황은 하나의 역설을 만드는데, 영화의 경우에서 상대적으로 명백한 예를 발견할 수 있을 것이다. 멕시코 영화의 참여자이자 관찰자인 알레한드로 갈린도^Alejandro Galindo^는 다음과 같은 사실을 확인하고 놀라지 않을 수 없었다. 국가적 테마의 영화들이 "멕시코의 현실이라고 보여 주는 것과 실제의 멕시코 현실 사이에"는 전적인 착오와 불일치가 있다는 것이다. 갈린도가 가장 혼란스러워 했던 점은 "영화들이 제시하는 그 현실을 대중들이 즐겁고 열광적으로 받아들인다"는 사실이다. 자기 현실이라고 의도적으로 제시된 그 현실이 거짓이라는 점을 알면서도 그렇게 받아들인다는 사실이다. "그 현실을 받아들이는 데 그치는 것이 아니라, 그것에 박수를 보내고, 감동을 하고, 그러한 시각에 공감한다."[12]

갈린도가 지적하듯이, 영화를 만드는 사람들도 자신들이 인식하는 현실과 자신들이 만드는 영화 사이에는 모순이 있다는 것을 인정한다. 하지만 영화가 지시대상으로서 다른 현실, 다른 의미들의 구조를 사용한다는 점에 있어서 제작자들과 대중들 사이에 일종의 동의가 있다는 것은 명백하다. 그 다른 현실은 사회과학자들이 객관적 현실로서 흔히 이해하는 현실이 아니다. 분명 우리는 일종의 주관성을 만나게 되는 것이다.

그 '다른 현실'은 마치 백신처럼 민중들이 사회를 불안정하게 하는 경향으로 나아가지 못하도록 주입된 예방주사 같은 것이다. 지나친 우울증이나 아주 강력한 변태 충동들은 정치 시스템에 심각한 혼란을 초

---

12) Alejandro Galindo, 『멕시코 영화의 역사에 대한 상세한 분석』(*Una radiografía histórica del cine mexicano*). Aurelio de los Reyes, 『멕시코 영화와 사회』(*Cine y sociedad en México, 1896~1930*), 193쪽에서 재인용.

래할 수 있을 것이기 때문이다. 아주 오래된 원칙이 적용되는 듯이 보인다. '유사한 것으로 유사한 것을 고친다'simila similibus curantur. 이런 식으로 민중을 위해 그들의 멋진 모습이 만들어진다. 그들이 자신의 괴로움과 좌절과 죄를 정화할 수 있도록 말이다. 정확하게 아리스토텔레스는『정치학』Política에서 음악에 감정의 정화(또는 카타르시스)의 기능을 부여했다. 그것을 통해서 즐거운 안도감을 느끼게 한다는 것이다.[13] 밀턴Milton은 다시 이러한 사고에다 히포크라테스적 의미를 부여하면서, 나쁜 기분들은 인체로부터 제거되어야 한다고 주장했다. 우울증(흑담즙에서 유래하는 병)은 음악적 예술에 의해 정화될 수 있고, 비극은 "동정심과 두려움, 공포를 불러일으킴으로써" 그러한 감정들을 정화시킬 수 있는 힘을 가지게 된다고 했다.[14]

멕시코 국가문화의 단일성은 위협을 받고 있는데, 쉽게 이해할 수 있듯이 사회적이고 정치적인 대립으로 인해 분열되는 경향이 있기 때문이다. 이러한 위협은 문화 속에서 이데올로기적인 충돌로 곧바로 나타나는 것이 아니라 다양하게 변형된 형태로 나타난다. 문화에 의해 국가정신의 담지자로서 창조된 주체에 관련된 것이기에, 국가적 단일성을

---

13) "예를 들어, 자비심이나 두려움을 가져 보시오. 또는 다시 열정을 가져 보시오. 어떤 사람들은 이 마지막 감정에 사로잡히는 경향이 있습니다. 하지만 그들이 영혼을 흥분된 감정으로 가득 채우는 멜로디들을 다 듣고 나면 그러한 신성한 멜로디들 때문에 그들은 마치 약물치료를 받은 것처럼 다시 정상적인 상태로 되돌아옵니다. 마치 찌꺼기를 제거한 것처럼(카타르시스).『정치학』, VIII: 7, 1341~1342.『시학』에서 비극을 카타르시스로 언급한 것도 참고할 것.『시학』, VI: 2.

14) John Milton,『투사 삼손』(Samson Agonistes)의 서문(1671). 다음과 같이 첨언한다. "Nor is Nature wanting in her own effects to make good this assertion; for so in physic, things of melancholic hue and quality are used against melancholy, sour against sour, salt to remove salt humours".

위협하는 모순들은 열정이나 충동의 형태로 표현된다. 따라서 국가정신
에 자리잡고 있는 열정들을 정화하는 것이 아주 깊은 정치적 함의를 가
지고 있다는 사실은 쉽게 이해할 수 있다. 이러하기에, 일어날지도 모르
는 농촌적 야만성의 폭발을 제어하고, 잃어버린 황금시대에 대한 그리
움이 통제할 수 없는 상태에 이르는 것을 막기 위해서 우울증은 멀리해
야 하는 것이다. 또한 우울증은, 조상들의 야수성을 일깨우고 흔히 '길들
이지 않은 멕시코'라고 불리는 것이 다시 등장하게 할 수도 있는 것이다.
다른 대척지점에서는 파우스트적 인간이 지닌 진보와 유토피아에 대한
열병이 국가적 단일성에 대재앙이 될 수 있는 변태들을 야기할 수 있다.
앵글로색슨의 제국주의적 영향을 막고 있는 수문들을 열어 젖히는 새로
운 야만인들의 침략을 정말 야기할 수 있다는 것이다. 변태에 대한 갈망
은 사회주의와 공산주의의 협박적인 분위기 역시 초래할 수 있다.

국가문화에 의해 만들어진 멕시코인의 구조들과 사회정치 시스템
이 기반하고 있는 구조들이 명백하게 일치하고 있다. 그래서 카타르시
스나 정화가 합법화시키는 효력을 지니기 위해서 필요한 그 유사성의
효과가 가능해진다. 그렇게 해서 일반대중의 일부는 '멕시코적인 것'의
이미지를 자신의 감정들을 표현하기 위한 대안으로서 인정하게 된다.
다양한 방식으로 민중들은 국가문화의 장면에서 자신의 고유한 일상현
실의 반영이 아니라 일상현실의 기이한 연장(혹은 옮겨놓기)을 인식하
게 되는 것이다. 이것이 핵심적인 측면이다. 국가적 신화들은 민중의 무
리가 살고 있는 조건들을 반영하는 것이 아니고, 의식意識과 관련된 거짓
(이데올로기적인) 유희도 아니다. 정치적인 신화들은 근본적으로 사회
적 혹은 이데올로기적 의식意識이 아니다. 신화는 문화의 일부로서, 말하
자면 다른 매개체를 통한 사회적 갈등의 연장이다. 이러한 옮겨놓기(전

위) 속에서, 국가 역사의 주체이자 독특한 지배형태에 예속된 멕시코인에 관한 신화가 만들어진다.

정치문화가 우리에게 '이' 멕시코인은 '이런' 지배를 받아 마땅하다(양자는 구조적으로 일치하니까)라고 말하는 것은 우리를 그 문제의 다른 차원으로 이끈다. 죄와 관련된 신화가 하나 더 존재한다는 것이다. 구조적인 이유들 때문에 멕시코 민중은 자신들을 속박하고 있는 지배를 받아 마땅할 뿐만 아니라, 하나의 죄를 정화해야 한다는 것이다. 그것은 카타르시스의 다른 차원이다.

멕시코 민중은 '군중'masa을 형성한 죄를 짓고 있다. 민중적 가치들에 대한 국가주의적 찬양 전통은 지배계급이 군중에 대해 가지고 있는 경멸에 굴복당하고 말았다. 전통적 형태의(인디오와 농민들로 이루어진 농촌의) 군중이든 근대적 형태의(펠라도로 이루어진 도시의) 군중이든 말이다. 월러스 톰슨Wallace Thompson의 『멕시코인의 마음』The Mexican Mind [15] 같이 오래된 책들의 인종주의적이고 식민주의적인 평가들과 '멕시코적인 것에 관한 철학'의 스테레오타입적인 주제들 사이에 기이하게도 존재하는 대칭적 유사관계를 관찰해 보면 이러한 경멸을 입증할 수 있다. 그 죄는 민중이 낙인처럼 견뎌 내야만 하는 것이라는 관념이 오랜 역사적 배경을 가진 것은 확실하다. 여기서 그 점에 대해 더 부연할 필요는 없다. 오히려 우주적 타락에 관한 중세의 상상체계와 다양한 심급instancias 사이의 (예를 들어 문화와 정치 사이의) 상응관계를 설명하는 구

---

15) 게다가 현대 영국 작가가 '위험한 장소'인 멕시코 여행에 대해서 쓰면서 바보 같은 소리를 줄줄이 늘어 놓는데, 그것 또한 동일한 신화들의 일부를 구성한다. Hugh Fleetwood, 『위험한 장소』(A Dangerous Place).

조주의적 개념들 사이의 기이한 유사성에 대해서 언급하고 싶다. 신학자들이 세상을 해독하기 위해서는 미시적 세계와 거시적 세계 사이의 아날로지가 핵심적인 것이었다. 단지 인간의 행동들과 그 주변의 자연에서 일어나는 사건들 사이에 어느 정도 필요한 상응관계만 있다면, 타락이라고 하는 원죄가 우주적인 반향을 일으킨다는 생각은 그럴 듯한 것이 된다. 마찬가지로, 근대적 상상체계에서는 국가체제의 성격은 민중의 성격과 필요한 상응관계를 가져야만 한다. 그리고 오로지 일반 군중의 원죄 같은 타락만이 군중을 속박하고 있는 정치적 지배 형태들을 설명해 준다.

우리가 정치문화 속에서 (특히 국민의 성격에 관한 신화들 속에서) 발견할 수 있는 원형, 규범적 모델, 패러다임, 위장된 모습 등은 정치적·사회적 구조들과 아주 독특한 방식으로 연관되어 있다. 이에 대해서는 설명이 필요하다. 이것들과 그것들 사이의 상응관계에 대해서 나는 언급한 바 있다. 하지만 맑스주의적 의미에서 상응관계를 말한 것은 아니다. 맑스주의는 근대적 개념으로서 사회적 현상들의 역사적 인과관계를 이해하려고 한다. 그렇다고 베버의 관념적 유형들과 그것들이 적용되는 복잡한 현실 사이의 연관관계에 대해서 언급하는 것도 아니다. 민족 성격에 관한 원형原型과 스테레오타입典型들은, 내가 언급했듯이 현실 상황들이 연장되거나 전위된 형태들인데, 그렇다고 사회적 모순들이 의식이라는 구름 속에 단순하게 반영된 것이 아니다. 이러한 현상을 이해하기 위해서는 어쩌면 다시 아리스토텔레스를 인용하는 것이 나을 것이다. 분명 민족 성격에 관련된 신화적 원형들과 사회적 삶 사이의 상응관계는 비극적 맥락 속에서 이루어진다. 아리스토텔레스는 비극을, 성숙한 자아실현의 과정에 있는 인간의 본성에 대한 **인위적 모방**(미메시스)

으로서 이해하고 있었다. 국가주의에 관련된 비극적 볼거리 역시 근대적 국가체제의 단일성을 실현하는 무언극이 아니란 말인가? 그렇게 되기 위해서는 우리가, 역설적이지만 근대 과학적 개념에도 해당되지 않고 사실주의적 문학 형식에도 해당되지 않는 방식으로 모방적 유대들(다시 말해, 상응관계)을 정의한다는 조건이 있어야 한다. 정치적 신화세계는 중세적 상상체계에 의해서 잘 그려질 수 있는 형식으로 사회현실과 연결된다(미메시스를 확립한다). 이에 대한 설명을 위해서 나는 미메시스에 관한 에리히 아우어바흐$^{Erich\ Auerbach}$의 뛰어난 연구의 도움을 받으려 한다. 아우어바흐는 중세 기독교의 문학적 '사실주의'를 이해하기 위해 '형상'^{figura}에 관한 중세적 개념에 대한 분석을 한다. (아우어바흐는 이렇게 썼다) "형상에 관한 해석은 두 개의 사건이나 두 인물 사이에 연관관계를 설정한다. 그래서 첫번째 인물은 자신의 의미를 드러낼 뿐만 아니라 두번째 인물의 의미 또한 드러낸다. 한편 두번째 인물은 첫번째 인물을 포함하거나 현실화한다."[16] 하나의 사건은 하나의 고유한 의미만 지니는 것이 아니고, 그 사건이 확증해 주는 다른 사건에 연결된다. 그렇다고 '지금 그리고 여기'에서의 자기 현실성을 상실하지 않는다. 두 개의 사건은 인과적이거나 연대순의 형식으로 연결되지 않고 상위 차원(신성한 차원, 혹은 말하자면 국가체제와 민족에 관한 메타담론) 속에서 합쳐지게 된다. 이와 같은 식으로, 인디오의 희생과 정복의 트라우마는 농민에 대한 착취를 미리 형상화한다. 펠라도를 가두었던 언어적 족쇄에

---

16) Erich Auerbach, 『미메시스 서구 문학에 나타난 현실묘사』(*Mimesis, The Representation of Reality in Western Literature*), 73쪽. 앞으로 나는 이 책 73, 74, 555쪽의 내용을 알기 쉽게 바꾸어 말하려 한다.

관한 망상은 칸틴플라스 같은 프롤레타리아에게서 현실이 되었다. 그리고 말린친의 죄는 20세기 멕시코 여성들에게 연장된다. 똑같은 현상이 멕시코 민중과 국가체제 사이의 관계에서 일어난다. 아우어바흐의 말을 빌리자면, 민중 속에 국가체제는 마치 예고되고 약속된 것처럼 존재한다. 그리고 국가체제는 민중을 '현실화한다'(기술적 용어를 쓰자면, '형태를 만든다'figuram implere). 그 둘(민중과 국가체제) 사이에는 수평면에서 합리적 연결 관계(다시 말해 인과적이고 시간적인 관계)가 설정되어서는 안 된다. 국가주의적 상상체계에서 그 둘은 수직적으로 연결되어 있다. 이렇게 해서 역사는 해체되고 민중과 권력 사이의 구체적인 고리들은 구조적인 연결 관계로서, 오직 신의 섭리나 국시國是, Razón de Estado만이 만들어 낼 수 있다. 국가주의적 상상체계 내부에서는 오로지 수직적인 연결 관계들, 국가체제로 수렴되는 수직적 연결 관계들만이 의미가 있다. 그물의 수평적(역사적) 연결 구조는 의미를 상실하고, 사이비 현실로 변한다. 이러한 관찰들을 통해서 이 계제에 우리는 왜 구조주의가 신화연구에서 비옥한 토양을 발견하는지 그 이유를 이해하게 된다. 이와 같은 비교 놀이를 통해서 왜 국가주의적 메타담론이 멕시코인들로 하여금 그들의 과거와 세계역사와 관계 맺는 것을 자주 방해하거나 어렵게 하는지 그 이유들을 엿볼 수 있다. 역사는 상형문자로, 정지된 상징들로 축소되고, 이것들은 국가적 힘을 찬양하고 이성을 잠들게 하는 역할을 맡게 된다. 이와 같은 꿈에서 깨어났을 때 자신의 과거를 인식하는 것은 어려워지고, 세상의 현존을 인식하는 것조차도 어려워진다. 우리는 수많은 신화적 영웅들을 꿈꿔 왔지만 민족과 관련해서는 폐허들만 남아 있다.

　멕시코 국가주의는 고비를 맞이하고 있다. 국가주의가 지배계급의 착취 시스템을 합법화시키는 가증스런 원천이 되고 말았다. 그 착취 시스템은 정치문화의 획일화를 통해서 심각한 불평등과 불의를 정당화하려고 애쓴다. 그러한 노력을 모든 국가주의와 공유하고 있다. 하지만 게다가 (상황의 위험성은 그것에 근거하는데) 일련의 변형과 전위들은 착취 시스템 자체를 확장하기 위해서라도 필요한 것들에 이미 상응하지 못하는 정치문화를 드러내고 말았다. 활기 넘치고 제국주의적인 자본주의가 약진하면서 농촌의 슬픔, 지방 보스들에 의해 길들여진 야만, 말장난 좋아하는 칸틴플라스 식의 노동계급, 펠라도 집단이라는 이름에 담긴 비능률과 부패의 잔재들과 전면적으로 충돌하고 있다. 하지만 위기와 정체로부터 벗어나기 위해 경제적 발전이 필요한 것만은 아니다. 많은 멕시코인들은 60년 이상 동안 권위주의와 부패, 비효율과 낙후의 충직한 동반자였던 그 낡은 정치문화를 거부하기 시작했다. 그 정치문화는 바로 혁명을 표방하는 국가주의이고, 그것의 핵심적인 구성요소 중하나는 내가 언급한 아홀로테라는 규범적 모델이다. 멕시코인들은 국가문화로부터 추방되었다. 그래서 우울증으로 좌절된 변태와 낙후된 현실로 거세된 진보를 갈수록 숭배하지 않는다. 멕시코인들은 통합을 지향하는 일종의 국가주의적 금욕주의의 패러다임으로서 국가문화의 거울이 그들에게 제시하는 아홀로테에서 갈수록 자신의 모습을 발견하지 못한다. 많은 멕시코인들은 이제 더 이상 아홀로테에게 변태에 관한 능력을 되돌려주려 하지 않는다. 그렇게 하면 별로 유쾌하지 못하고 매력적이지도 않은 미래를 얻는 대신 젊음을 파괴하는 것이 될 것이다. 그들은 효율적인 근대성에 관심도 없고 프롤레타리아 중심의 산업화된 미래에 대한 희망을 다시 가지고 싶어 하지도 않는다. 황금시대로의 회귀도, 유충기의 원시성으로의 회귀도 믿지 않는다. 그들은 태초의 낙원으로부터 추방당했다. 그리고 미래로부터도 추방당했다. 자신들의 정체성을 상실했지만 그것을 한탄하지도 않는다. 그들의 새로운 세상은 일종의 부조화와 모순으로 이루어진 사과이다. 근대적인 인간이 되어 보지도 못하고 이제는 탈근대적인 인간이 되었다. 그들은 이미 아홀로테와 유사하지 않은, 다른 존재들이다.

참고문헌

Aguilar Camín, Héctor, "Nociones presidenciales de "cultura nacional".
De Álvaro Obregón a Gustavo Díaz Ordaz", en *En torno a la cultura
nacional*, Instituto Nacional Indigenista, México, 1976.

Aguilar Mora, Jorge, *La divina pareja. Historia y mito en Octavio Paz*,
Era, México, 1978.

Alatorre, Antonio, "Características del español hablado en México", en
Características de la cultura nacional, ISUNAM, México, 1969.

Alegría, Juana Armanda, *Psicología de las mexicanas*, Samo, México,
1974.

Altamira, Rafael, *Psicología del pueblo español*, Minerva, Barcelona, s.f.,
ca. 1901.

Alzate, José Antonio, "Ajolotl", *Gazeta de Literatura de México*, vol. 11,
núms.5~6, 16 de noviembre de 1970, pp.41~43.

Aragon, Louis, *El campesino de París*, Bruguera, Barcelona, 1979.

Aramoni, Aniceto, *Psicología de la dinámica de un pueblo(México,
tierra de hombres)*, 2a. ed., Costa-Amic, México, 1965.

_____, *El mexicano, ¿un ser aparte?*, Offset, México, 1984.

Arreola, Juan José, "La implantación del espíritu", en *Imagen y realidad
de la mujer*, comp. de Elena Urrutia, SEP-Setentas-Diana, México,

1979:

Artaud, Antonin, *México y Viaje al país de los tarahumaras*, Fondo de Cultura Económica, México, 1984.

Auerbach, Erich, *Mimesis. The Representation of Reality in Western Literature*, Princeton University Press, 1953.

Babb, L., *The Elizabethan Malady: a Study of Melancholia in English Literature,from 1580 to 1640*, Michigan State College Press, East Lansing, 1951.

Bachelard, Gaston, *La dialectique de la durée*, Boivin, París, 1936.

Barbero, José Martín, "¿Qué es la cultura popular?", *La Cultura en México*, núm.1210, México, 24 de abril de 1985.

Barrés, Maurice, *Les traits éternels de la France*, Oxford University Press, 1918(discurso pronunciado en Londres por MB de la Academia Francesa, en la Sala de la Sociedad Real bajo los auspicios de la Academia Británica, el 12 de julio de 1916).

Bartra, Agustí, *Diccionario de mitología*, Grijalbo, Barcelona, 1982.

Bartra, Roger, *Las redes imaginarias del poder político*, Océano, México, 1996.

Béjar Navarro, Raúl, *El mito del mexicano*, UNAM, México, 1968.

_____, *El mexicano. Aspectos culturales y psicosociales*, UNAM, México, 1979.

Benedict, Ruth, *The Chrysanthetmum and the Sword, Patterns of Japanese Culture*, Houghton Mifflin, Boston, 1946.

Berman, Marshall, *All that is Solid Melts into Air. The Experience of Modernity*, Simon and Schuster, Nueva York, 1982.

Bermúdez, María Elvira, *La vida familiar del mexicano*, Antigua Librería Robredo, México, 1955.

Blanco, José Joaquín, *Se llamaba Vasconcelos. Una evocación crítica*, Fondo de Cultura Económica, México, 1977.

_____, *Crónica de la poesía mexicana*, Universidad Autónoma de Sinaloa, México, 1979.

Blount, B.F., "The effects of heteroplastic hypophiseal grafts upon the axolotl, *Ambystoma mexicanum*", *J. Exp. Zool.*, 113, 1950, pp.717~739.

Boas, George, *The Happy Beast*, The Johns Hopkins Press, Baltimore, 1933.

_____, *Essays on Primitivism and Relates Ideas in the Middle Ages*, Johns Hopkins Press, Baltimore, 1948.

Bolk, Louis, *Das problem der Menschwerdung*, Gustav Fisher, Jena, 1926.

Bonaparte, Marie, "Time and Unconscious", *Int. J. Psychoanal*, 21, 1940, pp.427~468.

Brading, David, *Los orígenes del nacionalismo mexicano*, Era, México, 1982.

Bremauntz, Alberto, *La batalla ideológica en México*, Ediciones Jurídico Sociales, México, 1962.

Brenner, Anita, *Ídolos tras los altares*, Domés, México, 1983.

Breton, André, "Souvenirs du Mexique", *Le Minotaure*, núms.12~13, mayo de 1939.

Brettell, Richard R. y Caroline B., *Painters and Peasants in the Nineteenth Century*, Skira-Rizzoli, Ginebra, Nueva York, 1983.

Burton, Robert, *The Anatomy of Melancholy* (ed. A.R. Shilleto, intr. A.H. Bullen), 3 vols., George Bell & Sons, Londres, 1893 [traducción muy resumida al español: *Anatomía de la melancolía*, Espasa-Calpe, Buenos Aires, 1947].

Careaga, Gabriel, *Mitos y fantasías de la clase media en México*, Océano, México, 1983.

Caro Baroja, Julio, *El mito del carácter nacional*, Seminario y Ediciones, Madrid, 1940.

Carrión, Jorge, "De la raíz a la flor del mexicano", *Filosofía y Letras*, núms. 40~41, México, enero-junio de 1951, pp.9~24.

_____, *Mito y magia del mexicano, y un ensayo de autocrítica*, 4a. ed.,

Nuestro Tiempo, México, 1975.

Caso, Antonio, *Discursos a la nación mexicana*, Porrúa, México, 1922.

_____, "El problema de México y la ideología nacional"(1924), en *Obras Completas*, tomo IX, UNAM, México, 1976.

Cazés, Daniel, *Los revolucionarios*, Grijalbo, México, 1973.

Cernuda, Luis, *Variaciones sobre tema mexicano*, Porrúa y Obregón, México, 1952.

Chávez, Ezequiel A., "Ensayo sobre los rasgos distintivos de la sensibilidad como factor del carácter del mexicano", *Revista Positiva, órgano del positivismo en México*, ed. por Agustín Aragón, México, 1901, tomo I, núm.3, pp.81~99.

_____, *Ensayo de psicología de la adolescencia*, SEP, México, 1928.

_____, *Ensayo de psicología de Sor Juana Inés de la Cruz y de estimación del sentido de su obra y de su vida para la historia de la cultura y de la formación de México*, Araluce, Barcelona, 1931.

Cherniavsky, Michael, Tsar and People. Studies in Russian Myths, Yale University Press, New Haven, 1961.

Chevalier, Louis, *Laboring Classes and Dangerous Classes in Paris During the First Half of the Nineteenth Century*, Howard Ferting, Nueva York, 1973.

Clavijero, Francisco Javier, *Historia antigua de México*, Porrúa, México, 1974.

Cohen, John, *Psychological Time in Health and Disease*, Charles C. Thomas, Springfield, 1967.

Comte, A., *Catecismo positivista o exposición resumida de la religión universal*, traducción, introducción y notas de Andrés Biibao, Editora Nacional, Madrid, 1981.

Cortázar, Julio, "Axolotl", en *Los relatos: 3 Pasajes*, Alianza Editorial, Madrid, 1976.

Cuesta, Jorge, "La literatura y el nacionalismo", *El Universal*, 22 de mayo de 1932(en *Poemas y ensayos*, edic. por L.M. Schneider,

UNAM, México, 1964, tomo 2, pp.96~101).

_____, "La nacionalidad mexicana", *El Universal*, 5 de febrero de 1935 (en *Poemas y ensayos*, edic. por L.M. Schneider, UNAM, México, 1964, tomo 2, pp.212~216).

Cuvier, Georges, "Recherches anatomiques sur les reptiles regardés encore comme douteux par les naturalistes: faites a l'ocasion del l'axolotl, rapporté par M. de Humboldt du Mexique", en Humboldt y Bonpland, *Recueil d'observations de zoologie et d'anatomie comparée*, Schoell et Dufour, París, 1811(tomo I, pp.93~126+2 ill. en XII y XIV, de la segunda parte del *Voyage de Humboldt y Bonpland*, París, 1805~1834).

_____, *Le regne animal distribué d'aprés son organisation*, 5 vols., 2a. ed., Deterville Libr., París, 1829.

Dandoy, Albert, *Le prolétariat et ses problèmes*, Casterman, París, 1947.

D'Angelo, S.A., Gordon, A.S. y Charipper, H.A., "The role of thyroid and pituitary glands in the anomalous effect of inanition on amphibian metamorphosis", *J. Exp. Zool.*, 87, 1941, pp.259~277.

De Aragón, Ray John, *The Legend of La Llorona*, The Pan American Publishing Co., Las Vegas, 1980.

Debroise, Olivier, *Figuras en el trópico, plástica mexicana 1920~1940*, Océano, Barcelona, 1986.

De la Maza, Francisco, *El guadalupanismo mexicano*, Fondo de Cultura Económica, México, 1953.

Delgado González, Arturo, *Martín Luis Guzmán y el estudio de lo mexicano*, SEP-Setentas, México, 1975.

Díaz del Castillo, Bernal, *Historia verdadera de la conquista de la Nueva España*, Porrúa, México, 1960.

Díaz-Guerrero, Rogelio, *Psicología del mexicano*, 4a. ed., Trillas, México, 1982.

Díaz Ruanova, Oswaldo, *Los existencialistas mexicanos*, Rafael Giménez Siles, México, 1982.

Díaz-Plaja, Guillermo, *Tratado de las melancolías españolas*, Sala, Madrid, 1975.

Domínguez Michael, Christopher, "Grandes muros, estrechas celdas", *Nexos*, núm.62, México, febrero de 1983.

_____, *Jorge Cuesta y el demonio de la política*, Universidad Autónoma Metropolitana, México, 1986.

Duchet, Michéle, *Antropología e historia en el siglo de las luces*, Siglo XXI, México, 1975.

Dumeril, Auguste, "Reproduction, dans la Ménagerie des Reptiles au Muséum d'Histoire Naturelle, des Axolotls, Batraciens urodéles á branchies persistantes, de Mexico(*Siredon Mexicanus, veL Humboldtii*), qui n'avaient encore jamais été vues vivants en Europe", *Comptes Rendus de l'Academie des Sciences*, 60, París, 1865, pp.765~767.

_____, "Nouvelles observations sur les Axolotls, Batraciens urodéles de Mexico (*Siredon mexicanos vel. Humboldtii*) nés dans la Ménagerie des Reptiles au Muséum d'Histoire Naturelle, et qui y subssent des métamorphoses", *Comptes Rendus de l'Academie des Sciences*, 61, París, 1865, pp.775~778.

_____, "Métamorphose des batraciens urodéles a branchies extérieures du Mexique dits Axolotis, observées a la Ménagerie des reptiles du Muséum d'Histoire Naturelle", *Annales des Sciences Naturelles Zoologie et Paléontologie,* 7, I iill., París, 1867, pp. 229~254.

Durán, Manuel, *Tríptico mexicano. Juan Rulfo, Carlos Fuentes, Salvador Elizondo*, SEP-Setentas, México, 1973.

_____, "Juan Rulfo, cuentista: la verdad casi sospechosa", en *Homenaje a Juan Rulfo*, comp. H.F. Giacoman, AnayaLas Américas, Nueva York, 1974.

_____, ""Contemporáneos": ¿grupo, promoción, generación, conspiración?", en *Revista Iberoamericana*, 118~119, pp.37~46, enero-junio de 1982.

_____, "Juan Rulfo y Mariano Azuela: ¿sucesión o superación?", en Cuadernos Hispanoamericanos, 421~423, pp.215~222, julio-septiembre de 1985.

Eagleton, Terry, "The Subject of Literature", *Cultural Critique*, 2, invierno, 1985~86, pp.95~104.

Eco, Umberto, *Postscript to the Name of the Rose*, Harcourt Brace Jovanovich, San Diego, Nueva York, Londres, 1984.

Eliade, Mircea, *Cosmos and History, The Myth of the Eternal Return*, Harper & Row, Nueva York, 1959 [publicado originalmente en París por Gallimard en 1954].

Elizondo, Salvador, "Ambystoma Tigrinum", en *El grafógrafo*, Joaquín Mortiz, México, 1972, pp.17~30.

Erro, Luis Enrique, *Los pies descalzos, Compañía General de Ediciones*, México, 1951.

Escalante, Evodio, *José Revueltas. Una literatura del "lado moridor"*, Era, México, 1979.

_____, "¿Regresa la filosofía de lo mexicano?", *Unomásuno*, 27 de julio de 1985.

_____, "Juan Rulfo o el parricidio como una de las bellas artes", *Sábado*, núm. 494, 21 de marzo de 1987.

Estrada, Julio (comp.), La música en México, I. Historia. 4. Periodo nacionalista(1910 a 1958), UNAM, México, 1984.

Fairchild, Hoxie Neale, *The Noble Savage. A Study in Romantic Naturalism*, Columbia University Press, Nueva York, 1928.

Femández, Justino, *El arte del siglo XIX en México*, UNAM, México, 1952.

Fleetwood, Hugh, *A Dangerous Place*, H. Hamilton-David & Charles, North Pomfret, 1986.

Foucault, Michel, *Historia de la locura en la época clásica*, Fondo de Cultura Económica, 2 tomos, México, 1967.

Fouillée, Alfred, *Psychologie du Peuple Français*, Alean, París, 1898.

_____, *Bosquejo psicológico de los pueblos europeos*, Daniel Jorro, Madrid, 1903.

Fraisse, Paul, *Psychologie du temps*, Presses Universitaires de Frances, París, 1957.

_____, *The Psychology of Time*, Harper & Row, Nueva York, 1963.

_____, "Des différents modes d'adaptation au temps", en *Du temps biologique au temps psychologique*, Presses Universitaires de France, París, 1979.

Francis, E.K.L., "The personality type of the peasant according to Hesiodo's *Works and Days*, a culture case study", *Rural Sociology, 10*, 1945, pp.275~295.

Franco, Jean, *The Modern Culture of Latin America: Society and the Artist*, Praeger, Nueva York, 1967. [Hay traducción en español: *La cultura moderna en América Latina*, Grijalbo, 1985.]

Fromm, Erich y Maccoby, Michael, *Sociopsicoanálisis del campesino mexicano. Estudio de la economía y la psicología de una comunidad rural*, Fondo de Cultura Económica, México, 1973.

Frost, Elsa Cecilia, *Las categorías de la cultura mexicana*, Facultad de Filosofía y Letras, UNAM, México, 1972.

Fuentes, Carlos, *Tiempo mexicano*, Joaquín Mortiz, México, 1971.

_____, "Rulfo, el tiempo del mito", en *Juan Rulfo, homenaje nacional*, INBA-SEP, México, 1980.

Fuentes Mares, José, *México en la hispanidad. Ensayo polémico sobre mi pueblo*, Instituto de Cultura Hispánica, Madrid, 1949.

Fyfe, Hamilton, *The Ilusion of National Character*, Watts, London, 1940.

Gabayet, Jacques, "Arquetipo mesiánico-judío y articulación de identidades nacionales", *Casa del Tiempo*, núms.63~65, México, abril-junio de 1986.

Gálvez y Fuentes, Álvaro, "Esencia y valor del cine mexicano", en *México, realización y esperanza*, Superación, México, 1952.

Gamio, Manuel, *Forjando patria*, Porrúa, México, 1960.

Gaos, José, *En torno a la filosofía mexicana*, Alianza Editorial Mexicana, México, 1980.

García Icazbalceta, D.J., "Doña Marina", en *Obras*, tomo IV, Burt Franklin, Nueva York, 1968, pp.5~15.

García Ruiz, Alfonso, "Sociogénesis del mexicano", Filosofía y Letras, núms.45~46, México, enero-junio de 1952, t.XXIII, pp.145~164.

García Terrés, Jaime, *Poesía y alquimia*, Era, México, 1982.

Garibay, Ángel María, *Llave del náhuatl*, Porrúa, México, 1951.

Garizurieta, César, "Catarsis del mexicano", en *El hijo pródigo*, núm.40, julio de 1976[reproducida en *"El hijo pródigo" (antología)* de Francisco Caudet, Siglo XXI, México, 1979].

_____, *Isagoge sobre lo mexicano*, Porrúa y Obregón, México, 1952.

Garstang, W., *Larval Forms with Other Zoological Verses*, Basil Blackwels 1951.

Goethe, W., *La metamorphose des plantes*, introducción y comentarios de Rudolf Steiner, Triades, París, 1975.

Gómez de Orozco, Federico, *Doña Marina, la dama de la conquista*, Ediciones Xóchitl, México, 1942.

Gómez Robleda, José, *Psicología del mexicano. Motivos de perturbación de la conducta psico-social del mexicano de la clase media*, ISUNAM, México, 1962.

Gómez Vázquez, Héctor, "Entrevista a José Agustín", *Casa del Tiempo*, núms. 63~65, México, abril-junio de 1986.

Gonnard, René, *La légende du bon savage. Contribution à l'etude des origines du socialisme*, Libraire Médicis, París, 1946.

González Pineda, Francisco, *El mexicano. Su dinámica psicosocial*, 2a. ed. (revisada), Pax, México, 1961.

_____ y Delhumeau, Antonio, *Los mexicanos frente al poder*, IMEP, México, 1973.

Gould, Stephen Jay, *Ontogeny and Philogeny*, Harvard University Press, 1977.

_____, *Ever Since Darwin*, Northon, Nueva York, 1977.

Graef, Hilda, *La mariología y el culto mariano a través de la historia*, Biblioteca Herder, Barcelona, 1968.

Gramsci, Antonio, *Cuadernos de la cárcel*, Era, México, 1981.

Gross, David, "La melancolía de la izquierda", *La Jornada Semanal*, México, 19 de septiembre de 1986.

Grzimek, Bernhard, *Animal Life Encyclopedia, vol.5, Fisches II and Amphibians*, Van Nostrand Reinhold, Nueva York, 1974.

Guerrero, Julio, *La génesis del crimen en México. Estudio de psiquiatría social*, Porrúa, México, 1977(la. ed. Ch. Bouret, París, 1901).

Gutiérrez, Roberto, "Mito y democracia", *Casa del Tiempo*, núms. 63 y 65, México, abril-junio de 1986.

Guyau, J. M., *La genése de l'idée de temps*, Alean, París, 1902.

Guzmán, Martín Luis, "La querella de México", en *Obras Completas*, Compañía General de Ediciones, México, 1961, tomo I, pp.3~33.

Halwachs, M., "La mémoire collective et le temps", *Cah. Int. Sociol.*, 2, 1947, pp.3~31.

Henández Luna, Juan, "El filosofar de Samuel Ramos sobre lo mexicano", *Filosofía y Letras*, núms.45~46, México, enero-junio de 1952, tomo XXIII, pp.183~223.

Hernández, Francisco, "Axólotl", en *Historia de los animales de la Nueva España, Obras Completas*, UNAM, México, 1959, III, p.390.

Herner, Irene, *Mitos y monitos. Historietas y fotonovelas en México*, UNAM-Nueva Imagen, México, 1979.

Henríquez Ureña, Pedro, *Estudios mexicanos*, FCE-SEP, México, 1984.

Herrera, Alfonso L., "El axolote sufre la metamorfosis general en la clase de los batracios, por aumento de nutrición y no por cambio de medio", *La Naturaleza*, 2a. serie, 3, 1899, pp.367~376.

Herrera, Hayden, *Frida, A Biography of Frida Kahlo*, Harper and Row, Nueva York, 1983.

Hewes, Gordon W., "Mexicans in Search of the "Mexican": notes on Mexican National Character Studies", *The American Journal of Economics and Sociology*, 13, 1953~1954, pp.209~223.

Hingley, Ronald, *The Russian Mind*, Scribner's, Nueva York, 1977.

Hobsbawm, Eric y Ranger, Terence (comps.), *The Invention of Tradition*, Cambridge University Press, 1983.

Hugo, Víctor, *La préface de Cromwell*, introducción y notas de Maurice Souriau, París, 1901.

Humboldt, Alexander von, *Ensayo político sobre el reino de la Nueva España*, P. Robredo, México, 1941.

Huxley, Julian, "Time relations in amphibian metamorphosis, with some general considerations", Sci. Prog., 17, pp.606~618.

Ingram, W.R., "Metamorphosis of the Colorado Axolotl by injetion of inorganic iodine", *Prog. Soc. Exp. Biol. Med.*, 26, 1928, p.191.

Iturriaga, José E., *La estructura social y cultural de México*, Fondo de Cultura Económica, México, 1951.

Jameson, Frederic, "El Posmodernismo o la lógica cultural del capitalismo tardío", *Casa de las Américas*, núms.155~156, año XXVI, La Habana, marzo-junio de 1986.

Klibansky, Raymond, Panofsky, Erwin y Saxl, Fritz, *Saturn and Melancholy*, Nelson, Londres, 1964.

Krauze, Enrique, *Caudillos culturales en la Revolución Mexicana*, Siglo XXI, México, 1976.

_____, *Biografía del poder*, 8 tomos, Fondo de Cultura Económica, México, 1987.

Kurtz, Leonard P., *The Dance of Death and the Macabre Spirit in European Literature*, Columbia University, Nueva York, 1934.

Lafaye, J., *Quetzalcóatl y Guadalupe*, Fondo de Cultura Económica, México, 1977.

Lantemari, Vittorio, *Occidente e Terzo Mondo*, Dedalo, Bari, 1967.

Lefebvre, Heri, *Nietzsche*, Fondo de Cultura Económica, México, 1940.

Lévi-Strauss, Claude, *El pensamiento salvaje*, Fondo de Cultura

Económica, México, 1964.

Lévy-Bruhl, Lucien, *La mentalidad primitiva*, Leviatán, Buenos Aires, 1957.

Lips, Julius E., *The Savage Hits Back*, Yale University Press, New Haven, 1937.

Lombroso, Cesare, *The Man of Genius*, Scriber's, Nueva York, 1891.

López Austin, Alfredo, *Cuerpo humano e ideología. Las concepciones de los antiguos nahuas*, 2 tomos, UNAM, México, 1984.

López Velarde, Ramón, *Obras Completas*, Nueva España, México, 1966.

Lorenz, Konrad, *L'agression. Une histoire naturelle du mal*, Flammarion, París, 1969.

Lovejoy, Arthur O., *The Great Chain of Being*, Harvard University Press, Cambridge, 1936[traducción española: *La gran cadena del ser*, Icaria, Barcelona, 1983].

Lukacs, G., *El asalto a la razón*, Fondo de Cultura Económica, México, 1959.

Luquín, Eduardo, *Análisis espectral del mexicano (el lambiscón, el madrugador, el picapedrero, el pistolero)*, Costa-Amic, México, 1961.

Lyons, Bridget Gellert, *Voices of Melancholy. Studies in Literary Treatments Of Melancholy in Renaissance England*, Routledge & Kegan Paul, Londres, 1971.

Lyotard, Jean-François, *The Postmodern Condition: A report on Knowledge*, University of Minnesota Press, 1984.

Maccoby, Michael, "La guerra entre los sexos en una comunidad campesina mexicana", *Revista de Psicoanálisis, Psiquiatría y Psicología*(4), México, septiembre-diciembre de 1966, pp.54~76.

_____, "El carácter nacional mexicano", *Revista de Psicoanálisis, Psiquiatría y Psicología* (7), México, septiembre-diciembre de 1967, pp.41~72.

_____, "The Mexican Revolution and the Character of the Campesino", Commentary on *Zapata and the Mexican Revolution* by John

Womack, Jr., presented of the annual meeting of the American Historical Association, Washington, D.C., december 28, 1969.

_____, *Social Change and Social Character in México and the United States*, CIDoc, cuaderno núm.55, Cuemavaca, 1970.

MacLean, Paul D., *A Triune Concept of the Brain and Behaviour*, University of Toronto Press, 1973.

Mafud, Julio, *Psicología de la viveza criolla*, Américalee, Buenos Aires, 1965.

Marchetti, Giovanni, *Cultura indígena e integración nacional:la "Historia Antigua de México" de FJ. Clavijero*, Universidad Veracruzana, Xalapa, 1986.

Marcus, Steven, *Engels, Manchester and the Working Class*, Norton, Nueva York, 1985.

Marias, Julián, *Los Estados Unidos en escorzo*, Buenos Aires, 1956.

Marroquí, José María, *La Llorona. Cuento histórico mexicano*, Imprenta de I. Cumplido, México, 1887.

Martínez, José Luis (comp.), *El ensayo mexicano moderno*, Fondo de Cultura Económica, México, 1958.

_____, *Nezahualcóyotl*, Lecturas Mexicanas, FCE-SEP, México, 1984.

Martino, Ernesto de, *Morte e pianto rituale: da/lamento funebre antico al pianto de María*, Boringheri, Turín, 1975.

Massey, Irving, *The Gaping Pig. Literature and Metamorphosis*, University of California Press, 1976.

Mayer, Brantz, *México, lo que fue y lo que es*, prólogo y notas de Juan A. Ortega y Medina, Fondo de Cultura Económica, México, 1953(la. ed. en inglés 1844).

Menéndez Pidal, Ramón, *Los españoles en la historia*, Espasa-Calpe, Madrid, 1982 (la. edic. 1947).

Menéndez, Miguel Ángel, *Malintzin en un fuste, seis rostros y una sola máscara*, Populibros La Prensa, México, 1964.

Molina Enríquez, Andrés, *Los grandes problemas nacionales*, Era,

México, 1978.

Monsiváis, Carlos, "Cultura nacional y cultura colonial en la literatura mexicana", en *Características de la cultura nacional*, ISUNAM, México, 1969.

_____, "La nación de unos cuantos y las esperanzas románticas", en *En torno a la cultura nacional*, Instituto Nacional Indigenista, México, 1976.

_____, "1968-1978: Notas sobre cultura y sociedad en México", *Cuadernos Políticos*, núm. 17, México, julio-septiembre de 1978, pp.44~58.

_____, "Sexismo en la literatura mexicana", en Imagen y realidad de la mujer, comp. de Elena Urrutia, SEP-Setentas-Diana, México, 1979.

_____, "De algunos problemas del término "Cultura Nacional" en México", *Revista Occidental*, año 2, núm.1, 1985.

_____, "Civilización y Coca-Cola", *Nexos*, núm.104, México, agosto de 1986.

Montes, Eduardo, "La filosofía de lo mexicano: una corriente irracional", *Historia y Sociedad*, núm. 9, pririlavera, 1967.

Moreira Leite, Dante, *O carácter nacional brasileiro. História de uma ideologia*, 2a. ed., Livraria Pioneira Editóra, Sâo Paulo, 1969.

Moreleón, Ángela G. de, "Algunas formas del valor y de la cobardía en el mexicano", *Filosofía y Letras*, núms.45~46, México, enero-junio de 1952, t. XXIII, pp.165~174.

Moreno, Roberto, "El axólotl", *Estudios de Cultura Náhuatl*, vol.VIII, UNAM, México, 1969.

_____, "Las notas de Alzate a la Historia Antigua de Clavijero(Addenda)", *Estudios de Cultura Náhuatl*, vol.12, 1976.

Moreno Villa, José, *Cornucopia de México*, Porrúa y Obregón, México, 1952.

Mues de Manzano, Laura, "Actitud del mexicano ante el extranjero", *Filosofía y Letras*, núms.40~41, México, enero-junio de 1951, pp.189~202.

Nakamura, Hajime, *Ways of Thinking of Eastern Peoples: India, China, Tibet, Japan*, East-West Center Press, Honolulú, 1964.

Navarrete, Carlos, *San Pascualito Rey y el culto a la muerte en Chiapas*, UNAM, México, 1982.

Nisbet, ·R.A., *The Quest for Community*, Oxford University Press, 1953.

Novo, Salvador, *La vida en México en el periodo presidencial de Lázaro Cárdenas*, Empresas Editoriales, México, 1964.

O'Gorman, Edmundo, *Destierro de sombras. Luz en el origen de la imagen y culto de nuestra Señora de Guadalupe del Tepeyac*, UNAM, México, 1986.

Oriol Anguera, Antonio y Vargas Arreola, Francisco, *El mexicano(raíces de la mexicanidad)*, Instituto Politécnico Nacional, México, 1983.

Orwell, George, "Reflections on Gandhi", *The Collected Essays*, vol.4: *In Front of Your Nose*, Penguin Books, Londres, 1980.

Pacheco, José Emilio, "La patria perdida (notas sobre Clavijero y la "cultura nacional")", en *En torno a la cultura nacional*, Instituto Nacional Indigenista, México, 1976.

Palavicini, Félix F., *Estética de la tragedia mexicana*, ilustraciones de Mariano Martínez, Imprenta Modelo, México, 1933.

Panabière, Louis, "Les intellectuels et l'Etat au Mexique(1930~1940), le cas de dissidence des Contemporáneos", en *Intellectuels et Etat au Mexique au XXe Siécle*, Institut d'Etudes Mexicaines, Perpignan-CNRS, París, 1979, pp.77~112.

_____, *Itinerario de una disidencia, Jorge Cuesta(1903~1942)*, Fondo de Cultura Económica, México, 1983.

Paz, Octavio, *El laberinto de la soledad*, 4a. ed., Fondo de Cultura Económica, México, 1964.

_____, "Paisaje y novela en México", en *Corriente alterna*, Siglo XXI, México, 1967.

_____, *Posdata*, Siglo XXI, México, 1970.

_____, *Xavier Villaurrutia en persona y en obra*, Fondo de Cultura Económica, México, 1978.

_____, *Sor Juana Inés de la Cruz o las trampas de la fe*, Fondo de Cultura Económica, México, 1982.

Peñalosa, Joaquín Antonio, *El mexicano y los 7 pecados capitales*, Ediciones Paulinas, México, 1972.

Pérez Amuchástegui, A.J., *Mentalidades argentinas(1860~1930)*, EUDEBA, Buenos Aires, 1965.

Phelan, John Leddy, "México y lo mexicano", en *Hispanic American Historical Review*, 36 (1956), pp.309~318.

Phillips, Rachel, "Marina/Malinche: Masks and Shadows", en *Women in Hispanic Literature: Icons and Fallen Idols*, Edit. por Beth Miller, University of California Press, Berkeley, 1983, pp.97~114.

Piaget, J., *Le développement de la notion de temps chez l'enfant*, Presses Universitaires de France, París, 1946.

Pianzola, Maurice, *Peintres et Vilains. Les artistes de la Renaissance et la grande guerre des paysans de 1525*, Editions Cercle d'Art, París, 1962.

Picón-Salas, Mariano, *Gusto de México*, Porrúa y Obregón, México, 1952.

Plumyène, Jean, "Nationalisme et instinct de mort", *Contrepoint*, 3, primavera, 1971, pp.25~32.

_____ y Lasierra, Raymond, *Catálogo de necedades que los europeos se aplican mutuamente*, Seix Barral, Barcelona, 1973(*Le sottisier de l'Europe*, Balland, París, 1970).

Ponce Meléndez, Patricia, *Culture et politique, le discours de l'intelligentsia mexicaine dans la recherche d'une identité (1950-1980)*, manuscrito, Doctorat de 3ème Cycle, París, s.f.

Portilla, Jorge, *Fenomenología' del relajo*, Era, México, 1962.

Ramírez, Ignacio, *Obras*, Editora Nacional, México, 1960.

Ramírez, Santiago, *El mexicano, psicología de sus motivaciones*, 7a. ed., Grijalbo, México, 1983.

Ramos, Samuel, "En torno a las ideas sobre el mexicano", en *Cuadernos Americanos*, año X, vol.LVII, núm.3, mayo-junio de 1951, pp.103~114.

_____, *El perfil del hombre y la cultura en México*, 7a. ed., Espasa-Calpe, México, 1977.

Redfield, Robert, *Peasant Society and Culture*, University of Chicago Press, 1956.

Reissner, Raúl Alcides, *El indio en los diccionarios. Exégesis léxica de un estereotipo*, Instituto Nacional Indigenista, México, 1983.

Reszler, André, *Mitos políticos modernos*, Fondo de Cultura Económica, México, 1984.

Revueltas, José, "Posibilidades y limitaciones del mexicano", *Filosoífa y Letras*, núm.40, México, octubre-diciembre de 1950, pp.255~273[en *Obras Completas*, 19, pp.41~58].

Reyes Nevares, Salvador, El amor y la amistad en el mexicano, Porrúa y Obregón, México, 1952.

Reyes, Alfonso, *La x en la frente*, Porrúa y Obregón, México, 1952.

Reyes,Aurelio de los, *Cine y sociedad en México, 1896~1930*, UNAM, México, 1983.

Riding, Alan, *Vecinos distantes. Un retrato de los mexicanos*, Mortiz-Planeta, México, 1985.

Riesman, David (con N. Glazer y R. Denney), *The Lonely Crowd. A Study of the Changing American Character*, Yale University Press, New Haven, 1950.

Rivera, Diego, "Introducción" a *Las obras de José Guadalupe Posada, grabador mexicano*, comp. por Frances Toor, Paul O'Higgins y Blas Vanegas Arroyo, Mexican Folkways-Talleres Gráficos de la Nación, México, 1930.

Rodríguez, Gustavo A., *Doña Marina*, Imprenta de la Secretaría de Relaciones Exteriores, México, 1935.

Rodríguez Sala de Gómezgil, Ma. Luisa, *El estereotipo del mexicano.*

Estudio psicosocial, Cuadernos de Sociología, UNAM, México, 1965.

Rogers, Everett y Sevenning, Lynne, *La modernización entre los campesinos*, Fondo de Cultura Económica, México, 1973.

Romanen, Patrick, *Laformación de la mentalidad mexicana. Panorama actual de la filosofía en México*, 1910~1950, El Colegio de México, México, 1954.

Rosser, Harry L., *Conflict and Transition in Rural México, the Fiction of Social Realism*, Crossroads Press, Waltham, 1980.

Rougier, Louis, *Del paraíso a la utopía*, Fondo de Cultura Económica, México, 1984.

Ruiz, Ramón Eduardo, *México: la gran rebelión, 1905-1924*, Era, México, 1980.

Rulfo, Juan, *El llano en llamas*, Fondo de Cultura Económica, México, 1953.

Rutherford, John, *Mexican Society During the Revolution. A Literary Approach*, Clarendon Press, Oxford, 1971.

Sáenz, Moisés, *México íntegro*, Imprenta Torres Aguirre, Lima, 1939.

Sagan, Carl, *Cosmos*, Planeta, Barcelona, 1982.

_____, *Los dragones del edén*, Grijalbo, México, 1984.

Sahagún, Bemardino de, *Historia general de las cosas de la Nueva España*, 5 vols., Ponúa, México, 1956.

Said, Edward W., *Orientalism*, Pantheon Books, Nueva York, 1978.

Salmerón, Fernando, "Una imagen del mexicano", *Filosofía y Letras*, núms. 40~41, México, enero-junio de 1951, pp.175~188.

_____, *Cuestiones educativas y páginas sobre México*(prólogo de José Gaos), Universidad Veracruzana, Xalapa, 1962.

Salthe, S.N., "Courtship patterns and the phylogeny of the urodeles", *Copeia*, 1967, pp.100~117.

Sandoval, Dolores M. de, *El mexicano: psicodinámica de sus relaciones familiares*, Villicaña, México, 1984.

Savater, Fernando, *Contra las patrias*, Tusquets Editores, Barcelona,

1984.

Schachtel, Emest G., *Metamorphosis. On the Development of Affect, Perception, Attention and Memory*, Basic Books, Nueva York, 1959.

Schmidt, Henry C., *The Roots of Lo Mexicano. Self and Society in Mexican Thought*, 1900-1943, Texas A & M University Press, College Station and London, 1978.

Screech, M.A., *Montaigne & Melancholy*, Susquehanna University Press, Selinsgrove, 1984.

Sefchovich, Sara, "La continua obsesión de la cultura mexicana", *La Jornada Semanal*, núm.133, abril de 1987.

Segura Millán, Jorge, *Diorama de los mexicanos*, CostaAmic, México, 1964.

Sheridan, Guillermo, *Los Contemporáneos ayer*, Fondo de Cultura Económica, México, 1985.

Sierra, Justo, *México: su evolución social*, 2 tomos, J. Ballesca, México, 1900~1902.

Solano, Armando, *La melancolía de la raza indígena*, Publicaciones de la revista "Universidad", Librería Colombia, Bogotá, 1929.

Somolinos d'Ardois, Germán, *Historia de la psiquiatría en México*, SEP-Setentas, México, 1976.

Somonte, Mariano G., *Doña Marina, "La Malinche"*, Ed. del autor, México, 1971.

Sontag, Susan, *Under the Sign of saturn*, Farrar, Straus and Giroux, Nueva York, 1980.

Soto, Shirlene, "Tres modelos culturales: la Vrrgen de Guadalupe, la Malinche y la Llorona", *Fem*, año 10, núm.48, México, octubre-noviembre de 1986.

Starobinsky, Jean, "Histoire du traitement de la mélancolie des origines a 1900", en *Acta Psychosomatica*, 1960.

_____, "L'encre de la mélancolie", en *La Nouvelle Révue Franfaise*, 123, 1963.

Stent, Gunther S., *The Coming ofthe GoldenAge. A View of the End of Progress*, American Museum of Natural History, Nueva York, 1969.

Suárez Soto, Vicente, *Psicología abismal del mexicano*, 2a. ed., Compañía Editorial Linotipográfica Universal, Puebla, 1967.

Subotnick, Morton, *Axólotl*, composición para cello y acompañamiento electrónico, 17, Silver Series, Nonesuch Records, 1981, p.21.

Thompson, Wallace, *The Mexican Mind. A Study of National Psychology*, Little, Brown and Co., Boston, 1922.

Tinland, Franck, *L'homme sauvage. Homo ferus et homo silvestris, de l'animal à l'hommen*, Payot, París, 1968.

Tocqueville, Alexis de, *La democracia en América*, Fondo de Cultura Económica, México, 1963.

Toynbee, Arnold, *México y el Occidente*, Antigua Librería Robredo, México, 1955.

Trejo Lerdo de Tejada, Carlos, *La revolución y el nacionalismo*, Imprenta y Papelería "La Estrella", La Habana, 1916.

Turner, Frederick C., *La dinámica del nacionalismo mexicano*, Grijalbo, México, 1971.

Uranga, Emilio, "Ensayo de una ontología del mexicano", *Cuadernos Americanos*, año VIII, vol.XLIV, marzo-abril de 1949, pp.135~148.

_____, "Notas para un estudio del mexicano", *Cuadernos Americanos*, año X, vol.LVII, núm.3, mayo-junio de 1951, pp.114~128.

_____, *Análisis del ser del mexicano*, Porrúa y Obregón, México, 1952.

Urbina, Luis G., *La vida literaria de México*, Madrid, 1917.

_____, *Poesías completas*, 2 tomos, Porrúa, México, 1946.

Usigli, Rodolfo, "Epílogo sobre la hipocresía del mexicano", en *El gesticulador*, Ediciones Botas, México, 1943, pp.159~243.

_____, "Rostros y máscaras", en *México, realización y esperanza*, Superación, México, 1952.

Varese, Stefano, "Una dialéctica negada (notas sobre la multietnicidad mexicana)", en *En torno a la cultura nacional*, Instituto Nacional

Indigenista, México, 1976.

Vasconcelos, José, *Indología. Una interpretación de la cultura iberoamericana*, Agencia Mundial de Librería, París, s.f.(1927).

_____, *Memorias*, 2 tomos, Fondo de Cultura Económica, México, 1982.

Vázquez Santana, Higinio, "Charrería, deporte nacional", en *México, realización y esperanza*, Superación, México, 1952.

Velasco, José M., "Descripción, metamorfosis y costumbres de una especie nueva del género Siredon encontrada en el lago de Santa Isabel, cerca de la villa de Guadalupe Hidalgo, Valle de México, *La Naturaleza*, 1a. serie, vol.4, 1879, pp.209~233.

_____, "Anotaciones y observaciones al trabajo del señor Augusto Weismann, sobre la transformación del ajolote mexicano en Amblistoma", *La Naturaleza*, 1a. serie, vol.5, 1880, pp.58~84.

Villegas, Abelardo, *La filosofía de lo mexicano*, Fondo de Cultura Económica, México, 1960.

Villoro, Luis, *Los grandes momentos del indigenismo en México*, El Colegio de México, México, 1950.

Walcot, Peter, *Greek Peasants, Ancient and Modern. A Coniparison of Social and Moral Values*, Barnes & Noble, Nueva York, 1970.

Warner, Marina, *Alone of all her sex. The Myth and the Cult of the Virgin Mary*, Knopf, Nueva York, 1976.

Warner, W. Lloyd, *The Living and the Decid. A Study of the Symbolic Life of the Americans*, Yale University Press, New Haven, 1959.

Weber, Max, *El político y el científico*, Alianza Editorial, Madrid, 1967.

Weismann, A., "Ueber die Umwandlung des mexicanischen Axolotl in ein Amblytoma", *Z wiss, Zool.*, 25 (suplemento), 1875, pp.297~334.

Wenzel, Siegfried, *The Sin of Sloth: Acedia in Medieval Thought and Literature*, The University, of North Carolina Press, Chapel Hill, 1967.

Wessell, Leonard P., *Karl Marx: Romantic Irony and the Proletariat. The Mythopoetic Origins of Marxism*, Lousiana State University Press,

Baton Rouge, 1979.

Westheim, Paul, *La calavera*, Antigua Librería Robredo, México, 1953.

Williams, Raymond, *The Country and the City*, Oxford University Press, Nueva York, 1973.

Wolf, Eric R., "The Virgin of Guadal u pe: A Mexican National Symbol", *Journal of American Folklore*, 71, 1958, pp.34~39.

Yáñez, Agustín, "Meditaciones sobre el alma indígena"(1942), en *El ensayo mexicano moderno*, tomo II, pp.113~126, Fondo de Cultura Económica, México, 1958.

_____, "Estudio preliminar" a J. Joaquín Femández de Lizardi, *El pensador mexicano*, UNAM, México, 1960.

Yurkievich, Saúl, *Identidad cultural de Iberoamérica en su literatura*, Alhambra, Madrid, 1986.

Zaid, Gabriel, "Problemas de una cultura matriotera", *Plural*, México, julio de 1975.

Zavala, Silvio, *Aproximaciones a la historia de México*, Porrúa y Obregón, México, 1956).

Zea, Leopoldo, "El mexicano en busca del mexicano", *Cuadernos Americanos*, año X, vol.LVII, núm.4, mayo-junio de 1951, pp.87~103.

_____, "Dialéctica de la conciencia en México", *Cuadernos Americanos*, año X, vol.LVII, núm.3 mayo-junio de 1951, pp.87~103.

_____, *Conciencia y posibilidad del mexicano*, Porrúa y Obregón, México, 1952.

_____, *El Occidente y la conciencia de México*, Porrúa y Obregón, México, 1953.

옮긴이 후기

이 책의 제목 『새장에 갇힌 멜랑콜리』 *La jaula de la melancolía* 는 멕시코 시인이자 사상가로 1990년 노벨문학상을 수상한 옥타비오 파스의 『미로에 갇힌 고독』 *El laberinto de la soledad, 1950* 에 대한 패러디이다. 두 작품 모두 '멕시코의 국민성' 혹은 '멕시코적인 것'에 대한 탐색이다. 파스의 작품이 그 이전 모든 사람들의 생각을 섭렵했듯이, 이 책도 파스를 포함한 기존의 모든 글들을 비판적으로 읽고 있다. 다만 둘 사이에 차이가 있다면, 이 책은 지금까지 파스의 책을 포함하여 '멕시코적인 것'에 대한 모든 철학이 착취적 지배를 정당화해 왔다는 비판 의식에서 출발했다는 점이다. 당시 제도혁명당 *Partido Revolucionario Institucional* 의 장기 집권 하에 있던 멕시코의 비민주적 정치문화를 연구하기 위한 출발점으로서 '멕시코의 국민성'에 대한 기존 글들을 비판적으로 분석하고 있다.

이러한 배경으로 저술된 이 책의 저변을 관통하고 있는 작가의 생각은, '멕시코적인 것'에 대한 연구들은 1910년 멕시코혁명 이후 고유한 멕시코 문화의 주체들을 만들어 가는 과정의 일부라고 볼 수 있고, 그 주체들이란 지배이데올로기와 지배문화에 의해 만들어진 신화적이고 문학적인 피조물에 지나지 않는다는 것이다. 다시 말해, 근대 자본주의 국가체제를 공고히 하기 위해 국가주의적 권력에 의해 멕시코 국민의 성격이 인위적이고 비현실적으로 그려져 왔다는 것이다. 그리고 이 지배문화가 만들어 낸 전형적인 멕시코인의 모습은 근대적이지도 않고 전통적이지도 않은, 기이한 모습의 양서류인 아홀로테와 같다는 것이다. 나아가 이 '멕시코적인 것'에 관련된 신화체계는 민주주의가 지닌 형식주의를 비이성적 형태의 사회적 결속을 유발하는 상상체계로 대체함으로써 민주주의의 발전을 저해하고 전제적 지배를 강화해왔다는 생각이 이 연구의 근저에 자리 잡고 있다.

1986년 출판된 이 책에서 저자가 예언했듯이, 2000년 국민행동당 Partido Acción Nacional의 비센테 폭스 대통령의 당선으로 제도혁명당의 70년 장기집권이 종지부를 찍었다. 그리고 비센테 폭스가 내세운 '변화와 개혁 프로젝트'는 같은 당 소속의 후임 대통령 펠리페 칼데론 집권기에도 이어졌다. 하지만 그 성과에 대해서는 논란이 많았고, 정권 교체에 따른 국민의 기대는 환멸로 바뀌었다. 게다가 칼데론 대통령은 공개적으로 '마약과의 전쟁'을 선언하였지만, 그의 임기 말에는 마약조직과 정치권력의 야합이 과거 어느 때보다 더 확산되고, 무차별 폭력이 난무해 완전히 실패한 정권이 되고 말았다. 그래서 다시 2012년, 70년간 일당독재를 해온 제도혁명당이 재집권하게 되는 결과를 초래했지만, 여전히 소외계층과 빈곤층은 좀처럼 줄어들지 않고, 국민들은 더욱 더 치안 불안에 떨고 있다.

이렇게 과거보다 더 후진적 상황으로 회귀한 오늘날의 멕시코 정치 현실을 두고서 저자 로제르 바르트라는 '멕시코화'Mexicanización라고 자조적으로 표현하면서, 과거 지배문화에 의해서 조작된 부정적 정체성들이 일시에 현실화되고 있는 것이 아닌가 하고 한탄하고 있다. "열등감에 차 있으면서도 폭력적인 펠라도, 원한을 품은 칸틴플라스, 고개 숙이고 있지만 공격적인 영웅들, 축제를 즐기면서도 툭하면 싸우려 드는 메스티소…, 이런 사람들로 이루어진 케케묵은 멕시코의 국민성을 복원하고 있는가? 좌절된 우주적 인종, 가면을 쓴 위선자들, 말린체의 자식들, 혁명 이후 국민문화가 만들어 온 멕시코인의 성격에 관한 이미지들이 다시 완벽하게 되살아나는 듯한 느낌이 든다."(레포르마^Reforma, 2015년 3월)

저자는 이미 1999년, 후진적 악습에서 벗어난 멕시코의 모습을 가리키는 '탈멕시코성'^postmexicanidad이라는 표현을 사용하며 수필집을 낸 바 있다. 그에 따르면, 현재 벌어지고 있는 '멕시코화'는 과거 체제의 악습들이 재현될 뿐만 아니라 마약거래와 정치의 공생이 낳는 새로운 폐해들이 추가되어 가는 상황을 일컫는다. 후진적 정치문화가 오히려 악화되는 이런 상황은 '멕시코적인 것'에 대한 지식인들의 고민을 가중시켰고, 그 결과 2010년 이후부터 이 주제와 관련된 다양한 글들이 나오게 되었다. 관심 있는 분들은 아구스틴 바사베^Agustín Basave의 『멕시코적 속성과 정신분열증』^Mexicanidad y esquizofrenia, 2011, 호르헤 카스타녜다^Jorge Castañeda의 『미래 혹은 과거. 멕시코인의 미스터리』^Mañana o pasado. El misterio de los mexicanos, 2011, 레오나르도 다 한드라^Leonardo da Jandra의 『스페인성, 축제와 의례/세계화의 맥락 속에서 우리 정체성 방어하기』^La hispanidad, fiesta y rito/ Una defensa de nuestra identidad en el contexto global, 2005, 에리베르토 예페스^Heriberto Yépez의 『멕시코인이 된다는 대단한 위업』^La increíble hazaña de ser mexicano, 2010 등의 글을 참고하기 바란다.